유교와 복지

한국정신문화연구원 편

유병용
신광영
김현철

2002
백산서당

책머리에

　1997년 외환위기를 계기로 심화된 경제적·사회적 위기로 인해 21세기 현재 한국사회는 과거 급속한 경제성장에도 불구하고 여전히 대량실업, 빈곤층의 확대, 경제적 불평등의 심화현상에 직면하고 있다. 이러한 경제적·사회적 위기를 극복하기 위해 정부차원에서 다양한 복지제도를 도입하고 있지만, 서구의 성숙된 복지국가에 비추어 볼 때 아직도 낙후된 복지체제를 보여주고 있다. 더구나 21세기 한국의 주요 국가목표의 하나로 복지국가를 지향하기 위해서는 경제적·사회적 측면에서 한국적 현실을 감안한 사회복지제도의 발전뿐만 아니라 정치적·사상적 측면에서 이를 뒷받침하기 위한 한국적 복지국가이념의 모색이 요청된다.
　그렇지만 현재 한국의 복지제도와 정책의 현실을 돌이켜보면, 전통사회에서 민생안정을 중시한 민본주의 등 유교적 정치사상의 전통이나 정부 및 민간차원에서 民의 구휼정책을 실시한 경험 등이 제대로 평가받지 못하고 있으며, 한국 현실과는 크게 차이가 나는 서구의 사회복지제도와 이론을 수용하는 과정에서도 많은 시행착오를 겪고 있다.
　그렇다면 21세기 한국의 복지제도가 궁극적으로 추구해야 할 지향점은 무엇이고, 어떠한 이념이나 사상에 기초해야 하는가 하는 의문이 제기되지 않을 수 없다. 외형상 한국과 서구의 복지제도가 유사하다고 해도, 그 동안 실시돼 온 복지제도의 운영원리나 근본이념은 동일하다고 볼 수 없으며, 서구 각국뿐만 아니라 한국의 복지제도와 정책도 각국의 사상적 기반, 역사적 전통과 경험에 기초해 각각 다르게 발전해 왔다.

이에 이 연구는 21세기 한국의 복지국가가 지향해야 할 사상적·제도적 측면을 모색하는 과정에서 한국사회의 중요한 사상적 전통의 하나인 유교사상과 서구적 복지이념의 관계를 검토하고, 한국의 복지사상 혹은 복지제도를 발전시키는 데 어떻게 한국의 문화적 전통이 참조 내지 활용될 수 있는가를 살펴보는 데 중점을 두었다.

이에 따라 이 책은 "전통 유교정치사상의 전개와 정부(官)의 역할"에서 전통시대 한국의 정치, 경제, 사회 등을 운영하는 주요 정치이념으로서 유교정치이념이 민생안정과 복지문제에 어떠한 입장을 취했으며, 조선시대를 중심으로 서구의 복지제도와 유사성을 보이는 구휼제도 등 일련의 제도 및 정책의 전개과정을 살펴보고 있다.

"서구 복지국가이념과 복지제도 형성"에서는 이론적 측면에서 서구 복지사상의 변천과정을 근대 복지국가의 형성과정에서부터 20세기 서구 복지국가의 발전과 위기, 그리고 21세기 복지이념 등의 순서로 살펴보고 있다. 그 과정에서 서구 복지국가의 등장과 더불어 '복지'는 서구사회에서 일상화되고 국가의 주요 영역이 되었으나, 구체적인 복지이념과 제도는 각 국가별로 차이가 난다는 것을 보여주고 있다.

"전통 유교정치사상과 복지국가이념의 융합 가능성"에서는 그동안 복지국가의 모델이 되어 온 서구의 복지국가 관념과 전통사회에서 나름대로 사회복지 역할을 담당해 온 민본주의 관념을 비교함으로써, 한국의 복지국가 형성에 기여하는 방향으로 양자간의 융합 가능성을 모색하고 있다.

이 연구는 참가한 연구자들의 접근방법상의 차이 및 분석대상의 제약 등으로 인해 전통시대 한국의 정치사상과 제도, 그리고 현대한국의 사회복지 등에 대해 제한된 측면만을 살펴보는 한계를 지니고 있다. 그럼에도 이 책은 유교정치사상에 입각한 국가(정부, 관)의 역할에 대한 재조명, 그리고 한국에서 서구적 복지국가론의 수용과정에 대한 비판적 고찰 등을 통해 앞으로 비교정치사상의 측면에서 전통 유교사상과 서구의 복지국가론을 본격적으로 비교 연구할 수 있는 기초연구로서의 의의를 충분히 지니고 있다. 또한 본 연구의 성과를 바탕으로 한국의 사회복지(제도)사의 측면에서 전통시대 한국에서 사회복지로 파악할 수 있는 제도적·정책적 측면을 추출하고, 그것이 지니는 사상적·정치적 배경을 좀더 깊게 밝히는 후속 연구작업이 요구된다.

이 연구는 연구책임자 유병용과 공동연구원 신광영, 김현철이 분담해서 연구·정리했다. 제4장과 서론(제1장), 결론(제5장)을 유병용이, 제3장을 신광영이, 제2장을 김현철이 각각 연구발표를 맡았다.

앞으로 이 연구가 한국의 전통사상이나 복지국가론, 그리고 한국의 사회복지제도를 연구하는 학자들에게 주요 연구서로서 크게 활용되기를 기대하며, 어려운 여건 속에서도 본 책의 출판에 도움을 주신 백산서당 이범, 김철미 등 여러분들께 심심한 감사를 표한다.

2002년 2월 9일
연구책임자 한국정신문화연구원 교수 유병용

유교와 복지 / 차 례

책머리에 · 3

제1장 서 론 13

제2장 전통 유교정치사상의 전개와 정부(官)의 역할 19
  1. 머리말 · 19
  2. 유교정치사상의 특징과 민본주의 · 21
    1) 사회복지의 개념과 주요 이념 · 22
    2) 유교정치사상의 복지주의적 측면 · 29
      (1) 유교정치사상의 특징과 주요 내용 · 29 / (2) 왕도정치, 민본주의 및 민생안정 · 35 / (3) '인정'과 '측은지심' · 48 / (4) 고대중국의 구휼정책과 이념 · 54
  3. 조선시대 민생구휼의 이념과 현실 · 56
    1) 조선시대 민본·위민사상의 대두와 민생안정책 · 56
    2) 조선시대 군주들의 인정 추구와 구휼관 · 70
  4. 전통시대 한국 사회복지제도의 발전과 정부의 역할 · 78
    1) 한국 사회복지의 역사적 성격과 시대구분 · 78

    2) 고려시대까지 사회복지제도의 발전과 정부의 역할 · 83
    3) 조선시대 사회복지제도의 발전과 정부의 역할 · 86
        (1) 조선 초기 구휼정책의 기본방향과 전개 · 86 / (2) 조선시대의 구휼행정과 제도(정책)의 발전 · 91 / (3) 조선시대 민간 사회복지제도의 발전 · 96 / (4) 개화기 사회복지정책의 전개와 정부의 역할 · 99
  5. 맺음말 · 101

제3장 서구 복지국가이념과 복지제도 형성 ·········· 107
  1. 머리말 · 107
  2. 근대 유럽의 복지사상 · 112
    1) 빈민과 빈민구제 · 112
  3. 복지 형성기의 복지이념 · 121
    1) 경제적 자유주의의 등장 · 121
    2) 정치적 자유주의의 대두 · 126
  4. 복지국가와 복지이념 · 131
    1) 복지국가이념 · 131
  5. 복지사상에서 복지국가론으로 · 143
    1) 복지국가론 I: 권력자원 모형 · 144
    2) 복지국가론 II: 마르크스주의 · 148
  6. 복지국가의 위기와 복지이념의 동요 · 151

1) 복지국가 비판론 · 151
　　2) 신자유주의 · 152
　　3) 신 좌 파 · 157
7. 21세기 복지이념 · 163
　　1) 복지국가 전환에 대한 인식 · 163
　　2) 페미니즘 · 166
　　3) 제3의 길 · 170
8. 맺 음 말 · 175

제4장 전통 유교정치사상과 복지국가이념의 융합 가능성 ················ 181
1. 머 리 말 · 181
2. 21세기 한국의 국가이념과 복지국가 · 182
　　1) 21세기 한국정치의 과제와 복지국가 · 182
　　2) 서구적 복지관념의 수용과 전통적 민본주의의 재조명 · 185
3. 서구 복지국가의 한계와 전통적 구휼제도의 재조명 · 189
　　1) 동·서양 사회복지의 동기 및 이념의 비교 · 189
　　2) 사회복지정책의 전개와 국가의 역할 · 194
4. 복지국가와 새로운 공동체의 모색 · 197
　　1) 시민사회의 형성과 사회복지 · 197

2) 공동체적 유대와 신뢰·복지사회의 지향·200
　5. 맺음말·203

제5장 결　론 ·· 207

참고문헌·223

유교와 복지

한국정신문화연구원 편

제1장 서 론

 최근 민주화의 진전과 더불어 21세기 한국사회는 다양한 변화와 개혁의 전환기에 처해 있다. 후발 민주화국가로서 한국사회가 해결해야 할 과제는 매우 다양하다. 그 중에서 복지국가 실현은 남북통일, 참여민주주의 실현 등과 더불어 가장 시급하고 중요한 한국사회의 과제이다. 더구나 1997년 12월 외환위기로 시작된 경제위기로 인해 발생한 대량실업, 빈곤층의 확대, 불평등 심화 등에 직면해 이를 해결하기 위해 다양한 복지제도가 도입되고 있다. 현재 한국의 사회복지는 과거에 비해 새로운 복지제도가 많이 도입되었지만, 아직도 한국을 본격적인 복지국가라고 부르기에는 너무도 낙후된 복지체제를 보여주고 있다.
 21세기 한국사회는 현재의 복지체제에 커다란 변화가 올 것으로 예상된다. 남북한 통일과정에서 예상되는 가장 심각한 문제 중의 하나는 경제적 통합과정에서 발생하는 실업, 불평등과 빈곤이며, 이러한 문제를 집단적으로 해결하기 위한 사회복지정책이 가장 첨예한 쟁점으로 떠오를 수밖에 없을 것이다. 현재 한국사회 내에서 진행되고 있는 새로운 복지제도의 도입이나 미래의 통일된 한국사회가 추구해야 할 복지체제 문제는 단순히 정책적인 문제일 뿐만 아니라 이념적이고 문화적인 문제이기도 하다. 정치적 이념이나 문화적 전통에 따라 복지제도가 크게 달라질 수 있기 때문이다. 즉 복지정책, 복지제도와 복지사상은 서로 분리될 수 없는 통일체라고 하겠다.

그렇다면 한국 복지제도가 궁극적으로 추구하는 지향점은 무엇이고, 어떠한 이념이나 사상에 기초하고 있는가? 서구 복지제도가 정책적 차원에서 도입되고, 서구 복지제도상의 운영경험이 한국의 정부나 학계에 의해 학습되고 있는 현실이기 때문에, 한국의 복지제도는 서구의 복지이념에 기초하고 있다고 볼 수 있을 것인가? 그리고 보다 중요한 문제는 한국과 서구의 복지제도가 유사하다고 해도, 복지제도의 운영원리나 근본이념이 동일하다고 볼 수는 없다. 유럽사회 내에서도 복지제도와 복지사상은 매우 상이하게 발전해 왔으며, 현재 각국의 복지제도와 정책도 어느 한 가지 형태로 수렴되기보다는 편차가 유지되고 있는 것이 현실이다. 이러한 점에서 한국의 복지제도와 이념은 한국의 역사적 전통과 경험에 기초할 수밖에 없을 것이다.

본 연구는 한국사회의 중요한 사상적 전통의 하나인 유교의 민본사상과 서구적 복지이념의 관계를 검토하고, 한국의 복지사상 혹은 복지이념을 발전시키는 데 어떻게 한국의 문화적 전통이 활용·수정 혹은 발전될 수 있는가를 살펴보고자 한다. 물론 이 작업은 매우 조심스러운 것일 수밖에 없다. 왜냐하면 사상적 측면에서 볼 때 유교가 지니고 있는 비민주적 속성으로 인해 자칫 잘못하면 아시아적 가치 혹은 유교자본주의 논쟁에서 나타났던 것처럼, 반동적 근대화(reactionary modernization)를 옹호하는 정치이데올로기 문제가 될 수도 있기 때문이다. 이러한 점을 고려해서 여기에서는 유교사상과 관련된 논의를 복지이념에 한정시켜 논의하고자 한다.

또한 유교에 관한 접근도 매우 다양할 수 있다. 경전을 중심으로 하는 유학, 통치이념이나 정치제도 차원의 유교, 그리고 일반인들의 생활윤리 차원의 유교 등 매우 다양한 차원이나 내용이 유교에 관한 학문적 담론에서 다루어질 수 있다. 여기에서는 주로 경전과 제도로 나타난 유교의 문제를 다루고자 한다.

복지사상은 복지에 대한 이해방식과 복지정책을 뒷받침하는 복지이념을 지칭한다. 복지이념은 복지에 대한 가치와 믿음을 포함하는 복지이데올로기이며, 이러한 이념은 다양한 양상을 띠어왔지만, 역사적으로 특정한 국면에서 복지제도의 형성과 관련해서 결정적 영향력을 행사해 왔다. 그런데 사회복지사상은 다른 철학사상의 경우처럼 특정 이론가에 의해 제시된 체계적인 이론이나 학파와 같이 통일된 체계를 갖춘 이념체계로 존재하는 것은 아니다. 복지개념 자체가 사회적 관행이나 제도와 더불어 등장한 것이기 때문에 사회적 속성을 지니고 있다. 또한 정치이념에 따라 각기 다른 복지이념이 제시되고 있기 때문에 복지사상은 정치이념과 밀접한 관계를 보여준다.

본론으로 들어가 제2장에서는 유교사상에서 복지이념을 볼 수 있는 측면들을 살펴본다. 먼저 전통시대 한국의 정치, 경제, 사회 등을 운영하는 주요 정치이념으로서 유교정치이념이 민생안정과 복지문제에 어떠한 입장을 취했는지를 살펴보고자 한다. 그리고 유교정치이념에서 복지이념과 유사성을 지니는 '爲民論', '民本主義' 등 관련된 논의가 대두된 배경과 그 주요 내용, 그리고 국가정책에 끼친 영향 등을 살펴본다. 그 다음 민본이념을 실현하기 위한 이론적 논의와 현실정치에서 개혁방안의 전개과정을 살펴본다.

유교정치이념의 주요 내용인 민본주의에서는 民의 생활을 국가가 보장하는 것을 주요 목표로 지향했으며, 한국의 경우를 볼 때 조선시대를 중심으로 '救貧', '救恤'제도가 어려운 상황에 처한 民의 생활을 지원하기 위해 시행돼 왔다는 점을 밝힌다. 이러한 전통적 정치이념과 제도는 서구 복지국가 등장배경과 주요 이념, 그리고 각국의 복지제도 형성과정과는 많은 차이를 보이고 있지만, 현대 민주주의의 주요 원리인 '국민을 위한'(for the people)다는 '爲民'의 측면에서 서구의 복지제도와 외형상 유사성을 지니고 있다고 볼 수 있다.

이어 제3장에서는 서구의 복지사상의 변천을 살펴본다. 서구에서 복지라는 용어가 본격적으로 사용되기 시작한 시기는 주로 빈곤을 국가의 개입에 의해 해결해야 하는 사회문제로 인식하기 시작한 시기와 일치한다. 20세기에 들어서서 복지는 가족이나 시장이 아니라 국가에 의해 제공되기 시작했다. 빈곤과 실업 같은 대규모 사회현상은 가족이나 시장에 의해 해결될 수 없는 사회문제로 인식되면서 국가의 개입을 통해 문제해결을 모색하기 시작했다. 이른바 복지국가의 등장을 통해 사회복지는 국가의 행정영역이 되기 시작했다. 이차대전 이후 '복지'는 복지국가의 등장과 더불어 서구사회에서 아주 일상적인 용어가 되었다. 복지의 일상화를 통해 복지이념도 일상화되었다. 현재 서구 복지제도를 뒷받침하는 것은 일상화된 복지이념이 강하게 뿌리를 내리고 있기 때문에, 복지에 반대하는 정치세력의 등장에도 불구하고 복지제도 자체는 큰 변화를 보이지 않고 있다.

제4장은 21세기 한국의 주요 국가이념 중 하나로서 복지국가

를 전제로 하고, 한국의 복지국가가 지향해야 할 복지의 주요 내용과 성격을 살펴보았다. 그 동안 복지국가 모델이 되어 온 서구의 복지국가 관념과 전통사회에서 나름대로 사회복지의 역할을 담당해 온 민본주의 관념을 비교함으로써, 한국의 복지국가 형성에 기여하는 방향으로 양자간의 융합 가능성을 모색해 본다. 먼저 21세기 한국정치의 주요 과제를 살펴보고, 그 동안 서구적 복지모델, 제도 및 관념을 수용하는 과정에서 나타난 문제점과 한계를 지적하는 한편, 전통적 민본주의의 사회복지적 측면을 재조명하고자 한다. 이러한 비교는 동·서양 사회복지의 동기 및 이념을 비교하는 한편, 그 동안 사회복지정책 및 제도가 역사적으로 전개되는 동안 국가(정부 또는 관)가 어떠한 역할을 수행했는가에 대한 비교를 중심으로 이루어진다.

   제4장의 마지막 부분에서는 21세기 한국의 복지국가로의 지향은 한국사회 및 정치의 문제점을 해결하는 새로운 공동체를 모색하는 과정과 관련해서 다루어질 것이다. 이에 한국 시민사회의 형성과정에서 사회복지가 차지하는 중요성을 살펴보는 한편, 새로운 공동체의 주요 내용으로서 공동체적 유대와 신뢰·복지사회의 필요성을 살펴봄으로써, 전통적 사유와 서구적 사유가 융합되는 방향으로 새로운 복지국가의 이념을 조망한다.

제2장 전통 유교정치사상의 전개와 정부(官)의 역할

1. 머리말

　유교정치사상이 국가의 기본적 정치이념 또는 전형적인 지배적 담론으로 체계화된 조선시대에는 民本主義와 '爲民'정치를 표방하며 民의 생활을 보살펴 주는 것이 군주 등 지배계층의 주요 임무로 간주되었으며, '救貧', '救恤' 등의 제도가 재난발생 시기에 민을 지원하기 위해 시행되어 왔다.
　이러한 전통적 정치이념과 제도는 제3장에서 자세히 살펴보게 될, 서구 복지국가의 등장배경과 주요 이념, 그리고 각국의 복지제도 형성과정과는 많은 차이를 보이고 있지만, 현대 민주주의의 주요 원리인 '국민을 위한'(for the people)다는 측면에서는 서구의 복지제도와 상당한 유사성을 지니고 있다.
　따라서 비교정치사상사 또는 비교사회복지의 측면에서 볼 때, 유교문화권에 속하는 한국에서 서구의 '(사회)복지'이념·제도에 비견될 수 있는 정치이념과 제도가 모색되었는지 여부를 살펴보는 것은 '사회복지'적 측면이 전통시대의 한국에서도 나름대로 실행되어 왔는지 여부를 살펴보는 것이 된다. 이러한 비교를 통해 서구 복지국가이념이 한국에 수용되는 과정에 대한 이해를 높이며, 그 과정에서 나타나는 문제점의 극복방안에 대해 많은 시사점을 제공하리라고 기대된다.

그리하여 본장에서는 전통시대 한국, 특히 조선시대의 정치, 경제, 사회 등을 운영하는 주요 정치이념으로서 유교정치사상이 民의 기본적 생계보장과 복지문제에 어떤 입장을 취했으며, 어떤 구휼(구빈)정책이 논의되고 시행돼 왔는지를 살펴보고자 한다.

먼저 제2절, "유교정치사상의 특징과 민본주의" 부분에서는 서구 근대국가의 사회복지 이념 및 제도와 비교하기 위한 기초작업으로서 서구에서 논의돼 온 사회복지의 개념과 주요 이념, 그리고 유교정치사상의 특징과 복지주의적 측면 등을 서구의 복지이념에 비견될 수 있는 유교정치사상 중 民本主義와 爲民政治, '仁政'의 측면을 중심으로 살펴보겠다. 이어 제3절, "조선시대 민생구휼의 이념과 현실" 부분에서는 민본주의와 위민사상에 관한 논의가 대두된 배경과 주요 내용, 그리고 민생안정에 대한 정치적 관심 및 이와 관련된 개혁논의의 전개과정을 조선 초기를 중심으로 살펴보겠다. 그리고 제4절, "전통시대 한국 사회복지제도의 발전과 정부의 역할"에서는 고대로부터 구한말에 이르기까지 국가적 차원 또는 민간차원에서 실시된 구빈(구휼)제도 등의 성격과 주요 내용을 사회복지제도의 발달과정에 대한 사회복지사적 측면을 중심으로 개괄적으로 살펴보고자 한다.

2. 유교정치사상의 특징과 민본주의

　고대로부터 조선 후기까지 전통시대 한국을 보면, 비록 서구의 '사회복지'라는 개념과 '복지국가'에 접해 보지는 못했지만, 정부 또는 국가라는 정치공동체 전체의 유지 및 정치안정을 위해 일반 평민 등 대다수 구성원들의 경제적 안정을 소홀히 할 수 없었으며, 특히 자연재해 발생시 또는 일부 사회계층에 대한 사회적 차별이 심각할 경우 초래될 정치적 불안정에 대해 우려하지 않을 수 없었다.

　한반도에서 국가적 체계와 중앙집권적 체제가 어느 정도 형성돼 간 조선시대의 경우, 하나의 국가적 정치이념으로서 성리학이 커다란 역할을 담당하고 있었다. 따라서 이 시대 지식인을 비롯한 지배계층의 사고, 그리고 정부정책에서 서구의 사회복지에 해당되는 일련의 사업과 복지국가의 전통적 형태에 해당되는 정책 내지 서비스를 찾아보기 위해서는 불가피하게 유교정치사상과 관련지어 그것의 사유구조상의 특성 및 현실정책에 미친 영향 등을 파악하는 것이 필요하다.

　이를 바탕으로 중국, 한국, 일본 등 동아시아 국가에서 역사적으로 볼 때 하나의 정치이념 및 가치체계, 사회문화 등으로 작용해온 유교가 복지행정으로 일컬어질 수 있는 국가정책 및 사회복지제도의 형성과정에 어떠한 영향력을 끼쳤는지를 살펴보고자 한다.

1) 사회복지의 개념과 주요 이념

현재까지도 '사회복지'(social welfare)에 대한 명확한 개념정립이 서구의 사회과학자들에 의해 시도되고 있는 상황에서, 기존의 사회복지에 대한 개념정의는 아직까지도 다소 모호하고 변화하는 것으로 인식돼 왔다. 이러한 가변적 성격은 '사회복지'라는 것이 그것이 시행된 특수한 시간과 공간에 따른 역사성과 사회성을 반영하는 가치개념이기 때문이다.

'사회복지'라는 용어는 전통시대에 자선사업, 박애사업, 구제사업 또는 사회사업 등으로 불려 왔던 것이 근대 산업사회에 들어서 사회문제와 연관된 대응책으로 발전해 온 새로운 개념으로서, 근대 산업사회의 제반 문제와 불가분의 관련하에 생성·발전해 왔다. 사회복지 개념은 사회문제를 해결하는 하나의 방편으로 생각할 수 있기 때문에 각기 특정한 시공간에서의 문제를 규정하는 관점에 따라 달라질 수 있으며, 각 사회나 국가마다 '사회복지'라는 용어를 통한 활동, 목표 및 구체적 프로그램이 다르게 나타나고 있다. 따라서 '사회복지'는 정책적 차원에서 하나의 슬로건이나 정책목표의 개념으로 사용되기도 하고, 학술적 차원에서 정치학, 경제학, 사회학, 사회복지학 각 분야에 따라 나름대로 규정되거나 해석되고 있다(김정부, 1992: 132-133).

'사회복지'라는 용어는 주로 영국과 미국에서 사용되며, 그 경우 사회복지 개념은 일반적으로 인간의 요구에 대한 서비스로 규정된다. 이와 관련해서 어느 정도의 서비스를 어떠한 방법으로 누구에게 제공하는가는 사회복지의 핵심내용이 된다. 따라서 사회복지는 인간의 요구와 사회복지에 대한 서비스(service)이며 평등과 사회보장을 내포하며, 그것은 기존 사회구조에 대한 적응을 목적으로 한다(김정부, 1992: 133).

이러한 사회복지에 대한 인식을 배경으로 사회학자나 사회복지론자들은 사회복지의 개념을 다음과 같이 크게 세 가지로 구분하고 있다.[1]

첫째, 사회복지의 한정적 개념으로서, 사회복지를 한정된 대상을 위해 행하는 정책과 방법의 총체로 파악하는 견해이다. 이에 따르면 사회복지는 전체 국민 중 보다 한정된 '사회적 약자' 또는 '사회적 낙오자'들을 구제·보호 및 갱생하기 위한 제반 정책과 방법의 총체로 간주된다. 이러한 한정적 개념으로서 사회복지는 전문적 사회사업(professional social work)과 거의 같은 의미로 이해되며, 對人 사회서비스(personal social service) 또는 사회사업(social work)과 같은 의미로 이해되고 있다. 이러한 한정적 개념으로 바라볼 경우 사회복지에서 중시되는 것은 사회적 약자를 어떻게 구제·보호·예방 내지 회복하느냐와 그 실천과정에서의 처리와 방법이다. 따라서 사회복지사업의 전문성이 강조되며, 그 전문성을 뒷받침하는 과학, 교육, 훈련 등이 논의의 대상이 된다.

둘째, 사회복지의 대상과 기능에 대한 보다 광의적 개념으로서, 사회복지를 사회구성원 모두를 대상으로 생활의 각 측면에서 발생하는 어려움, 즉 非福祉(diswelfare)를 해결하려는 시책 또는 방법체계의 총체를 지칭한다. 이와 관련해서 E. Wickenden은 사회복지를 "국민의 복리와 사회질서 기능의 유지를 위한 기초로서 기

---

1) 이하 사회복지 개념을 세 가지로 구분하는 것은 김정부(1992: 133-135)를 참조함.

본적인 것으로 인정되는 사회적 요구를 충족하기 위한 공급을 강화하거나 보장하는 법, 프로그램 給付 및 서비스 등의 총체"라고 정의내리고 있다(Wickenden, 1965: 11; 김종부, 1992: 134에서 재인용). 그리고 R. Rescher도 "福祉는 다차원적인 것이므로, 한 사람의 복지를 고려하더라도 거기에는 복합적 구성요소가 포함되어 있으며, 그 중 신체적 측면에서의 복지(건강), 물리적인 복지(풍요, 번영, 부), 정신적·심리적인 복지(정신적 안정, 정신위생) 등이 중요하다"고 보았다(Rescher, 1970: 4; 김정부, 1992: 134에서 재인용).

이러한 광의적 개념의 사회복지를 확보하기 위한 정책이나 방법은 다음 여러 가지 측면에서 고려되고 있다. 즉 신체적 복지와 관련해서는 공중위생, 의료 등의 보건위생과 영양, 생활환경 등이, 물질적 복지와 관련해서는 소득보장 프로그램과 주택, 생활환경 시설의 정비 내지 확보가 요구된다. 그리고 정신적 복지와 관련해서는 정신위생 교육, 각종 상담, 원조활동 등이 요청된다. 또한 사회복지는 사회구성원의 최저생활수준(minimum standard)을 확보해야 하며, 이때 최저수준이란 국민적 최저한(national standard)으로서 단지 국민의 최저생활비를 의미하는 것이 아니라, 생산 및 생활 제측면에서 국민의 최저한을 포괄하는 의미로 이해되고 있다.

셋째, 위에서 언급한 사회복지 개념을 상호 배타적이기보다는 상호 보완적인 것으로 파악해, 이 두 개념을 하나의 연속선상에서 복합적인 내용으로 파악하는 개념이다. 이러한 복합적 개념의 예로 Wilensky와 Lebeaux는 '잔여적 개념'(residual concept)과 '제도적 개념'(Institutional concept)으로 설명했다.[2] 그리고 Romanyshyn은 사

---

2) Willensky와 Lebeaux는 사회의 기본제도인 가족과 시장제도가 어떤 사

회복지의 제측면을 종합적, 상호 비교적으로 파악해 사회복지는 적극적·광의적 의미와 소극적·한정적 의미를 모두 내포하고 있다고 파악했다. 즉 사회복지는 한정적 의미로는 사회적 약자에 대한 재정적 원조와 서비스를 의미하며, 광의적 의미로는 국민의 보편적 욕구에 대한 공동책임을 의미한다.[3] 또한 사회복지는 사회문제의 조치와 예방, 인적 자원의 개발, 생활의 질적 향상 등에 직접 관심을 갖는 복지서비스나 그 과정을 포함한다. 사회복지에 대한 이러한 복합적인 파악은 사회복지를 사회제도의 강화나 수정에 대한 노력을 포함해서 개인이나 가족의 서비스도 포함하는 적극적이며 광의적인 개념이라 하겠다.

유로 운영되지 않거나 개인이 이용할 수 없게 될 때, 사회복지가 일시적으로 가족과 시장체계를 대신하게 되는 '잔여적 사회복지'(residual welfare), 그리고 개인이나 집단이 만족할 만한 수준의 삶과 건강을 누릴 수 있도록 도와주기 위해 만들어진 사회적 서비스와 제도의 조직화된 체계로서 '제도적 사회복지'(institutional welfare)로 나누어 설명하고 있다(Willensky & Lebeaux, 1967).

3) J. M. Romanyshyn은 사회복지 개념의 가변성과 역사성을 사회복지 개념의 진화과정으로 설명하고 있으며, 이는 사회복지가 '자선'의 성격으로부터 보다 넓고 적극적인 의미로 변천한 것으로 이해되고 있다. 즉 ① 잔여적 개념으로부터 제도적 개념으로, ② 자선의 사상으로부터 시민의 권리라는 사상으로, ③ 빈민에 대한 특별한 대책에서 전체의 보편적 욕구에 대한 관심으로, ④ 가능한 한 최저한의 급부와 서비스로부터 최대한의 급부와 서비스로, ⑤ 개인의 치료로부터 사회의 개혁으로, ⑥ 민간의 후원으로부터 정부의 후원으로, ⑦ 빈민을 위한 복지라는 개념으로부터 복지사회라는 개념으로의 점진적으로 진화되는 것으로 파악한다. 이러한 발전의 연속선상에서 보면 사회복지는 전통사회로 갈수록 '잔여적 개념'으로 파악되고 있다(Romanyshyn, 1971).

이상의 논의를 통해 사회복지 개념은 모든 시대와 사회에 걸쳐 불변하는 개념이 아니라, 특정 사회나 국가가 처한 시대적·사회적인 제반 상황과 여건에 따라 변하는 가변적 개념이며, 또한 그 개념 자체가 지니는 복잡성 때문에 명확한 개념규정에 어려움을 겪고 있다.

그럼에도 '(사회)복지'에 대한 개념정의는 계속 시도되고 있으며, 그 중 몇 가지 주요한 것을 들면 다음과 같다.

'복지'란 인간이 생활하는 삶의 상태를 의미하며 안정(well-being)에 가까운 것으로서 물질적 풍요와 심리적 안정을 의미한다. 광의의 개념에서 볼 때 사회복지는 실체 개념으로 파악하여 평균적인 필요(need)가 충족되지 않은 개인, 가정, 집단 등에 사회적 서비스를 체계적으로 조직화하는 것을 총칭한다. 그리고 협의의 개념에서는 사회복지를 기능적으로 한정해서 국가보조를 받는 자, 장애자, 아동, 기타 원조를 필요로 하는 자로 하여금 자립해서 능력을 발휘할 수 있도록 생활지도, 재활서비스, 기타 서비스를 행하는 것을 일컫는다. 이와 관련해서 Gillbert와 Specht는 '사회복지'란 경제적인 시장 밖의 급여배당 메커니즘으로 보아 사회복지를 시장 밖의 경제적 이전으로 정의하고 있다.

또한 Friedlander와 Apte는 개인이나 집단이 만족스런 삶의 수준을 성취하도록 하며, 가족과 지역사회의 욕구에 부응하여 자신들의 능력을 개발하고 복지증진을 위해 인간관계의 형성을 도와주고자 고안된 사회적 서비스와 기관의 조직화된 체계라고 설명한다. 그리고 Titmuss는 사회복지를 시민의 복지증진을 위해 경제적 목적뿐만 아니라 비경제적인 목적을 포함하며(예를 들면 최저임금, 소득유지의 최저기준 등), 자원통제를 통해 부자에게서 빈자로의 진보적 재분배 대책을 포함한 것으로 정의하고 있다.

위와 같이 사회복지 개념은 목적과 방법, 기능, 범위에 따라 다양하게 정의되고 있다. 따라서 모든 사람들의 인간다운 생활을 보장하기 위해 사회생활상의 곤란과 사회적 요구를 개인적·집단적 및 지역사회 수준에서 예방 및 보호하기 위한 공공·민간 개입의 제도·프로그램·서비스 등을 총칭하는 체계라고 할 수 있다.4)

한편 사회복지가 추구하는 최고가치 내지 지도정신을 사회복지 이념으로 본다면, 이 이념 역시 불변적인 것이 아니라 시대적·역사적·상황적 및 정치적 요소에 따라 가변성과 제약성을 띨 수밖에 없으며, 또한 그것이 추구되는 국가의 지배적 이데올로기에 의해 차이를 보이고 있다. 예를 들면 개인주의와 자유주의 이데올로기가 지배적인 미국에서는 인간의 존엄성, 자기책임주의, 균등한 사회보장, 사회적 책임 등의 요소가 사회복지의 지도이념으로 작용하고 있다. 반면 독일을 비롯한 서유럽 각국에서는 집단주의에 의한 최저생활 보장이 하나의 지배적 가치로 여겨지고 있다(김정부, 1992: 136-137).

이들 서구국가가 실시해 온 사회복지제도와 복지정책에서는 전통적 이념의 주요 요소로 최저생활 보장, 사회적 형평, 인간의 존엄성과 자유의 확대 및 생활의 질 향상 등이 언급되고 있다.

복지의 궁극적 목적이 가족이나 집단, 지역사회, 나아가 국가 등 전체 사회에서 인간복지의 실현에 있고, 이러한 여러 집단을 형성하는 주체는 개인이며, 따라서 복지정책에서 개인의 권리와

---

4) 이상에서 언급한 (사회)복지에 대한 개념정의는 다음을 참조함. 권오구, 2000; 남세진·조홍식, 1998; 배기효, 1999; 장동일·김익균·이명현, 1996; 최명순, 1997; 한국재활재단 편, 1997; 배충진, 1999.

존엄성은 결코 무시되어서는 안 되는 가장 중요한 핵심요소라 하겠다. 여기서 '최저생활'이란 국민 중 최하위 소득계층의 생활수준 정도를 지칭하지만, 그 실질적인 내용은 단순히 목숨만을 연명하는 정도를 의미하지 않고, 육체적·정신적으로 건강한 상태를 유지하면서 노동력을 재생산할 수 있는 정도의 생활상태를 의미한다. 이러한 최저생활의 보장은 인간존엄성 문제와 깊이 관련되어 있는 사회복지의 주요 이념이다(김정부, 1992: 137-138).

사회복지 및 사회정책에서 사회적 형평성이 강조되는 이유는 선진자본주의 국가에서 부의 불평등현상이 만족할 만큼 해소되지 못했으며, 개발도상국의 경제성장 과정에서 빈부격차와 부의 편재현상이 상당히 두드러지게 심각해졌기 때문이다. 이와 관련해서 N. Gilbert는 사회복지와 사회정책의 이념으로 생활보장을 위한 적정성(adequacy), 모든 국민에게 골고루 지원되어야 한다는 평등성(equality), 배분의 형평성(equity)을 강조한다(Gilbert & Specht, 1974: 40; 김정부, 1992: 138에서 재인용).

이상 살펴본 바와 같이 과거의 전통적 사회복지와 복지정책이 사회적 최소한(social minimum)을 보장하는 데 주안점을 두었다면, 현대의 사회복지와 사회정책은 생활의 물질적 풍요와 심리적 충족감을 기본요소로 하는 '생활의 질의 향상'을 중시하고 있다. 복지사회가 추구하는 궁극적 정책목표는 행복의 증진에 있으며, 이는 생활의 질을 향상시키는 것이라고 하겠다(김정부, 1992: 138).

2) 유교정치사상의 복지주의적 측면

(1) 유교정치사상의 특징과 주요 내용

중국, 한국을 비롯한 동아시아에서 오랜 세월에 걸쳐 형성되어 온 유교에서 중시하는 기본윤리의 주요 특징을 개괄적으로 요약하면 다음과 같다.

첫째, 禮와 仁의 관념이 중시되었다. 유교에서 말하는 禮 관념은 원래 중국 고대 신분제 아래의 사회규범이자 도덕규범이었다. 춘추시대 제후들의 할거로 인해 周 천자의 종주적 지위를 유지하는 周禮가 붕괴되자, 공자는 周禮의 유지를 중시했으며 이를 유가학설의 주요 내용으로 삼았다. 공자가 예를 발전시키려 한 의도가 잘 드러난 것은 仁의 학설이며, 그는 仁으로 禮를 해석하고 仁으로 禮의 실행을 보증했다. 이 경우 禮는 인간행위의 준칙인 동시에 사회 속에서 대인관계를 보증하는 약속이었다.

유가 이론체계에서 주요 위치를 차지하는 '仁'은 그 내용이 포괄적이지만 "사람을 사랑하는 것"(愛人)을 핵심내용으로 하고 있다. 공자는 "자기의 사심을 이기고 예로 돌아가는 것"(克己復禮)을 仁이라 생각하고, 주관의 도덕수양에 의거해 예에 부합하지 않는 행위를 극복하고, 보는 것, 듣는 것, 말하는 것, 움직이는 것 모두가 예에 부합될 경우 이것이 바로 '인'을 체현하는 것이라고 보았다. 공자는 '인'과 '예'를 일체로 보았으며, 혈연관계에서 孝悌의 원칙을 국가 사직에 적용하면 忠君과 愛國이 된다고 보았다.[5]

둘째, 민을 중시하는 重民사상을 들 수 있다. 重民사상의 근원은 殷代에까지 소급되고 있다. 이를 보여주는 것으로『尙書』, "盤庚 上"에서 "나의 백성을 무겁게 여긴다"는 구절이 있으며, 이는 西周의 정치가 周公 姬旦이 夏의 桀王과 殷의 紂王이 백성을 잔혹하게 압제한 결과 망국에 이른 점을 하나의 교훈으로 삼아 "공경함의 덕으로 백성을 보호할 것"(敬德保民)을 내세운 것과 관련된다. 당시 西周는 重民사상을 실행에 옮기기 위해 구체적으로 6개 항목의 정책, 즉 慈幼, 養老, 振窮, 恤貧, 寬疾, 安富 등을 실행했다(『周禮』, 地官"·"大司徒"). 이러한 중민사상은 공자와 맹자에게도 계승되어, 공자는 "형벌을 줄이고"(省刑罰), "세금징수를 가볍게 하며"(薄稅斂), "백성을 부역시키는 일은 농사철을 피하며"(使民以時), "널리 베풀어 백성들을 구제할 것"(博施濟衆)을 주장했다. 그리고 맹자의 경우에도 "백성이 귀중하고 군주는 가볍다"(民貴君輕)고 보았으며, 保民, 富民, 養民 및 敎民을 강조했다.[6]

이러한 윤리를 바탕으로 유학이 발전해 온 과정을 살펴볼 때, 유교문화는 다음과 같은 몇 가지 기본특징을 보여주고 있다.

첫째, '親親'과 '尊尊'의 동체 병용을 들 수 있다. 유학에서 '親親'은 자기와 친한 이들에게 먼저 친근하게 하고 사랑하며 존경하고, 나아가 다른 여러 사람들에게 仁愛를 베푸는 것이며, '尊尊'이란 웃어른을 존경하는 것이다. 이러한 '親親'과 '尊尊'은 '禮'의 근본적 요구로 여겨지며, 혈연에 기초한 '親親'과 종법제도를 유지하기 위한 '尊尊'은 상호 의존적이다.

둘째, '民本'과 '忠君'의 병존을 들 수 있다. 유학에서는 民을

---

5) '仁'의 뜻에 대한 좀더 자세한 설명은 송복, 1999: 25-31을 참조.
6) 蔡方鹿(1995: 89-95). 이 책에서는 위에서 언급한 두 가지 외에도 三綱과 五常이 하나의 준칙으로 여겨지고 있음을 설명하고 있다.

나라의 근본으로 삼는 민본사상이 중시되었으며, 군주는 신하의 벼리가 된다는 忠君관념도 존재했다. 이 경우 忠君을 말하면서도 동시에 民本을 말해 군주에 대한 무조건적인 복종이 아니라 군주의 마음이 바르지 않으면 그것을 고쳐야 하며, 군주와 신하는 서로 도와 함께 천하를 다스려야 한다고 보았다.7)

셋째, 倫理를 본위로 삼고 自然과 技藝를 경시했다. 유학에서는 인간의 도덕적 자아가 선함을 立世의 근본으로 여겨, 도덕은 숭고하며 인간 본질에 기초한 것이며 내재적 가치를 지니는 것으로 인식했다. 그리고 유학에서는 물질적 이익을 경시하고 정치윤리를 중시했기 때문에 자연이나 기예에 대해서는 많은 관심을 기울이지 않았다.

넷째, 전체를 중시하고 개체를 경시했다. 이는 '尊公輕私'로 표현되며, 유학에서는 群體의식과 가족관념이 매우 강해 개체는 군체 가운데 가려지는 것으로 여겨졌다. 이는 "天下의 근심을 먼저 근심한다"고 하여 천하를 자기의 책임으로 삼는 '爲公사상'으로 나타났으며, 개체의 이익을 경시하고 개성을 말살하는 측면도 아울러 지니고 있었다.

다섯째, '剛健有爲'하고 '自强不息'함을 들 수 있다. 유학에서 天道는 강건한 것으로, 군자는 이러한 天의 常道를 본받아 스스로 부지런하여 쉬지 않는다고 여겨졌으며, 적극적이고 진취적으로 덕을 세워 세상에 설 것을 강조했다.

여섯째, 인간과 자연의 합일, 그리고 인간관계의 화해가 중시

---

7) 이상은 유병용, 1999: 9-16 참조. 민본주의사상의 시원은 맹자 이전부터 있었으나, 본격적으로 논리적인 체계를 갖고 등장한 것은 맹자에서부터였다.

되었다. 유학에서 인간은 자연계의 한 부분이고 하늘과 사람은 서로 통한다고 생각했으며, 사람과 사람 사이의 화합과 협력을 중시해 '中庸'정신과 "화를 귀하게 여길 것"(和爲貴)을 선양해 '中'을 '正'으로 삼고 극단적 행위에 반대했다. 이와 같이 유교는 사회의 인간관계와 자연을 객관적으로 인식하는 것에 중요한 의미를 부여했다(蔡方鹿, 1995, 108-112).

위에서 살펴본 유교의 기본윤리와 유교문화의 주요 특징은 전통시대 중국과 한국에서 정치문화의 발전과 지식인들의 가치관 형성과정에 크게 작용했으며, 특히 爲民사상의 형성에 커다란 영향을 끼쳤다. 또한 유학은 고대부터 근세에 이르기까지 중국과 조선 등 동아시아 국가에서 하나의 이상적 정치이념이자 현실정치의 준거기준으로서 커다란 영향을 끼쳐 왔다. 정치에 있어 유학의 기본주장을 살펴보면 크게 다음과 같이 요약된다.

첫째, '德'으로써 '王天下'하고 '道'로써 나라를 다스리는 것을 중시했다. 유학은 내재적 도덕의 가치를 숭상하고 이를 정치에 원용하고자 했으며, 이는 '內聖外王'으로 표현되었다. 즉 윤리를 본위로 착안해 도의의 원칙을 국가경영의 기본원칙으로 삼고자 했다. 이와 관련해서 맹자는 공자의 仁愛관념을 계승한 '仁政說'을 주창해 仁義와 道德으로 민생을 개선하고 교화를 강화할 것을 권고했다. 구체적으로 맹자는 군주가 모든 백성들에게 인정을 베풀어 "백성의 생산을 돕는 것"을 최우선시하며, "다섯 이랑을 가진 집에 뽕나무를 심게 하고, 백 이랑의 논밭에 농사짓는 때를 빼앗지 말라"고 하는 등 백성들로 하여금 배불리 먹고 따뜻하게 옷 입고 싶어하는 기본 생활적 욕구를 만족시켜 줄 것을 주장했다.8) 그리고 맹자는 덕으로 사람을 감복시키는 '王道'정치를 제창했으며, 힘으로 사람을 복종시키는 '覇道'정치에 반대했다.

둘째, '大一統'의 국가관을 들 수 있다. 이 국가관은 중국 역대로 통일국가를 유지하려는 이론적 근거가 되었다. 원래 '大一統'의 사상은 『詩經』에서 "넓은 하늘 아래 왕의 땅이 아닌 곳이 없다"고 하여 천하의 강토가 모두 천자의 통치하에 있으며, 사해의 백성은 모두 왕의 신민임을 강조한 구절에서 유래되었다.9)

셋째, '君主民本'이 강조되었다. '군주민본'은 두 가지 의미, 즉 군왕을 사회의 최고 주재자로 보고 백성을 국가의 근본으로 삼는 것이며, 이 두 가지는 서로 연계되어 유학의 기본 정치사상을 구성하고 있다. 이를 현실정치와 관련시켜 보면, 유학에서는 안정되고 질서 있는 봉건적 중앙집권제의 사회구조를 이루기 위해 군왕을 위주로 하는 군주제를 정치의 기초로 삼았다. 그리고 유학에서는 民의 역량과 民이 국가의 기초가 되는 것으로 파악해, 통치자에게 백성을 근본으로 삼고 백성의 힘을 중시해 민심을 얻을 것을 권고했다.

넷째, '人治'관념이 강조되었다. 앞에서 살펴본 '德政'과 '君權'지상의 관념과 연관해서, 유학에서는 '人治'를 중시하고 '法治'를 경시했다. 이러한 유가의 人治論은 구체적으로 다음 두 가지 뜻을 내포한다. 하나는 人性이 본래 선하다는 데서 출발해서, 고유

---

8) 『孟子』, "梁惠王章句 上." 五畝之宅, 樹之以桑, 五十者可以衣帛矣. 雞豚狗彘之畜, 無失其時, 七十者可以食肉矣. 百畝之田, 勿奪其時, 數口之家可以無飢矣. 謹庠序之教, 申之以孝悌之義, 頒白者不負戴於道路矣. 七十者衣帛食肉, 黎民不飢不寒, 然而不王者, 未之有也.

9) 위 구절은 『詩經』, "小雅" 谷風之什 중 '北山'(북산에 올라)의 다음 구절에서 연유하고 있다. 陟彼北山 言采其杞 偕偕士子 朝夕從事, 王事靡盬 憂我父母, 溥天之下 莫非王土, 率土之濱 莫非王臣, 大夫不均 我從事獨賢(조두현 역해, 『詩經』, 1995: 283-285).

의 선한 性과 도덕적 자아의 완전한 善을 보존하는 것을 인생의 최고가치와 목표로 삼아 '修身'을 치국의 근본으로 삼는 것이다. 그리고 군주제 아래에서의 帝王과 將相을 사회를 다스리는 주체로 삼는 것이다. 이에 따르면 각급 관리들은 각자의 범위 안에서 사회를 다스리는 권리를 행사하며, 최종적으로는 군주가 짊어져 국가권력은 군주 한 사람의 수중에 집중되며 군주는 人治원칙의 최종 체현자가 된다고 여겨졌다.

다섯째, 平均主義가 주창되었다. 평균주의는 유가의 주요 사회 정치사상으로서 역사상 큰 영향력을 끼쳤다. 유가의 평균주의를 가장 먼저 제창한 사람은 공자로서, 그는 "나는 국가를 다스리는 사람이 물자가 적은 것을 걱정하지 않고 고루 분배되지 못하는 것을 걱정하며, 가난한 것을 걱정하지 않고 편안치 않은 것을 걱정한다"고[10] 함으로써 국가를 다스림에 재물이 궁핍한 것을 걱정하지 말고 분배가 고르지 못해 사회가 어지러운 것을 걱정하라고 했다.

여섯째, 改革과 變通사상의 성격을 띠고 있다. 유학에서는 변화와 발전을 중시하고 日新하는 사상을 정치영역에서 운용함으로써 개혁과 변통의 사상을 형성해 왔으며, 이를 기반으로 역대 유학자와 진보적 개혁가들이 각종 사회개혁 방안을 구상하고 주창해 왔다. 일반적으로 유학에서 개혁과 변통을 언급할 경우 주요한 것은 器物과 制度를 바꾸는 것이며 道를 바꾸는 것은 아닌 것으로 파악되어 왔다.[11]

---

10) 『論語』, "季氏." 丘也聞有國有家者, 不患寡而患不均, 不患貧而患不安, 蓋均無貧, 和無寡, 安無傾.

11) 이상 6가지 유학의 기본사상에 대한 설명은 蔡方鹿, 1995: 114-127을 참조함.

유교정치사상에서는 군주의 경우에도 반드시 도덕적 君子여야 한다는 인식과 함께 禮에 대한 도덕적 사회규범을 정치철학에 반영해 군주와 집권계층이 지향해야 할 대표적 정치모델로 '王道政治'를 이상으로 삼았다.12)

(2) 왕도정치, 민본주의 및 민생안정

유학에서 주창하는 도덕정치의 이상으로는 '王道'를 들 수 있으며, 이는 공자의 "정치는 덕으로 행한다"(爲政以德)는 사상을 바탕으로 전개되어 맹자에 의해 크게 주창되었다. 공자는 도덕을 세상에 실현해 세상을 바르게 다스리는 것이 정치라고 보아 '仁'을 바탕으로 하는 도덕정치를 지향했다. 왕도정치는 공자의 '正名思想'에서 유래되며, 그의 도덕사상이 정치적으로 구체화된 것으로 파악되고 있다. 군주의 위상과 역할에 대해, 공자는 군주가 군주다워야 함(君君)을 강조했으며,13) 맹자는 "임금 된 자가 임금으로서 마땅히 걸어가야 할 길"을 설명하면서 이를 '王道'로 파

---

12) 원래 王道란 唐虞 三代를 통해 실현되었던 堯·舜·禹·蕩·文·武의 聖王들이 천하를 다스리는 道, 즉 방법을 말한다. 이 '王道'라는 단어는 『書經』, "周書," 洪範의 다음 구절에서 비롯된 것으로 알려지고 있다. "치우치지 않고 기울어짐도 없으면 '임금의 길(王道)'은 널리 시행될 것이며, 기울어지지 않고 치우치지도 않으면 '왕도'는 공평할 것이며, 반역하지 않고 기울어지지 않으면 '왕도'는 바르고 곧을 것이니, 법칙을 지키는 이들만 모으면 법칙을 지키는 이들이 따르게 되리라." 이상의 설명은 성균관대학교 유학과 교재편찬위원회, 2000: 140-141에서 재인용.

13) 『論語』, "顔淵," 齊景公 問政於孔子, 孔子對曰 君君, 臣臣, 父父, 子子.

악했다. 즉 정치적 理想이라는 측면에서 볼 때, 군주가 단지 民을 지배하는 권력의 소유자가 아니라, 民 모두가 바라는 善政을 수행하는 의무자로서 역할을 충실히 수행할 때 王道는 실현 가능한 것으로 여겼다. 그리하여 군주가 마땅히 수행해야 할 의무는 善政으로 여겨졌으며, 이는 '王道' 또는 '德治'로 상징화되었다.[14]

위 사상이 형성된 배경에는 고대중국 殷, 周의 교체과정에서 대두된 새로운 '天'觀, 즉 왕의 지위가 天命에 의해 절대적이지만, 왕이라도 天命에 따라 民을 사랑하지 않으면 안 된다는 측면이 크게 작용했다(이석규, 1994: 3-4; 성균관대학교 유학과, 2000: 140-141). 天에 의해 군주가 된 자는 天의 법도에 따라 民을 사랑하는 '德治'를 행할 의무를 지니게 되며, 그럴 경우 天의 법도를 받아서 태어난 民도 天을 행하는 군주에게 자발적으로 복종하는 것이 가능하다고 보았다. 이러한 군주 의무론은 유교에서 중시하는 天命을 따르는 '天人合一의 정치'로 요약될 수 있으며, 이러한 상태에서만 유교의 명분론과 민본사상이 현실정치에서 조화를 이룰 수 있다고 여겨졌다(이석규, 1994: 9-11).

또한 仁政, 즉 王道政治는 실질적으로 '民本主義'를 바탕으로 해서 전개된 사상이다. 이는 백성들을 존중하고 위해주는 것을 통치의 근본목적으로 간주하고 있다. '民本'이라는 단어는 『書經』의 다음 구절에서 언급된 "백성이 오직 나라의 근본"(民惟邦本)을 축약한 말에서 비롯되고 있다(유교사전편찬위원회, 1990: 470-472).

> 할아버지께서 훈계가 계셨나니, 백성들은 가히 가깝게 할지언정

---

14) 안종운(1996: 406-407). 여기서 德과 德治에 대한 좀더 자세한 개념정의는 송복(1999: 160-161)을 참조하기 바람.

얕잡아 보면 안 되는 것, 백성은 오직 나라의 근본이니 근본이 굳어야 나라가 편안해진다.15)

맹자는 민심이 천심이라고 보았으며 민의의 소재가 곧 천명이 지향하는 바라고 해석했다. 맹자의 민본주의는 民의 여망은 天意에 반영되며, 天意는 民의 여망을 통해 현재에 구현된다는 '天人合一'적 사고에 근거하고 있다. 또한 맹자는 백성을 다스리는 자는 자연스럽게 "모든 백성과 더불어 즐거움과 걱정을 함께 나누어야 한다"(與民同樂)는 점을 강조했다. 이는 맹자가 "백성의 윗사람이 되어서 백성들과 더불어 함께 즐거워하지 않는 자도 또한 잘못이다"고 지적한 점에서,16) 그리고 『書經』에서 "백성들과 더불어 같이하라," "옛 사람들은 백성과 더불어 같이 즐겼다"는 구절을 인용한 점에서 잘 드러나 있다. 그리하여 맹자는 이전 유가들이 주창한 민본사상과 천명사상을 왕도정치 실현을 위한 愛民·重民사상으로 발전시켰으며, 이를 위한 구체적인 방법으로 '與民同樂'을 제시했다. 이와 같이 "民을 얻으면 이는 곧 天下를 얻는 것"이라는 논지하에 주창된 민본주의는 현실정치에서는 民의 경제적 안정을 보장하는 한편, 군주의 과욕을 억제하려는 측면을 강하게 띠었다.17)

'愛民' 또는 '重民' 등으로 표현되는 민본주의사상이 그 대상으

---

15) 『書經』, "夏書" 중 '五子之歌', 其一曰皇祖有訓, 民可近 不可下. 民惟邦本 本固邦寧. 이 시가의 내용은 권덕주 역해(1995: 106-110) 참조.

16) 『孟子』, "梁惠王章句 下," 爲民上而不與民同樂者, 亦非也.

17) 성균관대학교 유학과, 2000: 149-151; 이석규, 1994: 4-5. 현대적 관점에서 민본주의 정치사상의 내용을 해석하고 민주주의와 관련지어 설명한 것으로는 이병우(2000: 293-317)를 참조하기 바람.

로 삼는 '民'의 의미와 범주는 다음과 같이 다양하게 사용되고 있다. 먼저 民이 가장 넓게 사용되는 경우에는 일반적으로 인간 모두를 의미했다.『詩經』에서 "하늘이 많은 백성을 낳으시고 물건에 법칙을 정하셨네. 백성은 타고난 길 있어 아름다운 덕을 좋아하네"라는 구절은 民의 출생이 天에서 기인하는(天生烝民) 것으로 해석되면서,[18] 사람들이 신분의 차이에 상관없이 모든 인간의 고통과 재난에 대해 가슴 아파하는 마음이 생기는 것은 당연하다고 간주되었다. 이런 경우 '民'은 위로 왕으로부터 아래로 賤人에 이르기까지 모두에 해당되는 것으로 여겨졌다.[19] 유교정치이념이 현실정치에서는 지배자의 피지배층에 대한 施惠의 성격을 띠고 있음에 비추어 볼 때, 민본주의를 주창하는 경우 民의 범주는 모든 인간이라는 광의의 民개념보다는 좀더 특정계층을 지칭하는 협의의 民개념에 입각하고 있다.[20]

실제 중국 고대사를 볼 때, 사회 계급구조상 '民'의 위상은 하부에 놓여지는 개념으로서, '관리'와 구분되며, '士' 이하의 계층

---

[18] 『詩經』, "大雅" '蕩之什' 중 烝民(모든 백성들). 天生烝民 有物有則, 民之秉彛 好是懿德. 조두현 역해, 1995: 389-392.

[19] 이에 대한 자세한 언급은 이석규(1994: 16-17)를 참조하기 바람.

[20] 조선의 경우를 보더라도『王朝實錄』에서 언급되고 있는 '民'의 어법은 다음과 같이 제한된 의미를 지녔다. 즉 民은 官人層을 제외하고 신분, 직업 및 役에 의한 계층구분 없이 모든 사람, 즉 良人 모두를 의미했다. 이럴 경우 民은 국가의 통치대상이자 정책의 대상이며, 시혜의 대상이 되는 계층으로 여겨졌다. 그리고 일반적으로 人은 넓은 의미에서 사람 일반을 가리키거나, 또는 民과 구분되어 官人만을 지칭했으며, 人이 관인층만을 의미하는 경우에는 '大小人員, 大小臣僚, 大小員人' 등의 용어로 표현되었다. 이와 같은 협의의 民의 범주에 대한 자세한 설명은 이석규(1994: 18-27)를 참조하기 바람.

에 속하는 모든 사람들을 지칭하는 것으로 이해되고 있다. 그리고 '民'개념은 '天'과의 상하관계 속에서 쓰여질 경우 '인간 일반'을 뜻하는 보편적 개념으로 이해되고 있다. '民'개념을 군왕과의 상황적 관계에서 보면, '民'은 '君'과 대비되는 개념으로 쓰이며, '君'을 제외한 전체 사회구성원을 그 범주로 하고 있다. 즉 '民'의 문제는 독자적으로 추구되는 것이 아니라 '君'의 문제를 서술하는 과정에서 부수적으로 제기되는 형식을 취하는 경우가 많았다. '君'을 '권력'으로 번역해 파악한다면, '民'은 그 권력에 의해 다스림을 당하는 '민중'으로 파악할 수 있다. 이러한 '民'은 역사적으로 볼 때, 춘추전국시대 이전의 귀족주의적 전통으로부터 유전되어 내려오는 하층서민을 뜻하기도 했다. 그리고 유학에 있어 '民'의 존재는 권력을 창출하는 바탕이면서 동시에 권력으로부터 다스림을 받는다는 이중성을 함축하고 있다.[21]

이상 '民'의 용법에서 알 수 있듯이 초기 유가들은 국내정치에서 군주를 비롯해 지배계층이 추구해야 할 정치적 명분 및 도덕으로 "民을 위할 것"(爲民)을 강조했다.

실제 민본주의가 주창되는 경우를 보면, 현실정치에서 군주 등이 지배층의 지배를 정당화하는 측면과 지식인들이 군주의 실정을 비판하는 측면이 공존하고 있다. 현실정치에서 민본주의는 지배층에 대한 비판과 견제에 그치지 않고, 지배자가 德治를 행하지 않을 경우 民이 반란을 일으키며, 나아가 폭군의 교체와 축출까지도 가능함을 시사하고 있다.

이러한 폭군 放伐論은 맹자에게서 잘 엿볼 수 있다. 齊宣王이

---

21) 윤천근(1996: 77-85, 104). 유교경전에서 언급하는 民, 君, 士의 개념 및 범주에 대한 좀더 자세한 설명은 윤천근(1996,: 77-107) 참조 바람.

맹자에게 湯이 桀王을 몰아내고 武王이 紂王을 伐한 것에 대해 신하가 임금을 시해한 것으로 올바른 일인지 질문하자, 이에 맹자는 실정을 행한 桀王과 紂王은 임금으로서 자격을 갖추지 못하고 단지 一夫에 불과하기 때문에 죽음을 당했다고 대답했다.[22] 즉 군주의 지위에 있더라도 선정을 베풀지 못하고 실정을 계속한다면, 군주로서의 지위와 자격을 상실하는 것은 당연하다고 여겨졌다. 따라서 민심을 잃은 군주가 새로 민심을 얻은 지도자에 의해 죽음을 당하거나 쫓겨나는 것이 기존의 君臣관계에 입각한 忠, 義에 어긋나지 않는 것이라고 맹자는 보았다.

공자와 맹자 시기에 이르러 민본주의는 전쟁과 기아에 허덕이는 民을 보호하고 민생안정을 추구하려는 의도하에 주창되어, 정치적 측면에서 군주를 비롯한 지배층의 피지배층에 대한 자의적인 지배를 억제하거나 제약하는 하나의 이념으로서 중시되었다.

전통사회에서 다른 계층보다도 도덕적 자율성이 강조된 계층에 해당되는 사람들은 위정자, 즉 지배층이었다. 공자는 당시 위정자들에게 공경함(敬)으로 스스로를 수양할 것을 강조했으며, 자신의 수양을 통해 民의 복지를 증진시키도록 요구했다. 이러한 측면은 공자 德治主義의 주요 내용으로 이해되고 있다(송석준, 1999: 58-59).

이상 살펴본 바와 같이 초기 유가들은 인간의 도덕성을 인정해 仁義의 실현을 이상으로 하는 왕도정치 사상을 주장했다. 이러한 사상을 주창한 배경에는 정치를 행함에 있어 물질적인 경

---

[22] 『孟子』, "梁惠王章句 下," 齊宣王 問曰 湯放桀 武王伐紂 有諸, 孟子對曰 於傳 有之 曰 臣弑其君 可乎, 曰 賊仁者 謂之賊 賊義者 謂之殘 殘賊之人 謂之一夫 聞誅一夫紂矣 未聞弑君也.

제적 요소가 강조되어 인의를 근거로 하는 마음이 상실되지 않도록 함으로써 모든 인간이 각자 인간다운 삶을 누리는 세계를 이룩하고자 하는 것이 있다.

실제로 초기 유가들이 살았던 시대적 배경을 보면 당시는 끊임없는 전쟁상태에 있는 봉건사회였다. 그리고 사회적으로 인간이 자연의 안락한 삶을 유지하기에는 부족한 점이 많았다. 토지는 넓었지만 아직 개간되지 않은 곳이 많았으며, 周의 통치권 상실로 인해 중국대륙은 제후들의 주도권 싸움으로 계속되는 전쟁의 와중에 있었다. 이 시대에 피지배계층에 속한 대다수의 사람들은 최소한의 인간적 생활을 유지할 수 있는 경제적 부와 사회적 안정이 미처 확보되지 못한 채 방랑과 방황의 생활을 하게 되었다(이석규, 1994: 4-5).

이러한 현실을 직시한 공자는 사회가 지향해야 할 공동선으로 '경제적 부(足食), 국방력(足兵) 및 인간의 신뢰(民信之)'를 제시했다. 그 중 의식주문제와 관련된 경제문제는 인간생존에 직결되는 가장 기본적인 사항이었다. 공자가 중시한 民의 경제적 안정은 民을 가르치기 위한(敎) 하나의 수단이라는 성격을 띠었다. 이러한 태도는 다음과 같은 공자의 언급에 잘 나타나 있다.

　　공자가 衛에 갔을 때 冉有가 수레를 몰았다. 이에 공자께서 "백성들이 많기도 하구나"라고 말씀하시자, 염유가 "이미 백성들이 많으면 또 무엇을 보태야 합니까?"라고 질문했다.

　　이에 공자께서는 "부유하게 해야 한다"고 대답하셨다. 염유가 "이미 부유해지면 또 무엇을 보태야 합니까?"라고 묻자, 공자께서는 "가르쳐야 한다"고 대답하셨."[23]

또한 공자는 "적절한 때를 택해서 백성을 동원해야 하며,"24) "군자는 그 백성을 기르는 데 은혜롭고 그 백성을 부리는 데 의로워야 한다"고 언급함으로써,25) 백성을 사랑하고 보호해야 하며 백성을 동원하고 부리는 데 절도가 필요하다는 의미로 民(백성)의 생활에 대해 많은 배려가 필요하다고 보았다. 맹자의 경우 공자의 이러한 생각을 발전시켜 "백성을 기른다"(養民)는 사상을 전개했다.

그리고 맹자는 '保民'정책을 다음과 같이 제시했다. 위정자는 적극적인 것으로는 民의 생활을 안정시켜 주고 이들을 道義로써 가르치며, 소극적인 것으로는 형벌을 줄이고 세금을 감소시키며 전쟁을 삼가는 것이다. 이와 같이 공자, 맹자는 백성의 생활을 안정시키는 것이 왕도정치의 기초라고 봄으로써 왕도정치를 경제문제와 밀접하게 관련짓고 있다.

그리하여 유교정치 이념에서는 왕도정치의 전제조건의 하나로 民에게 일정한 富가 갖추어져야 民이 善을 행하고 禮義를 갖게 하는 것이 가능하다고 보았다.

이와 관련해서 맹자의 경우 梁惠王에게 王道를 달성하기 위한 구체적인 방법을 다음과 같이 제시했다.

> 농사철을 어기지 않게 하면 곡식을 이루 다 먹을 수 없으며, 촘촘한 그물을 웅덩이와 연못에 넣지 않으면 고기와 자라를 이루 다

---

23) 『論語』, "子路," 子適衛 冉有僕, 子曰 庶矣哉. 冉有曰 旣庶矣 又何加焉, 曰 富之 曰 旣富矣 又何加焉, 曰 敎之

24) 『論語』, "學而," 子曰 道千乘之國 敬事而信, 節用而愛人 使民以時.

25) 『論語』, "公冶長," 子謂子産 有君子之道四焉 其行己也恭 其事上也敬 其養民也惠 其使民也義

먹을 수 없으며, 도끼와 자귀를 때에 따라 산림에 들어가게 하면 재목을 이루 다 쓸 수 없을 것입니다. 곡식과 자라를 이루 다 먹을 수 없으며 재목을 이루 다 쓸 수 없으면, 이는 백성으로 하여금 산 이를 봉양하고 죽은 이를 葬送함에 유감이 없게 하는 것입니다. 산 이를 봉양하고 죽은 이를 장송함에 유감이 없게 하는 것이 王道의 시작입니다.26)

또한 맹자는 민의 경제적 안정이 중요함을 다음과 같이 강조했다. 즉 민의 풍족한 재산이 마치 사물에 있어서 돈후한 기와 같아서 군주의 교화가 쉽게 이루어지는 바탕이 된다. 따라서 맹자는 "백성들이 물과 불이 아니면 생활할 수 없으나, 어두운 저녁에 남의 문호를 두드리면서 물과 불을 구하면 주지 않는 자가 없는 것은 지극히 풍족하기 때문이다. 聖人이 천하를 다스림에 백성들로 하여금 콩과 곡식을 물과 불처럼 흔하게 소유하게 하니, 콩과 곡식이 물과 불처럼 흔하다면 民이 어찌 仁하지 못한 자가 있겠는가"라고 파악함으로써,27) 民은 생계가 풍족할 때 仁義의 본성이 발현될 수 있다고 보았다. 맹자 등 고대 유가들은 "경제적 조건이 악화되면 도덕심이 없어지며, 도덕심이 없어지면 民이 못할 짓이 없다"고 바라보는 등 경제적 안정을 삶의 기본조건으로 인식했다. 그리하여 유교는 일반 民의 경제적 풍요로움의 확보를 인간 삶의 필요조건으로 인식했지만, 이것만으로 충분하

---

26) 『孟子』, "梁惠王章句 上." 不違農時 穀不可勝食也, 數罟 不入洿池 漁鼈 不可勝食也, 斧斤以時入山林, 材木不可勝用也, 穀與漁鼈 不可勝食, 材木 不可勝用, 是使民養生喪死 無憾也. 養生喪死 無憾, 王道之始也.

27) 『孟子』, "盡心章句 上." 民非水火不生活, 昏暮叩人之門戶 求水火, 無弗與者. 至足矣. 聖人治天下, 使有菽粟如水火. 菽粟如水火, 而民焉有不仁者乎.

다고 보지는 않았다.[28]

이와 같이 초기 유가들은 민본주의 내지 왕도정치가 현실적으로 가능하기 위해서는 民의 性善 본성이 유지돼야 하며, 그 전제조건으로 民이 자신의 삶을 유지하기 위해 일정한 물질적 조건, 즉 일정한 생산과 수입이 보장돼야 한다고 보았다. 이러한 民의 경제적 안정에 대한 중시는 '恒産恒心論'으로 요약될 수 있다.

"백성들에게 떳떳이 살 수 있는 생업(恒産)이 없으면 이로 인해 떳떳한 마음(恒心)이 없어지게 된다"는 구절에 잘 나타나듯이,[29] 백성의 본성을 회복하는 데는 일정한 경제적 기반이라는 恒産을 주어 민생안정을 도모하는 것이 필요하다고 보았다. 여기에서 말하는 일정한 생활근거(恒産)란 재산뿐만 아니라 넓은 의미에서 생업을 의미하며, 백성들에게 생활의 경제적 안정이 없으면 마음의 안정도 있을 수 없게 될 것이라는 뜻이다. 도덕의 경제적 기초가 중시되고 있는 것이다. 최소한의 생활근거가 마련되지 않는다면 백성들은 자신이 속한 공동체에 대한 소속감과 충성심을 지닐 수 없으며, 백성들에게 이러한 恒心이 없게 되면 방탕과 편벽, 부정과 사치에 빠지게 될 것으로 예상했다. 이렇게 죄악에 빠진 백성들을 형벌로 처벌하는 것은 백성을 일부러 법망에 빠지게 해 잡아들이는 것으로 여겼다.

맹자에 의하면 어진 임금은 백성의 산업을 제정하며 그들의 생활을 안정시키는 것이 주요 과제이며, 그 방법의 하나로 토지제도, 즉 田法을 중시했다. 그리하여 이상적 토지제도로 井田制가

---

28) 이상의 설명은 송석준, 1999: 57-58; 성균관대학교 유학과, 2000: 143-144를 참조함.

29) 『孟子』, "梁惠王章句 上," 若民則無恒産, 因無恒心.

제시되었으며, 공평한 토지분배가 왕도정치의 가장 중요한 경제적 기초를 이루는 것으로 여겼다. 이 제도는 농업생산이 지배적인 당시 상황에서 백성들의 물질적 생활을 안정시키며 국가의 자의적 조세수탈을 방지하기 위한 것이었다.[30]

그리하여 맹자는 백성들이 편안하게 생활할 수 있는 물질적 기반을 만들어 주고, 이를 바탕으로 학교를 세워 도덕교육을 통해 백성들이 人倫孝悌의 도덕을 배우게 함으로써 그들에게 '일정한 마음'(恒心)을 갖게끔 하고자 했다. 그렇지만 맹자가 거론하고 있는 '정전제' 등의 경제정책은 물질위주가 아니라, 그가 왕도정치의 이상으로 삼고 있는 仁義의 바른 도덕을 실현하기 위한 방편으로서 경제정책의 성격을 띠고 있다.[31]

또한 초기 유가들은 생산뿐만 아니라 분배의 측면에도 관심을 보여, 富의 均分이 필요함을 설명하고 있다. 이와 관련해서 공자는 "나라를 소유하고 집을 소유한 자는 (民이) 적음을 근심하지 않고 고르지 못함을 근심하며, 가난함을 근심하지 않고 편안하지 못함을 근심한다고 한다. 따라서 고르면 가난함이 없고, 和하면 적음이 없으며, 편안하면 기울어짐이 없는 것이다"고 보았다.[32] 또한 공자는 "군자는 窮迫한 자를 돌봐주고 부유한 자를 계속 대

---

30) 맹자는 주의 井田法을 이상으로 보고 이의 회복을 염두에 두었다. 구체적으로는 농지 900묘를 균등하게 9등분해 가운데에 위치한 公田은 여덟 가구가 함께 경작해 국가의 수입원으로 바치며, 각 100묘씩의 사유지는 각기 경작해 恒産을 갖게 한다는 것이었다.
31) 이상의 설명은 성균관대 유학과, 2000: 144-145; 이송근·김성범, 1998: 336-340 참조.
32) 『論語』, "季氏," 丘也聞有國有家者 不患寡而患不均, 不患貧而患不安, 蓋均無貧, 和無寡, 安無傾.

주지 않는다"고 하면서 부의 편중을 경계했다.33)

그 뒤 맹자의 경우에는 분배상의 평등뿐만 아니라 생산상의 분업이 필요함을 거론하고 있다. 그 예로 許行이 藤文公을 비난하면서 "賢者는 백성과 더불어 함께 밭을 갈고서 먹으며, 밥을 짓고서 정치를 합니다. 지금 藤에는 倉廩과 府庫가 있으니, 이는 民을 해쳐서 자기를 봉양하는 것입니다. 어찌 어질 수 있겠습니까?"라고 언급했다. 陣相으로부터 이 말을 듣고 맹자는 허행의 소행을 들어 진상에게 다음과 같이 반박했다. "大人의 일이 있고 小人의 일이 있다. 또 한 사람의 몸에 百工의 일이 구비되어 있으니, 만일 반드시 자기가 만든 뒤에야 쓴다면, 이는 천하 사람을 거느리고 길로 분주히 왕래하게 하는 것이다."34)

즉 맹자는 농부와 陶冶, 지배자와 피지배자들이 생업을 분담해야 하며, 서로 교역을 통해 구제하는 것이 바람직하다고 보았다. 이러한 맹자의 견해는 직업귀천의 의식보다는 직업간의 상호 분업적이고 보완적인 관계를 강조하고, 분배에서의 균분과 마찬가지로 생산노동에 있어서의 평등사상을 내포하고 있다.35)

그리고 유학에서 구휼사업을 통한 민생고의 해결, 또는 不遇人의 구제의식 등은 유학의 '大同'관념과도 관련된다. 유학에서는 일찍이 이상사회의 전형을 '대동사회'로 설정하고 그 실현을 각 시대마다 시도했다. 유학이 추구하는 이상세계, 즉 대동세계에서

---

33) 『論語』, "雍也." 吾聞之也, 君子周急, 不繼富.
34) 『孟子』, "藤文公章句 上." 陳相見孟子, 道許行之言曰, "藤君則誠賢君也, 雖然, 未聞道也. 賢者與民並耕而食, 饔飧而治. 今也藤有倉廩府庫, 則是厲民而以自養也, 惡得賢?…… 然則治天下獨可耕且爲與? 有大人之事, 有小人之事. 且一人之身, 而百工之所爲備, 如必自爲而後用之, 是率天下而路也.
35) 이상 유교의 경제관에 대한 설명은 이영찬(1998)을 참조함.

는 民의 경제적 안정이 중시되고 있다. 大同世界란 만민의 신분적 평등과 재화의 공평한 분배, 그리고 人倫의 구현을 특징으로 하는 유교의 이상사회를 지칭하며, 외적 강제성보다는 인간의 자율성에 기초한 복지사회를 이상적 사회로 인식하고 있다. 이것은 無爲自然의 세계관에 입각한 道家의 小國寡民의 이상사회나 힘(力)의 논리에 입각한 法家의 중앙집권적 법치사회와도 구별된다. '大同'이라는 용어는 『莊子』, 『呂氏春秋』 등에서도 언급되지만 그 개념이 정립된 것은 『禮記』이며, 여기서 서술하고 있는 대동세계의 구체적인 내용을 보면 다음과 같다(성균관대학교 유학과, 2000: 165-166).

공자가 말한다. "큰 道가 행해진 일과 三代의 俊英은 내가 아직 볼 수가 없었다. 그러나 기록한 것은 있다. 큰 道가 행해지면 천하를 公으로 하여, 어진 이를 뽑고 능한 자를 골라, 信을 강구하고 화목함을 닦는다.

그런 연유로 사람들은 유독 그 부모만을 부모로 여기지 않고, 유독 그 아들만을 아들로 여기지 않았다. 늙은이로 하여금 마칠 곳이 있게 하고, 젊은이로 하여금 쓰일 곳이 있게 하며, 어진 이로 하여금 자랄 곳이 있게 하고, 홀아비·과부·부모 없는 고아·자식 없는 외로운 사람과 병든 사람들이 모두 보살핌을 받을 수 있게 된다. 남자에게는 일정한 직분이 있고, 여자에게는 시집을 갈 곳이 있었다. 재물은 그것을 땅에 버리는 것을 미워하지만, 반드시 감추어 두지 않았으며, 힘은 그 몸에서 내지 않는 것을 미워하지만 반드시 자기만을 위해서 쓰지 않았다.

그런 까닭에 간사한 꾀는 닫혀 생겨나지 않고 盜竊과 亂賊은 일어나지 않는다. 때문에 바깥문을 닫지 않고 안심하고 생활한다. 이

것을 大同이라고 한다.36)

이러한 대동세계상은 노동능력이 있는 자를 노동에 종사할 수 있게 하고, 노동능력이 없는 노인이나 어린이를 일종의 사회보장제에 의해 잘 부양하도록 하며, 그리고 자기 부모나 자식뿐 아니라 모든 사람에게 널리 사랑을 베풀도록 한다는 점을 포함한다는 측면에서 유교적 복지국가의 이상을 엿볼 수 있다. 즉 유학에서 이상시하는 대동사회는 현인에 의해 신의와 화목의 생활원리가 실현됨으로써, 상호애호와 상부상조하는 기풍이 충만하며, 사회보장이 제도적으로 확립되는 일종의 복지사회의 측면을 띠고 있다(성균관대학교 유학과, 2000: 166-167; 윤사순, 1990: 123-124).

(3) '인정'과 '측은지심'

서구 복지국가의 주요정책 중 유교정치사상과 상통하는 부분은 국가와 지배층이 '民을 위하는' 태도 및 정책을 표방하는 점이며, 이러한 '民을 위하는'(for the people) 정치는 '仁政'을 유교에서 하나의 정치적 목표로 표방하는 점과 부합되는 측면이 있다. 위에서 살펴본 유교윤리의 주요 내용 중 사회복지적 요소로 볼 수 있는 측면으로, 유학에서 '仁'의 적용이 하나의 가족관계에서 전체 사회구성원에까지 확대되는 측면이 중시되는 점을 들 수 있다.

즉 유학에서는 "먼저 친척들을 도리에 맞게 사랑한 후에 백성

---

36) 『禮記』, "第九篇 禮運" 昔者仲尼…… 故外戶而不閉. 是謂大同. 이 번역문은 이민수 역해(中, 1982: 32-33)에서 인용함.

에게 인자하게 대하고, 또 그런 이후에야 모든 생명체에까지 사랑을 넓혀 갈 것"이 주장되었다. '親親'이라는 혈연의 정 또는 사랑을 확충시켜 남을 사랑하는 것(推己及人)이며, 이에 의거해 정치를 실행하는 것이 '德治' 내지 '仁政'으로 간주되었다(孔繁, 1996: 156, 164-167).

원래 '仁政'은 군주가 선정을 베풀어 민심을 수렴할 경우에 백성들은 그 군주를 자신의 부모처럼 우러러보게 되어, 군주는 장기간 안녕과 부귀를 누릴 수 있으며, 국가가 망해 쓰려지는 것에 대해 우려하지 않아도 된다는 것이다.

여기서 남을 사랑하는 仁의 구체적인 내용에 대해 공자와 맹자는 다음과 같이 설명하고 있다(배충진, 1999: 16).

> 번지가 '仁'에 대해 묻자, 공자는 "사람을 사랑하는 것이다"고 대답했다.[37]
>
> 그 情으로 말하면 善하다고 할 수 있으니, 이것이 내(맹자 지칭)가 말하는 善하다는 것이다. 인간이 不善을 하는 것으로 말하면 인간의 타고난 才質의 잘못이 아니다. 사람들은 모두 불쌍히 여기는 마음을 가지고 있으며, 부끄럽고 미워하는 마음을 가지고 있으며, 사양하고 공경하는 마음을 가지고 있으며, 옳고 그름을 밝히려는 마음을 가지고 있다.
>
> 불쌍히 여기는 마음(惻隱之心)은 '仁'이요, 부끄러워하고 미워하는 마음(羞惡之心)은 '義'요, 공경하는 마음(恭敬之心)은 '禮'요, 시비하는 마음(是非之心)은 '智'이다. 仁, 義, 禮, 智는 밖에서 나에게 들어온 것이 아니라, 내가 본래 가지고 있는 것이지만, 생각하지 못할

---

37) 『論語』, "顔淵," 樊遲問仁 子曰 愛人

뿐이다. 그러므로 "구하면 얻고 버리면 잃는다"고 말하는 것이다.38)

중국에서 '仁政'이 하나의 정치모델로 대두된 배경을 개괄하면 다음과 같다. 공자 등 고대 유가가 활동했던 시대적 배경을 보면, 제후들이 전쟁물자의 동원과 개인적 이익추구를 목적으로 징병, 부역 및 공납 등을 통해 민중들을 매우 착취하고 있었다. 이 시대에 공자는 제후들의 民에 대한 착취에 대해 仁政을 베풀 것을 주장했으며, 여기서 '仁政'이라는 것은 民의 생존에 필요한 최소한의 여건을 보장하는 측면을 띠었다.

그리하여 공자는 통치자들에게 국가경비의 지출을 삭감하고 세금을 낮추며, 농번기를 피해 민을 부역에 동원함으로써 民의 생존여건 향상에 힘쓸 것을 주장했다.39) 그리고 공자는 "널리 대중을 사랑하고 사람들에게 친하게 대하라"고 했으며,40) "군주가 너그러워야 많은 노동력을 얻을 수 있으며, 군주가 신의가 있어야 民도 그를 신임하게 될 것이다"고 했다. 즉 정치는 먼저 백성들을 풍요롭게 하고 그 다음에 병력을 보충하며 교화를 행하지 않으면 안 된다고 보았다. 따라서 군주 등 위정자는 사치를 금하고 조세를 경감하며 백성을 부릴 때에는 농사철을 피하고 항상 民力을 쉬게 해야 한다는 방법론이 제시되었다.41)

---

38) 『孟子』, "告子章句 上." 孟子曰, 乃若其情, 則可以爲善矣, 乃所謂善也. 若夫爲不善, 非才其罪也. 惻隱之心, 人皆有之, 羞惡之心, 人皆有之, 恭敬之心, 人皆有之, 是非之心, 人皆有之. 惻隱之心, 仁也, 羞惡之心, 義也, 恭敬之心, 禮也, 是非之心, 智也. 仁義禮智, 非由外鑠我也, 我固有之也, 弗思耳矣. 故曰, '求則得之, 舍則失之' 或相倍徙而無算者, 不能盡其才者也.

39) 『論語』, "學而." 節用而愛人 使民以時.

40) 『論語』, "學而." 汎愛衆而親仁

그리고 맹자의 경우 천하를 다스리는 것은 백성들을 고난에서 벗어나게 해주는 데 달려 있으며, 이는 자신의 어른을 잘 봉양하고 자신의 아이를 자애롭게 대해 그 마음을 남의 어른과 아이에까지 확대해 나가는 것을 통해 드러난다고 보았다.42) 또한 맹자는 "내 마음을 남에게 적용할 뿐이다"43)고 말함으로써 '推己及人'은 자신의 마음을 남의 마음에 적용하는 것이라고 설명했다. 이 경우 맹자가 말하는 마음은 "인자하게 사랑하는 마음"(仁愛之心)이며, 또한 "남에게 잔인하게 대하지 못하는 마음"(不忍人之心)이다. 특히 인정을 베푸는 데 있어 '鰥寡孤獨'과 같이 하소연할 데가 없는 곤궁한 백성들을 우선적으로 돌본다면, 그 외 다른 고통을 겪고 있는 이들도 빠짐없이 돌보아 줄 수 있을 것으로 보았다.44)

위와 같이 맹자는 仁政의 근거를 군주가 "남의 불행과 고통을 차마 보아 넘길 수 없는 마음," 즉 동정심(不忍人之心)에서 찾았으며, 이러한 주장은 다음과 같은 구절에 자세히 나타나 있다.

맹자께서 말씀하셨다. "사람들은 모두 사람을 차마 해치지 못하

---

41) 『論語』, "堯曰," 寬則得衆 信則民任焉. 이상의 내용은 배충진(1999: 12-13); 성균관대학교 유학과(2000: 141)를 참조함.

42) 『孟子』, "梁惠王章句 上," 老吾老 以及人之老, 幼吾幼 以及人之幼, 天下可運於掌上.

43) 『孟子』, "梁惠王章句 上," 言舉斯心加諸彼而已.

44) 孔繁(1996: 167-168). 초기 유가의 '仁政'과 '推己及人'의 사상이 그 뒤 중국의 일부 사상가들에 의해 계승·발전되어 천하의 고통받는 사람들에 대한 仁愛의 마음으로 확대돼 간 측면에 대한 설명은 孔繁(1996: 169-172)을 참조하기 바람.

는 마음(仁心)을 가지고 있다. 先王이 사람을 차마 해치지 못하는 마음을 두어, 사람을 차마 해치지 못하는 정사(仁政)를 시행하셨으니, 사람을 차마 해치지 못하는 마음으로 사람을 차마 해치지 못하는 정사를 행한다면, 천하를 다스림은 손바닥 위에 놓고 움직일 수 있을 것이다."45)

이상 맹자의 설명에 의하면 仁義의 도덕으로 '仁政'을 행하는 것이 바로 '王道'이며, 어려움에 처한 상태를 그냥 지나치지 못하는 마음(不忍人之心)이 인간의 내면에서 '仁義禮智'의 덕목이 자리잡고 있다는 네 가지 실마리(四端)의 시작이며, 위정자는 인정을 베풀지 않으면 안 된다는 근거가 되었다. 그리하여 맹자는 인간의 천성(不忍人之心)에 기초를 둔 仁義道德의 실천에 의한 위정자의 德治를 주장했으며, 그에 따르면 仁의 실천이 바로 정치를 행하는 출발점이 되며, 위정자는 백성에게 인정을 베풀어야 한다는 왕도정치가 주창되고 있다(성균관대 유학과, 2000: 142-143).

한편 유교경전을 보면 이러한 유교의 仁관념에 의거해 보살핌의 대상이 되는 사람들로 구체적으로 다음과 같은 부류가 언급되었으며, 이러한 대상 중 상당수는 현대국가에서도 사회복지의 주요 수혜대상이 되고 있다.

어려서 아버지가 없는 자를 '孤'라 하고, 늙어서 아들이 없는 자를 '獨'이라 하며, 늙어서 아내가 없는 자를 '鰥'(=矜)이라 이르고, 늙어서 남편이 없는 자를 '寡'라고 이른다. 이 네 가지 사람들은 백성 중에서 가장 곤궁해 호소할 데가 없는 사람이다. 모두 일정한

---

45) 『孟子』, "公孫丑章句 上," 孟子曰, 人皆有不忍人之心. 先王有不忍人之心, 斯有不忍人之政矣. 以不忍人之心, 行不忍人之政, 治天下可運於掌上.

사회의 은사(隱給)를 받는다. 벙어리, 귀머거리, 절름발이, 앉은뱅이, 다리 끊긴 자, 난쟁이, 백공들은 각자 자기의 기능에 따라 일을 시키고 먹인다.46)

鰥寡孤獨 4자는 천하의 궁한 백성으로서 호소할 곳이 없는 자이기 때문에, 문왕이 정치를 행함에 있어 이 넷에게 仁을 베푸는 일부터 시작했다.47)

이상 살펴본 바와 같이 '仁政'은 민심을 수렴하기 위해서는 군주를 비롯한 지배계층이 지녀야 할 윤리 또는 도덕정치의 핵심인 동시에, 민의 생활안정과 향상을 위한 일련의 경제정책을 주요내용으로 하고 있다(장학근, 1991: 483). '仁政'과 관련해서 유교에서 강조하는 '仁, 義'의 관념 중 '仁'은 '不忍之人心 惻隱之心'으로서 복지사업의 이상으로, 그리고 '義'는 그것의 정당한 실현을 말하는 것으로 간주될 수 있어, 근대 사회복지 이념과 그 맥락이 통하는 것으로 볼 수 있다.

이로 미루어 볼 때 지배계층이 民을 두렵고 가엽게 여기는 마음, 즉 '怵惕惻隱之心'에서 우러나오는 仁愛사상이 德治主義나 王道政治와 결합된 형태로 나타나는 '仁政'이 유교적 사회복지사상

---

46) 『禮記』, "第五篇 王制," 少而無父者謂之孤. 老而無子者謂之獨, 老而無妻者謂之矜, 老而無夫者謂之寡. 此四者天民之窮而無告者也, 皆有常餼…… 各以其器食之 이민수 역해(上), 1982: 316-317.

47) 『孟子』, "梁惠王章句 下," 對曰, 昔者文王之治岐也. 耕者九一, 仕者世祿, 關市譏而不征, 澤梁無禁, 罪人不孥. 老而無妻曰鰥, 老而無夫曰寡, 老而無子曰獨, 幼而無父曰孤. 此四者, 天下之窮民而無告者. 文王發政施仁, 必先斯四者. 詩云, '哿矣富人, 哀此煢獨.'

의 원형에 해당된다. 이러한 유교적 복지관념은 지배계층이 일반 民을 향해 통제적·동정적·시혜적 측면이 엿보인다는 점에서 나름대로 한계를 지니지만, 온정주의적 시각에서 접근되는 것으로 볼 수 있다(배충진, 1999: 17-18).

(4) 고대중국의 구휼정책과 이념

위에서 살펴본 유교이념에 의거해 고대중국의 사회복지제도 전개과정과 그 내용을 간략히 살펴보면 다음과 같다.

먼저 초기 유가들이 이상사회로 간주했던 周 행정제도의 주요 내용이 실린 『周禮』의 "地官 大司之職篇"에 적힌 '救荒要目' 12개조를 보면, 다음과 같은 구휼정책을 열거하고 있다. 즉 창고를 열어 곡종과 양식 대여, 조세 경감, 형벌 감면, 부역의 일시면제, 사냥 금지의 해제, 관세 생략, 吉禮 생략, 凶禮 생략, 樂曲 금지, 혼인 장려, 廢祀를 구해 제사를 지내고 백성의 복을 기원함, 그리고 도적 예방 등이었다(권오구, 2000: 241-242에서 재인용).

『周禮』에 의하면 큰 흉년 또는 커다란 질병 창궐시 국가가 移民, 通財해 규제할 것을 규정하고 있다. 즉 고대중국에서는 慈幼, 養老, 振窮, 恤民, 寬疾, 安富의 정책을 시행함으로써, 천재지변의 발발 등 비상시기에 구호정책을 취하는 '救荒'의 측면을 보여주며, 평상시에 救貧 및 防貧 등의 정책을 취하는 '保息'의 측면을 보여주었다. 그리고 『周禮』에는 吉凶年에 救恤을 시행하기 위해 天災의 질환, 老孤, 賓客, 行旅人 또는 飢寒에 대비하는 저축과 民의 식생활을 平均되게 관리하며, 징집과 부역을 균등하게 할 것이 권장되었다.[48]

또한 중국 漢나라 초기 禮制의 대표적 저술이라고 할 수 있는

『禮記』를 보면, 당시 구빈의 필요성과 그 대상이 다음과 같이 자세히 서술되고 있다.

이런 까닭은 강한 자가 약자를 위협하고 많은 것이 적은 것에게 횡포를 부리고, 지혜 있는 자가 어리석은 자를 속이고, 용맹한 자가 나약한 자를 괴롭히고, 질병에도 몸을 기르지 못하고 늙은이와 어린이, 고독한 자가 그 살 곳을 얻지 못하게 된다. 이것이 크게 나라가 어지러워지는 길이다.49)

先王이 천하를 다스리는 데 다섯 가지 요령으로 하셨다. 즉 德이 있는 자를 귀중히 여기고, 貴한 사람을 귀중히 여기고, 늙은이를 귀중히 여기고, 어른을 공경하고, 어린이를 사랑했다. 이 다섯 가지로써 先王은 천하를 정했다.50)

이러한 인식 하에『禮記』에서는 정부가 보살펴야 하는 대상을 다음과 같이 구체적으로 예시했다. 즉 孤(어리고 부모가 없는 아이), 獨(늙고 자식이 없는 사람), 鰥(늙고 부인이 없는 사람), 寡(늙고 남편이 없는 사람)를 "천하에 곤궁해 어디에도 호소할 곳이 없는 불쌍한 백성"이라고 하여, 정부가 이들에게 일정한 양의 식량을 공급하도록 했다. 그리고 啞(벙어리), 聾(귀머거리), 跛(다리 하나 병신),

---

48) 『周禮』, "地官," "司徒遺人篇"과 "上司救篇"(권오구, 2000: 241에서 재인용.

49) 『禮記』, "第十九篇 樂記" 是故强者脅弱, 衆者暴寡,…… 老幼孤獨不得其所, 此大亂之道也. 이민수 역해(中), 1982: 289-290.

50) 『禮記』, "第二十四篇 祭儀" 先王之所以治天下者五. 貴有德, 貴貴, 貴老, 敬長, 慈幼. 此五者, 先王之所以定天下也. 이민수(下), 1982, 64-65.

躄(양쪽 다리 병신), 斷者(지체 절단자), 侏儒(난쟁이), 百工(각종 세공인)에게는 각자의 재능, 기술에 상응해 직업을 줌으로써 그에 따르는 보수를 주어 생계를 유지하게 했다.51)

동양적 구제사업은 고대중국에서 실시된 뒤 국가행정 체계로서 救荒, 保息 등 恤救와 安民의 제도 등으로 계승되었다. 이러한 제도들은 중국 역대 왕조에서 계속되어 왔고, 한반도에는 삼국시대 이래 漢, 唐, 宋, 明의 제도를 도입하면서 대부분 그 예를 본받아 실시했다. 이런 동양적 구제사업의 특색은 국가의 구제사업이 민심수습 및 민생안정의 주요 수단으로 간주되었다는 데 있다.

3. 조선시대 민생구휼의 이념과 현실

1) 조선시대 민본·위민사상의 대두와 민생안정책

조선시대 민생구휼의 주요 이념적 측면과 실제 정책 및 제도의 발전과정을 이해하기 위해서는 먼저 당시 지식인들 사이에서 爲民사상이 대두된 배경과 對民觀의 이론적 전개과정을 먼저 살펴볼 필요가 있다.

조선 건국기에 '仁政' 등 복지주의적 요소로 볼 수 있는 일련의 유교정치이념이 대두된 배경을 살펴보면, 다음과 같은 요인이

---

51) 『禮記』, "第五篇 王制," 이민수 역해(上), 1982: 316-317; 권오구, 2000: 243.

크게 작용했다. 국가적 차원에서 신흥 사대부들의 통치를 정당화해 주어야 하며, 12세기 무신란 이후 계속되어 온 내우외환과 토지제도의 문란 등으로 피폐해진 농민들의 농업경영 안정성 확보 등 민생안정이 시급했다. 이 상황에서 고려말 공민왕 이후 經學을 중심으로 하는 과거제를 통해 중앙정계에 진출한 신흥 사대부 계층들은 불교의 폐단을 비판하고, 새로운 통치이념으로 유교적 이상사회를 표방했다.

유교정치이념을 국가적 이념으로 설정한 지식인들의 대민관 중에서도 '民' 그 자체는 일반적으로 무지하고 우매한 존재로 파악되었다. 이는 유교정치이념에서 위로부터 수혜대상이 되는 民의 위상에 대한 인식이 다음과 같이 '天으로서의 民'과 '도덕능력 下劣者로서의 民'이라는 상호 모순되는 측면이 공존하는 점과 관련된다.

民의 도덕적 능력에 대한 부정적 입장은 이미 공자의 경우에도 다음과 같이 엿보이고 있다. 孔子가 "태어나면서 아는 자가 으뜸이고, 배워서 아는 자는 그 다음이며, 不通해 배우는 자가 또한 그 다음이니, 不通한데도 배우지 않음으로써 民은 아래에 머물게 되었다"고 말한 구절에서 엿볼 수 있듯이,52) 민본적 입장을 강조하더라도 민은 여전히 타율적 존재로 간주되었다. 그 대신 도덕적으로 우월한 입장에 서 있는 관인층에게 민에 대한 책임이 강조되며, 민본주의는 관인층에게 요구되는 사항이었으며, 도덕적 능력의 차이 및 유교적 도리의 인지 여부에 따라 관인층과 民이 구분되었다(이석규, 1994: 46-49).

---

52) 『論語』, "季氏." 孔子曰, 生而知之者 上也, 學而知之者 次也, 因而學之 又其次也, 因而不學 民斯爲下矣.

조선 초기 지식인들 사이에 관인층은 유교의 天理나 道理를 알고 있기 때문에 '識理之人' 또는 '識理之士'로 표현되었지만, 반면 民은 이를 모르기 때문에 '無知之民' 또는 '愚民'으로 표현되었다. 즉 민은 유교적 도리나 사리를 모르며 자신의 욕망에 따라 행동하는 존재로 인식되었으며, 이를 이유로 관인층은 民을 도덕적 능력이 열등한 존재로 간주했다(이석규, 1994: 40-45).

이상 살펴보았듯이 民에 대한 인식은 '民'이 天으로까지 높여져 '邦本'으로 중시되는 긍정적 측면과 도덕적 능력이 下劣한 타율적 존재로 규정되어 君臣이 있은 연후에 民이 존재하는 관계로 여겨지는 부정적 측면이 동시에 엿보이고 있다.

이러한 딜레마를 해결하기 위해 조선 초기에는 왕을 포함하는 관인층과 民의 관계를 일방적인 지배·피지배의 관계로 국한시키지 않고 '相資'의 관계로 파악함으로써 민본주의가 좀더 적극적인 측면을 띠게 되었다.

그리하여 지배계층에 속하는 왕과 관인층은 一體이며, 관인층은 민에 대해 마치 父母의 관계에서 民을 다스리는 위치에 서 있는 것으로 여겨졌다. 이들 관인층은 현실적으로 民 위에서 군림했지만, 명분상으로나 이념상으로도 民의 양육을 책임질 것이 강조되었다(이석규, 1994: 31-33). 民의 위상에 대한 이러한 유교정치이념상의 논지 전개에 비추어 볼 때, 사회적 약자나 극빈계층에 대한 정부(또는 官)의 보호는 서구의 복지관념과 제도도입 이전에 이미 전통국가에서 국가의 주요 과제로 간주되는 것은 당연시되었다. 바로 이러한 측면에서 유교국가의 구휼정책이 서구의 복지제도와 비교될 수 있는 일련의 시사점을 제공하고 있다.

조선 건국 당시 민본주의를 국가이념으로 재정립하고 현실정치에서 실현하려고 모색했던 구체적인 예로 鄭道傳의 민본사상을 들 수 있다. 정도전은 民에 대한 지배층의 권위는 관인층 등 지배층이 사회적 역할을 분담하는 과정에서 발생한 것이기 때문에, 관인들은 자신들의 人欲을 억제하며 민을 위한 책임을 다할 때에만 그 존재의의가 있으며 민본이념의 실현이 가능하다고 보았다. 그리고 民도 관인층의 이러한 권위에 복종해야 사회적 안정을 기대할 수 있을 것으로 파악되었다(이석규, 1994: 34-40).

民이 나라의 근본이라는 민본사상에 의하면, 모든 문제를 民의 입장에서 풀어야 하고, 백성을 위하고(爲民), 백성을 존중하고(重民), 백성을 보호하고(保民), 백성을 기르고(牧民 또는 養民), 백성을 편안하게 해야 한다(安民)는 측면이 강조되지 않을 수 없었다. 이와 같이 정도전은 민의 중요성을 강조했으며, 이 점은 백성, 국가 및 군주 3자의 비중에 대한 다음 설명에서 잘 엿볼 수 있다.

대저 군주는 나라에 의존하며, 나라는 백성에 의존하는 것이다. 그러므로 백성이란 나라의 근본인 동시에 군주의 하늘이다. 그리하여 『周禮』에서는 백성의 호구수를 왕에게 바칠 때 왕이 절을 하면서 받았으니, 이것은 자기의 하늘을 존중하는 까닭이었다. 임금 된 사람이 이러한 뜻을 안다면 백성을 사랑함이 불가불 지극해야 할 것이다. 신은 "版籍篇"을 지으면서 愛民을 함께 강조하는 바이다(한영우 역, 1985: 53-56; 한영우, 2000: 139-140 참조).

이러한 언급을 설명하면, 군주보다는 국가가, 국가보다는 民(백성)이 윗자리에 있으므로 民은 국가의 근본인 동시에 군주의 하늘이라는 것이다. 따라서 군주는 자기보다 윗자리에 있는 '天=民'을 지극히 존중하고 사랑해야 할 의무가 있다. 이와 같이 民은 귀중한 존재이기 때문에 군주를 비롯한 통치자의 모든 동작이나 시설, 명령, 법제들이 민을 존중하기 위한 것이 아니면 안 되었다. 이러한 사고는 정도전의 다음과 같은 언급에 자세히 나타나 있다(한영우, 2000: 140).

> 백성은 나라의 근본이다.…… 옛날에 四海를 다스리면서 천자가 官爵을 설치하고 녹봉을 지급한 것은 신하를 위해서가 아니라 모두 백성을 위한 것이었다. 따라서 성인(군주)의 동작과 시설, 명령, 법제는 그 하나 하나가 반드시 백성에게 근본을 둔 것이었다. 따라서 현명한 관리를 선택하여 백성을 기르게 하고, 관리의 직임을 중하게 여겨 백성을 책임지게 하고, 관리에게 직권을 빌려주어 백성을 편안하게 하고, 관리의 녹을 풍족하게 하여 백성을 총애하고 이롭게 한 것이다. 임금이 관리에게 책임을 지우는 것도 하나같이 백성을 근본으로 하는 것이며, 관리가 임금에게 보답하는 것도 하나같이 백성을 근본으로 한 것이다. 이렇듯 백성은 존중되었다.[53]

이와 같은 정도전의 언급을 통해 볼 때, 유교정치사상이 이상정치가 실현된 것으로 모델시하는 堯・舜시대에 군주가 관리를 설치해 그들에게 직권과 녹봉을 준 원래 취지는 관리 자신을 위한 것이 아니라, 이를 통해 民을 보호하고 사랑하고 이롭게 해주기 위한 것이었다. 그리고 관리가 군주에게 보답하는 것도 군주 일개인을 위한 것이 아니라 어디까지나 民을 위한 보답의 의미를 갖는 것이었다.

이와 같이 군주를 비롯해서 통치자나 통치권이 民을 위해 존재하고 民을 위해 기능할 때에 비로소 통치자나 통치권이 정당화될 수 있다고 보았다. 여기에는 군주나 관리, 나아가 정부는

---

[53] 『經濟文鑑』下, 縣令條(한영우, 2000: 140에서 재인용).

民을 지배하는 권력자라기보다는 백성을 위해 일하는 봉사자의 의미가 포함되어 있다. 그리하여 '관리는 백성의 유목(乳牧)'이라고 하며 '백성의 부모'라는 표현이 사용되기도 한다. 이와 같이 官과 民의 관계가 부모와 자식간의 관계와 하등 다를 것이 없다는 점에 잘 나타나 있듯이, 조선 초기 정도전은 부모가 자식을 애지중지하며 기르듯이 통치자는 백성을 아끼고 길러야 한다고 보았다. 이러한 입장에서 볼 때 민이 군주를 비롯해서 통치자를 친부모처럼 존경하고 따르지 않는다면, 이미 그 군주는 통치자로서의 자격을 상실한 것이 된다(한영우, 2000: 141).

그리고 정도전은 '仁政'과 '德治'가 실현되기 위해서는 군주 등 개인의 도덕적 수양이나 국가의 정책적·제도적 뒷받침이 필요하지만, 이것만으로 충분하지 못하며 백성들의 경제생활이 안정되어야 한다고 보았다. 정도전은 이 점을 다음과 같이 강조했다.

> 농사와 양잠은 의식의 근본으로 왕도정치의 전제가 되는 것이다.
> 우리나라에서는 중앙에 司農, 지방에 勸農官을 두어 백성들의 부지런함과 게으름을 조사케 하여 부지런한 자를 장려하고 게으른 자를 징계했으며, 한편 풍기를 맡은 관리로 하여금 그들의 직책수행 여부를 조사하게 하여 잘하는 사람은 승진시키고 잘못하는 사람은 폐출시키고 있다.
> 전하께서는 여러 차례 綸音을 내려 농업과 양잠의 장려를 으뜸으로 삼을 것을 강조함으로써 의식의 근본을 돈독하게 하고 충실을 기했다. 장차 의식생활이 풍족해져 염치를 알게 될 것이요, 창고(倉廩)가 가득 차 예의가 진흥될 것이며, 태평스러운 왕업이 이룩될 것이다(한영우 역, 1985: 56-57).

입는 것과 먹는 것이 풍족해야 예의를 안다.54)

즉 민의 衣食생활은 염치, 예의 및 예절 등과 불가분의 관계가 있어, 이들의 의식주생활이 풍족하지 않고서는 염치나 예의도덕은 제대로 실현되기 어렵다. 따라서 일반 民이 염치와 예의를 저버리고 남의 재물을 훔치는 도적행위도 그 근본원인은 성품이 나쁜 데 있는 것이 아니라 경제적 핍박에 기인하는 것이다.

정도전은 사람의 성품은 본래 누구나 착하며 나쁜 것을 싫어하는 소위 '羞惡之心'은 누구나 다 갖고 있는 것으로 보았다. 그러나 일반 민이 일정한 재산이나 생업, 즉 '恒産'이 없는 경우에는 그로 인해 변하지 않는 떳떳한 마음이나 도덕심, 즉 '恒心'을 갖기가 어렵게 된다. 그 결과 민은 추위와 굶주림이 몸에 절박하면 예의와 수치를 돌아볼 겨를이 없게 되어 부득이 도적이 되는 것이라고 설명되고 있다(한영우, 2000: 230-231).

民의 경제적 안정이 윤리도덕 실현의 전제조건이 되기 때문에, 군주를 비롯한 위정자들은 무엇보다도 경제문제를 중시해 民의 경제생활 안정에 주력해야 한다고 보았다. 그리하여 정도전은 농사와 양잠은 衣食의 근본이요 왕도정치의 전제라고 말하는 등 農桑의 장려가 왕도정치의 출발점이라고 보았다(한영우, 2000: 231).

결국 통치의 궁극적 목적이 민의 경제생활 안정에 있기 때문에 통치자, 특히 民과 직접 접촉하면서 통치하는 '수령', 즉 지방관이야말로 백성을 어린아이처럼 젖 먹여 기르듯이 경제생활을 보살펴주는 사람이라는 뜻에서 '백성의 유목(乳牧)'(『經濟文鑑』下, 監司)이라고 불렀다(한영우, 2000: 231에서 재인용). 이와 관련해서 정

---

54) 『經濟文鑑』下, 監司(한영우, 2000: 230에서 재인용).

도전은 지방관청을 책임지고 있는 수령의 임무 가운데 경제문제를 중시했으며, 그가 제시한 수령의 8가지 임무가 대부분 경제생활과 관련된 것들이었다.55) 그리고 그는 "국가를 다스리는 자는 반드시 먼저 민생을 보호하는 것을 급한 임무로 삼는다"(『朝鮮經國典』下, 憲典 戶役)고 하면서 통치자의 기본과제가 민생안정에 있음을 강조했다(한영우, 2000: 231-232에서 재인용). 따라서 조선의 국가적 이념인 유교정치이념에서 가장 중시된 것은 '爲民의식'이며 현실적으로는 민의 의식주생활을 보장해 주는 것이었다(이석규, 1994: 28-30).

이러한 仁政 등 유교정치이념이 국가 정책화되는 과정은 조선 건국 이후 국가체제가 공고화되는 과정에서 잘 나타나고 있다. 그 대표적인 예로 조선시대 법제화의 기본방향을 제시한 『朝鮮經國典』에서 민생안정의 필요성과 당위성에 대해 다음과 같이 언급되고 있다.

> 사람의 본성은 모두 착한 것이다. 자기의 나쁜 짓을 부끄러워할 줄 알고, 남의 나쁜 짓을 미워하는 마음은 누구나 다 가지고 있는 것이다. 도적이 되는 것이 어찌 인간의 정이겠는가? 일정한 재산과 생업이 없는 사람은 일정불변한 마음을 가질 수 없는 것이다. 배고픔과 추위가 몸에 절실해지면 예의를 돌아볼 겨를이 없어져 부득이한 사정에 압박되어 도적이 되는 것일 따름이다.

---

55) 『經濟文鑑』下, 監司 考課法에서 수령의 善·最로서 公·明·廉·勤과 더불어 다음과 같이 ① 田野闢, ② 戶口增, ③ 學校興, ④ 禮俗成, ⑤ 獄訟平, ⑥ 盜賊息, ⑦ 差役均, ⑧ 賦斂節의 8가지를 제시했다. 이 중 ③, ④를 제외한 나머지가 모두 경제생활과 관련이 있다(한영우, 2000: 375에서 재인용).

그런 까닭에 백성의 어른노릇 하는 사람은 仁政을 베풀어 백성들이 자기의 생업에 안주할 수 있도록 해주어야 한다. 백성들이 농사지을 때 제 철을 놓치지 말게 해야 하며, 백성들의 힘을 손상시킬 정도로 백성들로부터 수취해서는 안 된다.

남자는 먹고 남을 만큼 식량을 축적하고, 여자는 입고 남을 만큼 옷감을 소유해, 위로는 부모를 섬기기에 부족함이 없고, 아래로는 처자를 기르기에 부족함이 없게 되면, 백성들은 예의를 알게 될 것이며, 풍속은 염치를 숭상하게 될 것이다. 도적은 없애지 않아도 저절로 없어질 것이다(한영우 역, 1985: 99-100).

이와 같이 조선시대의 민본사상은 관인층을 포함한 지배계층의 민에 대한 자의적 지배를 억제하고 民心안정에 중점을 두는 등 민생안정을 강조했다. 정치적 정당성의 근거로 중시되는 민심안정에 있어 개개 民의 '恒心'도 개개인의 '恒産'이 전제되지 않으면 현실적으로 이루어질 수 없었다. 따라서 민생안정 여부는 조선 건국시기 민본사상 구현 여부를 판가름하는 주요 기준이었으며, 나아가 지배층의 능력과 정당성을 평가하는 주요 지표로 간주되었다(이석규, 1994: 158; 장학근, 1991: 483).

조선 중기에 이르러서도 민본사상과 위민의식은 유학자들에 의해 계속 강조되었다. 조선의 성리학자들은 군주 자신의 修己에 기초한 德治와 禮治의 왕도정치를 구현하고자 했으며, 이전의 유학자들보다도 민본 및 위민정치를 더욱 주창했다. 조선 중기 이러한 사고를 대변하는 대표적인 예로 退溪 李滉의 경우 군주가 仁愛의 德治를 베풀지 않으면 상제(天)가 천재지변으로 징벌한다고 보았다.[56]

---

56) 『退溪全書』 上卷, 卷6, 卷42, "戊辰六條疏." "景福宮重修記"(윤사순, 1990:

이황은 당시 조선사회가 안고 있는 모순 내지 병폐로 민생고를 중시해 기회가 있을 때마다 민생고를 구제하는 것이 시급함을 강조했다. 이황은 民의 생활이 가뭄과 홍수 같은 재변으로 인해 농사에 실패하고 가난에 허덕일 뿐만 아니라 과다한 조세와 부역에 시달리며 질병마저 극심하기 때문에, 이러한 民에 대해 시급히 구제책을 마련하지 않으면 안 된다고 보았다.57) 이황은 민생고 구제에 '四窮'에 대한 구휼정책이 포함된다고 보았다. 이와 관련해서 『聖學十圖』에 게재한 "西銘"에서 이황은 "인간이 다 나의 동포라는 사고를 전제로 '홀아비・과부・고아・독신 등 매우 불우한 처지에 처한 타인들을 내 형제 및 자매와 같이 돌보는 것이 마땅하다"고 강조하고 있다. 그리고 그는 '예안향약'을 통해 공물을 지나치게 거두는 등 민간에 폐해를 끼치는 관리를 징벌하는 한편, 환난을 당한 향민의 구휼에 냉담한 향민에 대해 제재를 가할 것을 명시하고 있다. 이러한 측면은 그가 구휼사업을 지역자치 형태로 성취시키고자 시도했음을 보여준다(윤사순, 1990: 122-123에서 재인용).

조선 건국 이후 주창된 민본사상은 조선 후기에 이르러 실학자들에게 계승되었으며, 이러한 측면은 조선 후기 대표적인 실학자의 한 사람인 茶山 丁若鏞의 『牧民心書』에서 잘 나타나고 있다.58) 정약용은 『牧民心書』에서 지방의 수령들이 연령, 친척의 유

118-122에서 재인용). 퇴계 이황이 사랑의 '惻隱之心'이 실현되는 도덕적 공동체를 하나의 이상사회로 바라본 측면에 대한 설명은 김종문・장윤수(1997: 128-147)를 참조하기 바람.

57) 『退溪全書』 上卷, 卷 6, 166면(윤사순, 1990: 122에서 재인용).

58) 조선 후기 실학자들의 민본사상의 성격에 대한 개괄적 설명은 오정혜 (1996: 36-40)를 참조하기 바람.

무, 재산상황 등을 고려해 '四窮' 등 구휼 대상자를 선정하고 그들을 관청에서 보호해야 한다고 강조했다.

『牧民心書』를 보면, 民의 어려운 처지를 지적하고 이에 대해 다음과 같은 개혁방안을 구체적으로 거론하고 있다. 먼저 이 책 제4편 "愛民 六條"에서 정약용은 民을 제 몸과 같이 아끼라는 취지에서 '養老'(노인을 봉양하는 예를 일으킴), '慈幼'(고아들을 거두어 기르는 정치를 폄), '振窮'(불쌍한 사람들을 도와줌), '哀喪'(상을 당한 사람들을 애처롭게 여기고 보살핌), '寬疾'(병으로 고통받는 사람들을 잘 보살핌) 및 '救災'(재난으로부터 백성들을 구함) 등을 제시했다. 그리고 이 책 제11편 "賑荒 六條"에서는 民의 주린 배를 으뜸으로 근심하라는 취지에서 '備資'(물자를 비축해야 民을 구제할 수 있음), '勸分'(흉년을 만나면 서로 나누어 먹도록 권함), '規模'(진휼을 할 때에는 규모를 정함), '設施'(진청을 설치하고 진휼을 실시함), '補力'(民에게 힘을 보태어 줌), 및 '竣事'(진휼하는 일을 끝내고 수고한 사람들을 위로함) 등의 구체적인 구휼정책을 제시했다.

『牧民心書』에서 언급한 구휼정책 중 특히 장애인 등에 대한 사회복지 대책을 잘 엿볼 수 있는 부분은 다음과 같다.

폐질과 독질에 걸려 제 힘으로 먹고 살아갈 수 없는 자에게는 의지할 곳과 살아갈 길을 마련해 주어야 하고, 장님, 절름발이, 손발 병신, 나병환자로 육친이 없어 떠도는 사람들은 그 친척에게 타이르고 관에서 그들에게 맡겨 안착하게 해야 한다. 그러나 그들 중 전혀 의지할 데가 없는 경우에는 고을의 유덕한 자를 선택해 맡기고 그의 잡역을 면제하고 그 경비를 관에서 부담하게 해야 한다.59)

---

59) 『牧民心書』第4篇, "愛民 六條," '寬疾.'

이와 같은 정약용의 구휼제도 구상에 따르면, 먹고살 길이 없는 불구자나 장기로 고질을 앓고 있는 사람들에 대해서 그들의 부족을 타일러 동족들이 추렴해 이들이 살아가게 했다. 그리고 친척이 없어 의지할 곳이 없는 사람들에게는 그들의 고향에서 有德한 이를 골라 보호해 주도록 주선하며, 그 대가로 잡역을 덜어 주고 그 비용의 일부를 관청에서 지급한다는 것이었다.

이상으로 살펴본 바와 같이 조선시대의 민본사상에는 농업이 생산의 주된 형태인 시대적 상황을 반영해 농업생산의 주체인 농민을 보호하려는 이념이 내포되어 있다. 정도전 등 조선 초기 관학파들은 고려시대 농민층에 대해 국가와 지배계층이 일방적으로 수탈한 결과로 야기된 사회적 갈등이 결국에는 지배권력에 대한 위협적 요소로 등장한 역사적 경험을 잘 인식했다. 따라서 통치권력의 지속적 안정을 위해서라도 농민에 대한 일방적 강제보다는 일정 정도의 양보와 시혜를 통해 농민과 화해하거나 농민을 보호하려는 정치이념을 모색하지 않을 수 없었다. 이러한 농민보호의 이념이 바로 민본사상으로 표현되었다. 그리고 당시 관학파 유학자들은 일반 피지배계층이 생활의 안정을 희구하는 민심을 파악했으며, 국가의 존망과 민생안정이 직결되어 있다고 보았다. 그리하여 일반 백성들이 물질적 유혹에 흔들리지 않을 정도의 경제생활을 보장해 주어야 하며, 이를 위한 구체적 방법으로 농업생산력 증진에 주목했다. 그리하여 조선 초기에는 농업이 국가경영의 기반으로 파악되어 농업생산력 증진방안이 강구됨과 동시에 지속적으로 농업을 장려하는 조치가 시행되었다.[60]

---

60) 조선 초기 정도전 외의 다른 관학파 지식인의 애민정치 사상과 농업 장려책에 대한 개괄적 설명은 김홍경(1996: 207-215)을 참조하기 바람.

이러한 권농정책과 민본주의 주창에도 불구하고 조선 말기에 이르러서도 당시 대다수 일반 백성들은 여전히 기아와 질병에 시달리며, 개개인의 생명마저 사회적 관습과 나쁜 환경으로 인해 위협받고 있는 상황에 처함에 따라, 불결한 생활과 질병 및 의식주의 궁핍을 개선하는 것이 시급한 과제였다.

이러한 현실을 주목한 19세기 조선 개화파의 경우, 1880년대 초부터 위생문제와 관련해서 주거환경의 불결함을 없애며 전염병 예방을 구상했다. 그 예로 1880년대 초 朴泳孝와 金玉均 등은 농업진흥 방안으로 전답에 거름을 많이 주도록 하며, 전답에 거름을 자주 주면 더러운 것을 없앨 수 있으며, 더러운 것을 없애면 창궐하는 전염병도 예방할 수 있다고 보았다(金玉均, 1979: 6-7). 또한 김옥균은 "治道略論"에서 서구 각국의 가장 중요한 정책으로 위생을 農商 및 治道와 같이 언급했으며(金玉均, 1979: 4), 1883년 초 한성판윤에 부임한 박영효는 治道局을 설치해 도로 정비사업에 착수했다.

초기 개화파의 사회복지관을 엿볼 수 있는 사례로 박영효는 정부의 본래 취지와 목적이 民을 보호하고 국가를 지키는 역할(保民護國)을 수행하는 데 있으며, 국가예산의 용도도 이러한 정부 본연의 업무를 수행하기 위한 것이라고 설명한다. 그리고 "1888년 상소문"의 "養生以健殖人民"에서 그는 본격적으로 民의 궁핍을 해소하고 기본적인 의식주를 확보하며, 民의 생활환경 개선이 문명국가로 나아가는 길이라고 주장했다. 이를 위해 그는 민이 깨끗하게 살고, 더러움을 피하며, 음식에 절도 있고 운동하는 것이 바로 건강의 근본이며, 몸을 건강하게 하기 위해서는 衣食住를 그 요체로 삼을 것을 주장했다.[61]

이러한 인식을 바탕으로 박영효는 "1888년 상소문"과 1895년 갑오개혁 당시 지시한 "내무아문 개혁훈시"에서 다음과 같이 위생개혁 방안을 구체적으로 제시했다. 첫째, "惠民署에 훌륭한 의사를 초빙하고 의약을 중흥시켜 백성의 생명을 보호하는 것" 등의 항목에 나타난 바와 같이 民의 질병을 예방하고 환자를 치료하기 위해 전문 의료기관을 설치할 것을 제시했다. 그리고 "아이들을 버리는 것을 금지하고, 법률을 만들어 아이를 양육케 하는 것," "내버린 아이를 반드시 법을 세워 기를 것" 등의 항목에 나타난 바와 같이 棄兒를 금지시켰다. 둘째, 공공장소의 위생상태를 청결하게 하기 위해 거리의 분뇨 등을 제거하고 종두법을 실시함으로써 국민건강을 보호하고자 했다. 그리고 셋째, "가난한 홀아비, 과부, 고아, 자식 없는 사람들과 신체불구자들을 구제하며, 관련 법률을 제정할 것" 등의 항목을 통해 국가적 차원에서 불우한 환경에 처한 사람들의 의식주를 정부가 지원할 것을 구상했다.62)

위 개화파의 구상에서 보이듯이 정부가 빈민 등 생활이 곤궁한 자를 구호해야 한다는 발상은 그 동안 전통사회에서 실시된 구휼정책과 구빈제도 등을 계승하는 동시에, 당시 서구의 근대국가에서도 貧民院 등의 기관을 설치해 빈민구제를 정부의 주요 정책으로 삼고 있었던 점을 파악해 그 영향을 받은 것으로 볼 수 있다.63)

---

61) 日本外務省 編 『日本外交文書』, 第21卷, 문서번호 106, "朝鮮國內政ニ關スル朴泳孝建白書," 1888년 양력 2월 24일자(이하 "1888년 상소문"으로 약칭함), 302쪽 상단. 養生者, 保養血液, 流通無滯, 而壯健身體也, 故處淨避汚, 而節食運動, 卽養生之本也, 是以其大旨, 以衣食住三事爲要.

62) "1888년 상소문," 302쪽 하단-303쪽 하단; 『고종실록』 제33권, 고종 32년(1895년) 3월 10일조 박영효 등 개화파의 민본주의적 측면과 위생관련 개혁의 구체적인 내용에 대해서는 김현철(1999. 4) 참조.

2) 조선시대 군주들의 인정 추구와 구휼관

조선시대에는 민본주의와 왕도주의에 입각해 군주는 백성을 위한 정치, 즉 '爲民'정치를 표방했다. 이러한 위민정치는 한편으로는 그 주체인 군주, 다른 한편으로는 국가의 생산을 전담하고 있는 民(백성)과의 관계를 원만하게 도모하기 위한 이념으로서 民의 구휼문제에도 상당한 영향을 끼쳤다(박차상, 1999: 24).

국가(정부)가 시행해야 할 仁政의 구체적인 내용으로 民의 생활 안정과 향상이 중시되었으며, 정부가 명분상 仁政을 추구하더라도 실질적으로 국가가 가난하거나, 홀아비, 과부, 고아, 노인 등 의지할 곳 없는 백성들의 생계를 보장해 주지 않는다면 仁政은 실현되기 어려웠다.[64] 그리하여 조선 건국 이후, 특히 조선 초기의 군주들은 민의 衣食생활의 보장에 커다란 관심을 기울이지 않을 수 없었으며, 일련의 권농정책 등을 통해 농업생산력 증진에 노력했다.

이러한 인식을 잘 보여주는 예로 세종 26년 윤7월 25일자 세종이 옛 성현들의 예를 들어 民이 부지런히 농사에 힘쓸 것을 하교한 것을 들 수 있다.

---

63) 당시 일본의 대표적 문명 개화론자의 한 사람인 후쿠자와 유키치는 서구의 문명개화상의 한 측면으로 빈민구제와 의식주 해결을 지적하면서, 이를 위한 국가의 역할을 다음과 같이 언급했다. "제6조, 人民들이 飢寒의 고통과 근심으로부터 벗어나게 하는 것. 즉 病院, 貧院을 설립해 貧民을 구제하는 것"(福澤諭吉, 1958: 289-291).

64) 『朝鮮經國典』下, 憲典 盜賊(장학근, 1991: 483-484에서 재인용).

나라는 백성으로 근본을 삼고, 백성은 먹는 것으로 하늘을 삼는 것인데, 農事하는 것은 옷과 먹는 것의 근원으로서 王者의 정치에서 먼저 힘써야 할 것이다. 오직 그것은 백성을 살리는 천명에 관계되는 까닭에 천하의 지극한 勞苦를 服務하게 하는 것이다.……
 누구든 나와 함께 착한 정치를 같이 하려는 자들은 나의 위임한 뜻을 본받고, 祖宗의 백성에게 두텁게 하신 법을 遵守하며, 前賢들의 농사를 勸課한 規範을 보고, 널리 그 지방의 風土에 마땅한 것을 물으며, 農書를 참고해 시기에 앞서 미리 조치하되, 너무 이르게도 말고 너무 늦게도 하지 말라. 더구나 다른 부역을 일으켜 그들의 농사 시기를 빼앗을 수도 없는 것이니, 각각 자신의 마음을 다해 백성들이 근본에 힘쓰도록 인도하라.65)

이러한 勸農에서는 농업경제의 안정을 통해 民의 기본생계를 국가가 어느 정도 보장해 주어야 한다는 측면이 엿보이며, 이는 救貧과 복지 측면과도 상통한다.
그리고 조선 초기 군주들은 적어도 명분상으로는 民의 생각이 곧 하늘(天)의 생각과 동일한 것으로 여겨, 군주는 民의 고통을 외면해서는 안 된다고 보았다. 이러한 이념은 '敬天勤民'을 건국이념으로 표방한 세조의 다음 지시에 잘 나타나고 있다.

 세조가 의정부에 傳旨하기를,
 "民은 天이다. 民心이 편안한 연후에야 天心도 편안해지는 것이니, 나라를 다스리는 道는 마땅히 安民을 우선해야 한다. 民이 어질

---

65) 『世宗實錄』, 卷105, 世宗 26年 閏7月 壬寅條, "國以民爲本 民以食爲天 農者衣食之源而王政之所先也……."

지 못한 관리에게 고통을 당하면, 제어할 방법이 없어 분하고 독한 마음이 날로 자라며 和易한 德은 날로 없어져 孝悌忠信의 마음이 생겨날 길이 없게 된다."66)

이러한 세조의 對民觀은 '天'과 '民'을 동격시해 관념적으로 天의 의지를 판단하는 기준으로 民心의 중요함이 부각되고 있다. 군주는 '代天物理'하는 존재이기 때문에 天을 공경하는 마음으로 '民'을 다스릴 때만 자신의 존재의의가 있으며, '敬天勤民'하지 않으면 안 된다고 여겨졌다(이석규, 1994: 28-29).

그리고 조선시대에는 民이 한 사람이라도 굶주리고 적합한 직업을 얻지 못하는 경우에는 정치문제로 확대되어 군주의 책임으로 전가되었다. 특히 천재지변 등으로 인해 災民이 발생할 경우 이들을 비롯해서 빈민구제는 군주의 책임이며 국가가 의무적으로 실행해야 할 정책으로 여겨졌다(최명순, 1997: 143-144).

유교정치사상하에서 정부가 추구하는 仁政의 궁극적 목표 중의 하나는 民의 경제적 안정이며, 이것이 이루어지지 않고서는 民의 자발적인 예의와 도덕의 실현이 불가능한 것이었다. 그리하여 전통시대에 천재지변의 발생은 당시 군주가 民의 경제적 생활을 보장하지 못한 데 대해 하늘이 견책한 것이며, 바로 民에 대한 군주의 실정을 표현하는 것이라고까지 간주되었다. 나아가 천재지변 발생시 군주가 이를 소홀히 생각하고 신속한 대책을 수립하지 못했을 때, 민심이 크게 이반할 가능성이 우려되었다.

따라서 군주가 민심을 얻었는지 여부를 판단하는 주요 지표 중 하나로 천재지변 등 국가적 위기시 군주가 이에 어떻게 대처

---

66) 『世祖實錄』, 卷4, 世祖 2年 5月 丁亥條(이석규, 1994: 28에서 재인용).

하느냐에 따라 군주의 정치적 능력에 대한 평가가 좌우되었다. 그리고 이러한 재해발생시 유교정치사상에서는 '災異說'을 '天人感應說'과 연계시켜 군주의 각성과 善政을 촉구했다(장학근, 1991: 483-484).

조선 건국 직후 가뭄 등 천재지변이 발생하자 태조는 빈민구제 방안을 포함한 일련의 개혁조치를 취함으로써 민심을 수습하고자 했다. 이러한 군주 등 집권층의 노력은 태조의 다음 조치, 즉 가뭄을 근심해 鰥寡孤獨을 구휼토록 도당에 傳旨했더니, 하늘이 감응해 비가 내렸다는 일화에서 잘 엿볼 수 있다.

> 임금이 가뭄을 근심해 右承旨 韓尙敬에게 명해 네 가지 일로 도평의사사에 傳旨했다.
> "鰥寡孤獨과 늙고 쇠약하며 廢疾 등으로 가난해 스스로 생존하지 못할 사람은 雜多한 役을 면제하고, 불쌍히 여겨 救恤하게 할 것이다.…… 무릇 백성에게 편리한 事宜가 있으면 곧 申聞해 내 뜻에 副應하게 하라."
> 이내 죄수의 정상을 살피게 하니, 해질 무렵에 비가 내렸다.[67]

또한 이러한 측면은 태종시대에 권근이 지은 기우제의 제문에서도 다음과 같이 잘 엿볼 수 있다.

> 제가 德이 없는 몸으로 천지의 保佑를 받고 祖宗께서 쌓으신 덕에 힘입어 한 나라에 君臨한 지가 이제 여러 해가 되었는데, 旱災와 水災가 해마다 없는 때가 없으니, 이것은 모두 어질지 못한 제가 德義를 그르쳐 부른 것이니 天譴을 당함이 마땅합니다.……

---

67) 『太祖實錄』卷3, 太祖 2年 4月 19(癸巳)日條

원하옵건대, 上天께서는 聰明하게 내려보시어 저의 정성을 생각하고 저의 罪를 용서해, 나라에 재앙이 되지 않게 하고 백성에게 병이 되지 않게 하소서.…… 때때로 단비(甘雨)를 주셔서 넉넉하고 윤택하게 하고, 百穀이 풍년들고 만물이 모두 이루어져, 鰥寡孤獨과 飛潛庶類가 모두 生育을 얻어 富하고 壽하는 지경에 이르게 하소서.68)

이와 같이 전통적 농업경제 체제하에서 민생을 위협하는 요인의 하나로 '災異'를 들 수 있으며, 주로 가뭄이나 장마와 같은 자연재해가 빈발했다. 심각한 재해가 발생할 경우 災異에 대한 일차적 책임이 있는 군주로서는 이에 따른 혼란과 고통을 경감시키고 정치적·경제적 및 사회적 안정을 회복하기 위해, 災異를 초래한 人事의 원인을 여러 사람에게 물으며, 정치의 잘못된 근원을 파악해 시정하려는 노력을 전개했다. 조선시대 이러한 노력이 제도화된 대표적인 것으로 '求言'을 들 수 있다.

求言은 당시 군주에게 상소문 등을 통해 간하거나 정책을 제시하는 言路가 열려 있었으나, 커다란 재해 및 변란을 당해 군주가 天을 두려워하고 民을 위해 근심하고 있는 모습, 즉 '畏天憂民'을 상징적으로 보여주는 것이었다(이석규, 1994: 158-159).

조선 초기 求言敎旨의 대표적인 사례의 하나로 세종 5년 극심한 가뭄시 세종이 신하들에게 다음과 같이 하교한 것을 들 수 있다.

내 들으니, "임금이 덕이 없고 정사가 고르지 못하면, 하늘이 재앙을 보여 잘 다스리지 못함을 경계한다" 하는데, 내가 변변하지 못한 몸으로 臣民의 위에 있으면서 밝음을 비추어 주지 못하고, 덕

---

68) 『太宗實錄』, 卷13, 太宗 7年 6月 28日 庚戌條.

은 능히 편안하게 해주지 못해, 수재와 한재로 흉년이 해마다 그치지 아니하여, 백성들은 근심과 고통으로 戶口가 流離되고 창고도 텅 비어 구제할 수 없다.……

조용히 허물된 까닭을 살펴보니, 죄는 실로 나에게 있다.…… 大小臣僚들은 제각기 힘써 하늘의 경계를 생각해, 위로 寡躬의 잘못과 政令의 그릇된 것과, 아래로 田里의 休戚과 백성들의 이롭고 병되는 것을 거리낌없이 마음껏 直言해, 나의 하늘을 두려워하고 백성을 걱정하는 지극한 생각에 부응되게 하라.[69]

세종의 이러한 求言 교지에서는 당시 災異의 원인과 그 책임, 求言의 목적과 대상, 그리고 이로 인해 얻으려는 陳言의 범위 등이 구체적으로 언급되고 있다. 즉 災異란 군주가 정치를 잘못함으로써 民이 고통을 받아 생기는 天의 경고이며, 그 책임은 군주에게 있다는 전제 아래, 求言을 통해 잘못된 정치의 근원을 알고 이를 바로잡아 民生을 안정시킴으로써 天道와 人事를 조화시키고자 했다. 그리고 구언의 대상은 大小臣僚로 하며, 진언의 범위는 왕의 잘못, 政令의 허물 및 民生의 休戚으로 설정했다.[70]

조선 초기 求言제를 가장 뚜렷하게 실시한 군주는 成宗으로, 당시 성종은 극심한 가뭄 등 자연재해가 발생하자 이를 계기로 民意를 파악할 목적으로 '求言進書制'를 활용했다. 그 예로 성종 12년 한발이 극심해 民의 불만이 고조되자, 성종은 의정부를 통해 다음과 같은 내용의 구언을 지시했다(장학근, 1991: 485-486).

---

69)『世宗實錄』卷20, 世宗 5年 4月 25日 乙亥條

70) 조선 초기 求言제도의 구체적 실시현황에 대해서는 이석규(1994: 160-167)를 참조하기 바람.

지금 농사철을 당해 몹시 가물고 비가 오지 않아 곡식이 마침내 병들었다. 또 이 달 19일 廣州지방에서 우박이 내려 곡식을 상하게 했다. 그 이유를 따져 보면 허물은 실로 나에게 있다.……
나를 돌아보아 삼가고 황공하며 두려워하고 걱정해 避殿하고 減膳해서 하늘의 譴責에 보답하려고 한다.…… 中外의 大小臣民들로 하여금 각각 時政의 폐단을 陳述하게 하되, 숨기는 바가 있지 않게 하라.71)

이러한 구언의 내용을 통해 볼 때, 군주는 민심 득실의 판단 기준을 災異에서 찾았으며, 군주가 위민정치를 표방하고 있음을 알 수 있다. 성종대 가뭄이 극심해지자 성종은 이에 따른 민심의 이탈을 우려하며 커다란 부담을 안게 되었다. 위의 구언에도 불구하고 다음 해 가뭄이 계속되자, 성종은 御書를 戶曹에 내려 비용절감을 위해 다음과 같이 모든 방안을 의논해 보고하고 救恤할 것을 지시했다(장학근, 1991: 486-487).

내가 薄德한 몸으로 사람의 위에 있으면서 萬機에 임해 옳고 그름에 어두워, 백 가지 법이 이치에 어긋나고 잘못된 政事가 항상 많아 하늘이 재앙을 내려 해마다 한재가 들어, 농사의 수확이 전혀 없고 굶주린 백성들을 구제하는 것이 급하며, 國庫가 비고 백성들의 생활이 어렵게 되었다. 백성의 부모가 되어 어찌 풍족하기를 기다리겠는가?……
허물이 과인의 몸에서 나왔으니, 사죄하는 것도 나로부터 해야 할 것이다. 백성을 구제하는 계책은 賦稅를 적게 하는 것만 못하며, 백성들의 재물을 넉넉하게 하는 것은 비용을 줄이는 것만 못하다.

---

71) 『成宗實錄』 券129, 成宗 12年 5月 20日(甲午)條.

이에 모든 정지할 만한 것과 일으킬 만한 일들을, 나의 지극한 마음을 체득해 자세히 의논해서 아뢰어라.72)

위 구언에서 성종은 기근에 시달리는 民을 구휼해야 할 당위성에 대해, 자신이 정사의 옳고 그름을 분명히 파악하지 못함으로써 하늘이 재앙을 내렸으며, 그 피해를 백성이 당하게 되었다고 보는 인식을 드러내고 있다. 그래서 民이 당하는 재해의 고통이 군주 자신에 대한 하늘의 견책이므로 군주가 하늘에 사죄부터 해야 한다고 말하고 있다. 이와 같이 성종은 하늘에 사죄하고 무고한 백성을 조속히 구휼함으로써 하늘을 감응시키고자 했다. 그리고 재해로 인해 생계의 어려움을 겪는 民에 대한 일련의 구휼정책을 실시함에 있어 성종은 당면한 救荒정책뿐 아니라, 이를 계기로 국정 전반에 걸쳐 民의 비판과 그 개선책을 묻고 있다는 점에서 구언제의 정치적 기능을 엿볼 수 있다(장학근, 1991: 487).

위 구언의 결과, 성종 12년 7월 11일 戶曹에서 올린 일종의 재해대책인 "救荒節目"을 보면 다음과 같다.

- 東班, 西班의 職田과 功臣田, 別賜田의 稅는 모두 皮穀으로 각각 그 邑倉에 거둬들여 내년의 종자로 쓰도록 예비하고, 京倉의 묵은 쌀과 콩은 題辭를 매겨서 내준다.
- 금년 겨울 孟朔과 명년 봄 맹삭의 東班, 西班 6품 이상의 俸祿米는 각 1石을 감한다.
- 京外의 절(寺) 水陸位田, 居僧位田의 稅는 禮曹와 함께 의논, 감면한다.
- 司僕寺에 들이는 穀草는 3분의 1을 감면하고, 郊野의 풀을 많이

---
72) 『成宗實錄』 卷143, 成宗 13年 7月 21日(戊子)條.

장만해 민폐를 던다.
- 여러 고을의 軍資倉에 있는 묵은 곡식을 민간의 햇곡식으로 바꾸어 내년의 種子로 예비한다.
- 내년 秋穀이 성숙할 때까지 잡된 송사를 멈추고, 오로지 흉년에 대비하고 농사에 힘쓰도록 한다.
- 京外의 절에서 해마다 들이는 소금은 올해 가을부터 내년 봄까지 모두 반을 줄여 굶주린 백성을 賑救한다.
- 내년까지 諸道의 蠶室郡會를 임시로 폐지한다.
- 奉先寺, 원각사, 복세암의 중을 봉양하는 쌀은 내년 추곡이 성숙할 때까지 반을 감면한다(장학근, 1991: 495-496에서 재인용).

위 "구황절목"에서 제시된 구휼정책의 기본방향을 살펴보면, 賑恤을 하면서 종자를 확보해 농민들의 재생산 능력을 갖게 하는 한편, 조세를 감면해 민력을 보존하며, 민폐를 단속해 민심을 위로하는 것을 주요 내용으로 했다. 위 "구황절목"은 곧바로 채택되었으며, 이에 입각한 일련의 구황정책이 실시되었다(장학근, 1991: 496).

4. 전통시대 한국 사회복지제도의 발전과 정부의 역할

1) 한국 사회복지의 역사적 성격과 시대구분

이상 앞 절의 설명이 유교정치사상의 측면에서 전통시대 구휼정책의 배경과 그 논의를 살펴보았다면, 이하에서는 한반도에서 복지행정, 정책 및 제도의 발전이라는 측면에서 구휼(또는 구빈) 제도의 전개과정을 살펴보겠다. 이하에서는 한반도에서 고대로부터 구한말에 이르기까지, 특히 유교정치사상이 커다란 영향력을 행사한 조선시대를 중심으로 사회복지의 전통적 범주로 파악할 수 있는 일련의 정책 및 제도의 변천과정을 살펴보겠다.73)

이 절에서 살펴볼 전통시대 한국의 사회복지제도 및 일련의 정책에 대한 설명에 앞서, 서구 학계에서 논의돼 온 '社會福祉政策'에 대한 정의를 개괄하면 다음과 같다. 먼저 David A. Gil은 "한 사회의 사회정책체계의 구성요소, 즉 상호관련은 되었지만 반드시 이론적으로 질서정연하지 않은 행동의 원리 및 과정은 사회구성원의 안녕의 수준(level of well-being)과 삶의 질을 형성해 개인, 이웃, 가족 및 전체로서의 사회 사이의 모든 사회적 상호관계의 본질을 결정한다"고 정의한다(Gil, 1970: 411-426). 이러한 정의에 따르면 사회복지정책은 한 사회에서 인간관계와 삶의 질에 영향을 주는 행동의 모든 과정을 포함하는 것으로 볼 수 있다.

또한 M. Reine은 사회복지정책에 대한 경제적 접근과 관련해서, 사회복지정책은 사회적 급부의 공평한 재분배, 특히 사회적 서비스를 위한 계획이라고 정의내린다(Rein, 1970: 4-5). 그리고 T. M. Neenaghan과 R. O. Washington은 "가장 실제적인 의미의 사회복지정책이란 사회구성원의 행복의 요소와 생활의 질에 직접적으로 영향을 미치고자 하는 정부행위의 총체적 결정이다"고 정의한다

---

73) 이하 고대로부터 구한말까지 한반도에서 구휼, 구빈제도 등 사회복지제도 및 정책의 전개과정에 대해서는 다음 연구들을 참조해서 정리함. 권오구, 2000; 남세진·조홍식, 1998; 박차상, 1999; 배기효, 1999; 인경석, 1999; 장동일·김익균·이명현, 1996; 최명순, 1997; 한국재활재단 편, 1997; 김용재, 1992; 김정부, 1992; 김종찬, 1992. 1.

(Neenaghan & Washington, 1980: 38). T. H. Marshall은 "사회복지정책이란 서비스나 또는 소득을 제공함으로써 시민의 복지에 직접적인 영향을 주는 행위와 관련된 정부의 정책을 의미한다"고 정의내리면서, 사회복지정책의 핵심으로 사회보장, 공적 부조, 보건 및 복지서비스, 주택정책 등을 들고 있다(Marshall, 1965).

이러한 논의를 바탕으로 사회복지정책의 개념에 대한 기존의 정의를 요약해 보면 다음과 같은 측면을 포괄하고 있다.

첫째, 사회복지정책은 사회가 추구해야 하는 '인간다운 생활의 영위'에 기본적인 목표를 두어야 한다. 즉 사회복지정책은 각 개인에게 균등한 기회와 인간다운 삶을 살아갈 수 있는 사회적 기초를 마련해 주는 데 기여해야 한다.

둘째, 사회복지정책은 사회변동과정에서 야기되는 제반 사회문제 해결을 위한 통합적 기능수행을 목적으로 조직화된 제도로서 각종의 '서비스'를 보편적·선별적으로 제공해 주는 사회적 통합기능의 도구이다.

셋째, 사회복지정책은 '서비스'의 확충, 자원의 형평적 배분을 정책적 목표로 채택한다.

그리고 넷째, 사회복지정책은 사회의 기본적 목표와 복지이상을 실현시키기 위해 정부기관이 선택하는 행동노선의 준거가 되는 활동지침 내지 활동방향이다.[74]

이상 서구에서 논의된 사회복지정책의 개념정의와 관련해서 한국에서 사회복지의 제도적 측면을 사회보험, 공적 부조 및 공공서비스로 구분할 경우,[75] 사회보험은 1894년 갑오개혁 이후 나

---

[74] 위에서 언급한 사회복지정책에 대한 개념정의는 김정부(1992: 139-141)를 참조함.

타난 제도였다고 평가되고 있다. 그렇지만 앞서 살펴본 바와 같이 공적 부조와 공공서비스는 그 이전부터 존재해 왔으며, 民의 구휼은 국가 외의 일반 개인 또는 불교단체 등을 포함하는 사적 조직 내에서도 시행됐던 것으로 평가되고 있다(배기효, 1999: 53).

기존의 사회복지사 연구에 따르면, 각국 사회복지 과정의 역사적 전개과정은 일반적으로 그 형태에서 다음과 같이 단계적으로 발전했다. 즉 민생구휼(제1단계)→구빈법(제2단계)→공장법과 민간사회사업 태동(제3단계)→사회보험 태동(제4단계)→사회정책의 정비·확대 또는 복지국가 성립기(제5단계).[76] 이러한 단계별 유형

---

75) 참고로 현대한국의 사회복지체계(1989년 현재)를 그 제도명과 적용대상을 중심으로 개괄하면 다음과 같다.

① 사회보험: 의료보험(전국민), 산재보험(10인 이상 사업장 근로자), 공무원연금(공무원), 군인연금(군인), 사립학교 교원연금(사립학교 교직원), 국민복지연금(당연적용 사업장< 5인 이상 사업장>, 임의적용 사업장<5인 이하 사업장>, 농민·어민·자영인<임의가입자>).

② 공적 부조: 생활보호(거택보호대상자<생활무능력자>, 시설보호대상자<복지시설수용자>), 자활보호대상자<저소득층>), 의료보호(생활보호대상자, 국가유공자, 월남귀순자, 인간문화재, 나환자, 성병감염자), 재해구호(이재민), 보훈사업(상이군경, 독립유공자, 월남귀순자, 국가유공자의 가족).

③ 사회복지 서비스: 아동복지(불우아동), 노인복지(65세 이상 노인), 장애자복지(심신장애자), 부녀복지(윤락여성, 미혼모, 미망인, 근로여성 등).

- 이상의 내용은 보건사회부,『보건사회백서』, 1990에 실린 내용을 김정부(1992: 150)에서 인용한 것임.

76) 이러한 서구 각국의 사회복지 발달과정에 커다란 영향을 끼친 몇 가지 주요 결정요인을 들면, 외재적 요인으로는 자본주의 생산양식의 변

구분을 한반도에서 사회복지의 전개과정에 적용시켜 본다면, 한국의 사회복지사는 크게 다음과 같이 구분된다.

제1단계: 사회복지 전사단계――고대, 삼국시대, 고려시대, 조선시대, 일제시대.
제2단계: 사회복지 도입기――해방 이후 또는 정부수립 이후로부터 1961년 5·16군사쿠데타 이전까지의 시기.
제3단계: 사회복지제도 확립기――1960년대의 제3공화국 시기에서 1980년대의 제5공화국 시기까지.
제4단계: 사회복지제도 확대기――1987년 민주화운동의 확산시기에서

화, 산업화 및 현대화의 전개양상을, 매개적 요인으로는 사회복지 대상자의 사회적 의식과 태도, 그리고 내재적 요인으로는 지배이념과 원리의 변화, 사회복지 내적 측면의 변화, 즉 적용범위, 급여방식, 대상 및 재정 등의 변화를 들 수 있다. 이와 관련해서 '사회복지사 연구의 분석틀'을 하나의 표로 정리하면 다음과 같다.

사회복지 사적전개	사회복지의 형태(내용)	사회복지 사적 전개의 결정 요인			매개적 요인
		외재적 요인	내재적 요인		
			이념	원리	
1단계	민생구휼	봉건주의	종교적 계명	군주개입	상부상조
2단계	구빈법	초기자본주의	중상주의	사회적 보호	소극적 저항
3단계	공장법, 민간사회사업 태동	산업자본주의	자유방임주의	자조의 원리	자선활동
4단계	사회보험 태동		사회개량주의	사회보험의 원리	사회운동
5단계	사회정책의 정비확대(복지국가 성립기)	독점자본주의	사회연대주의	국가개입의 원리	권리투쟁으로서 국민운동

- 남세진·조흥식(1998: 80-81).

1990년대 시기까지.77)

위 시기구분에 따를 경우 고대로부터 조선시대까지 약 2,000년간에 걸쳐 한반도에서 사회복지의 제도와 정책은 위의 제1단계에 해당되는 '사회복지의 前史'단계에 해당된다. 한국에서 사회복지는 정부차원에서 군주의 仁政에 의한 민생구휼을 사상적 근원으로 하며, 민간차원에서 두레, 품앗이, 향약, 계 등의 상부상조의 경험과 전통도 사회복지의 前史에 해당된다고 하겠다.

2) 고려시대까지 사회복지제도의 발전과 정부의 역할

고대 한반도에서 구빈이 실시된 기록을 보면, 기자조선 때 문혜왕 원년(BC 843)에 輪環法을 제정해 빈민을 구제했으며, 정경왕 13년(BC 710)에 큰 흉년이 들어 정부에서 중국의 제나라와 노나라에 가서 양곡을 구입해 기민을 구제했다. 그리고 효승왕 9년(BC 675)에는 제양원을 설립해 홀아비, 과부, 고아 및 무자녀 노인 등을 수양했다는 기록이 전해진다(남세진·조홍식, 1998: 85).

이어 삼국시대 신라, 백제 및 고구려에서 시행된 일련의 구휼정책 내용을 개괄하면 다음과 같다.

- 정부비축 관곡을 각종 재해로 빈곤한 백성들에게 배급해 구제함.
- 鰥寡孤獨의 무의무탁한 빈민을 구제하는 것으로, 군주가 이들을

---

77) 해방 이후 20세기 말에 이르기까지 한국 사회복지의 주요 성격과 내용에 대한 설명은 남세진·조홍식(1998: 89-100)을 참조하기 바람.

- 직접 방문해 위로하고 의류, 곡물, 관재 등을 급여해 구제함.
◦ 재해로 인해 심한 피해를 입은 지역 주민들에게 그 정도에 따라 조세를 감면함.
◦ 춘궁기 등에 대여한 관곡이 재해로 인한 흉작으로 상환이 곤란할 경우 그 원곡 및 이자를 감면해 줌(貸穀子母俱免).
◦ 천재지변 등 자연재난은 군주의 잘못에 대한 신의 분노 또는 죄라고 여겨, 죄인의 형별을 경감하거나 석방함.
◦ 각종 재난 발생이 군주 자신의 잘못에 기인한 것이라고 하여 군주 스스로 죄인으로 여기고, 뜰아랫방에서 기거하고 삼가는 태도를 보임.
◦ 종자 및 식량의 급여.
◦ 이재민에 대한 군주의 직접 방문 및 위문.
◦ 영농권장과 재해방비.
◦ 종묘 및 산천 기도(남세진·조홍식, 1998: 85-86).

위의 제도 또는 정책 중 제도화된 것의 대표적인 것으로 고구려의 賑貸法을 들 수 있다. 이 법은 고구려 고국천왕 16년(AD 194)에 제정된 법으로, 춘궁기에 빈곤한 사람들에게 관곡을 그 가구수에 따라 필요한 양을 대여했다가, 추수기인 10월경에 납입케 하는 제도였다. 이 제도의 근본 취지는 그후 고려의 의창, 조선시대의 환곡, 사창 등으로 계승되었다.[78]

이러한 삼국시대의 구빈정책과 제도는 고려시대에 들어 그 이름과 형태를 바꾸어 실행되었으며, 그 중 주요한 것을 들면 다음과 같다.

---

78) 남세진·조홍식(1998: 86). 삼국시대의 구빈제도 등에 대한 좀더 자세한 설명은 최명순(1997: 131-138)을 참조하기 바람.

- 恩免之制: 개국, 즉위, 제사, 순시, 불사, 경사, 전쟁 후 및 기타 적절한 시기에 군주가 베푸는 각종 은전을 지칭함.
- 災免之制: 천재지변, 전쟁, 질병 등으로 인한 이재민의 조세, 부역 및 형벌 등의 전부 또는 일부를 감면해 줌.
- 鰥寡孤獨: 우선적으로 보호를 받아야 할 대상자로 지정함.
- 水旱疾癘賑貸之制: 천재지변, 전쟁, 질병 등으로 발생한 이재민에게 쌀, 잡곡, 소금, 간장, 의류 등 각종 물품과 의료, 주택 등을 제공함.
- 納粟補官之制: 고려 충렬왕 원년(1275)에 국가재정의 부족을 보충하기 위해 일정한 금품을 납입한 자에게 일정한 관직을 주던 제도. 그후 충목왕 4년(1348)에 이 제도를 모방해 흉년과 재해 때 民을 구휼하기 위한 재원조달의 방안으로 시행됨.[79]

고려시대에는 불교의 慈悲이념하에 전국의 사찰이 흉년시 빈궁한 처지에 있는 이재민들에게 구호활동을 전개하는 등 일종의 구휼기관 역할을 했다. 그 예로 고려 문종 18년(1064) 3월에서 5월까지 開國寺에서 궁민들에게 음식을 제공하라는 지시가 내려졌으며, 그 해 5월 15일부터 7월 15일까지 臨津 普通院에서 죽과 소채를 빈민들에게 제공하라는 지시가 내려졌다. 그리고 고려 의종 6년(1152) 6월 開國寺에서 굶주린 사람들과 역질에 걸린 사람들에게 음식을 제공했으며, 毅宗 19년(1165) 5월에 군주가 玄化寺에 행차했다가 돌아와 궁궐에서 無遮大會를 개최해 빈민들에게 음식을 제공했다.

또한 고려시대 演福寺에 賑濟色을 설치해 官穀을 풀어 기민을

---

[79] 남세진·조홍식(1998: 86-87). 고려시대의 구휼제도 등에 대한 자세한 설명은 최명순(1997: 138-143)을 참조하기 바람.

구제하는 등 기민 구제사업이 국가와 사원의 협력하에 실시되었다. 그리고 공민왕 3년(1354) 6월 기근이 들어 有備倉의 곡식가격을 크게 내리게 해 백성들에게 판매했으며, 연복사에 진제색을 설치해 유비창의 쌀 500석을 방출해 죽을 써 기민을 구제했다는 기록도 전해지고 있다.

그 외 고려시대의 구제 의료기관으로 濟危寶, 東·西大悲院, 惠民局 등의 기관이 불교정신에 입각해 구제사업을 펼치는 등 고려시대의 조직적 구제사업은 불교의 자비이념을 배경으로 했다. 당시 사찰이 기민구제, 行旅者 給食의 장소로 활용되는 등 종교적 동기에 의한 구빈사업은 서구 중세에서 교구 또는 수도원이 구제사업을 수행한 것과 유사한 양상을 띠었다. 이와 같이 고려시대까지의 구빈제도가 주로 불교의 자비심에 영향을 받아 위로부터 은혜를 베푸는 형태로 구제활동이 주로 시행된 반면, 이후 살펴보게 될 조선시대의 구휼제도는 그 법적인 기초가 마련되고 유교사상에 입각해 체계적으로 실시되었다(권오구, 2000: 261).

3) 조선시대 사회복지제도의 발전과 정부의 역할

(1) 조선 초기 구휼정책의 기본방향과 전개

고려시대에는 복지의 이념적 요소로 종교적 동기가 구휼정책에 큰 영향을 미쳤다면, 이를 대신해서 유교라는 하나의 정치이념이 구휼정책에 커다란 영향을 끼친 예로 조선시대의 구휼정책을 들 수 있다. 이러한 측면은 조선 건국에 참여한 지식인 계층이 유학, 특히 주자학을 사회의 지도원리로 삼고 이에 입각한 정치를 집행하고자 한 것과 밀접한 관련이 있다.

조선 건국 주도세력이 국가의 주요정책을 입안하는 과정에서 민본주의에 입각해 민생안정과 향상을 기한 예로 정도전의 후생론을 들 수 있다. 정도전은 빈민구제 등 사회복지를 구현하기 위한 국가사업으로서 義倉제도와 惠民典藥局제도를 구상했다. 그의 구상에 의하면, 의창제도는 가난해서 자립할 수 없는 사람들의 종자와 식량문제를 해결하며, 혜민전약국은 가난하고 의지할 데 없는 사람들의 질병을 치료하기 위한 것이었다(한국재활재단 편, 1997: 25-26).

먼저 의창제도의 필요성과 그 기능에 대해 정도전은 다음과 같이 설명하고 있다.

따라서 우리나라에서는 중앙에 의창을 설치해 곡식을 저축해 두고 있으며, 이 제도를 확대해 지방의 주, 부, 군, 현에도 각기 의창을 설치했다. 그리하여 매년 농사철이 되면 빈민으로서 종자곡과 식량이 없는 사람에게 곡식을 대여하고, 가을에 수확이 끝나면 원본만을 회수해 뜻하지 아니한 사태에 대비해 저축해 둔다.

만약 흉년이 들면 의창의 곡식을 모두 풀어 빈민을 진휼하고, 풍년이 든 다음에 역시 그 원본만을 회수해 장기간 이런 일을 계속할 수 있도록 비축해 둔다. 이렇게 하면 기근이 들어도 백성들에게 피해가 가지 않고, 풍년이 들어도 농민을 해치지 않으며, 곡식은 곡식대로 항상 비축되어 있으면서 백성들은 굶어죽는 일이 없게 된다. 이것이야말로 법 중에서 가장 좋은 법이라 아니할 수 없다 (한영우 역, 1985: 65-66; 한영우, 2000: 266-277 참조).

위에서 언급된 의창제도는 종곡과 양곡의 조달이 어려운 빈민의 농업생산을 보장하기 위한 곡물 대여제도로, 다음 두 가지 대여방식이 있었다. 첫째는 매년 춘궁기에 종자와 식량이 떨어진 빈민에게 국가에서 곡식을 대여했다가 가을 추수기에 원본만을 회수하는 방식이다. 둘째는 흉년이 들었을 때 의창곡을 모두 방출해 빈민을 진휼한 다음 풍년을 기다려 역시 원본만을 회수하는 방식이다. 전자가 정기적으로 시행되었다면, 후자는 부정기적으로 시행되었다. 이러한 두 가지 곡식 대여제도를 통해 원곡은 원곡대로 보존해 나가며 빈민은 빈민대로 구제하자는 것이 이 제도의 원래 취지였다.

조선 건국 후 의창제도는 빈민구제에 많은 기여를 했지만, 원곡 회수가 부진하며 빈민이 아닌 사람들에게 대여하는 등 그 폐단이 자주 발생했다. 이에 대한 보완책으로 세종대에는 일시적으로 社倉制가 실시되었으며, 16세기에는 의창곡에 대한 이자(利殖)가 첨가되어 점차 고리대로 변모함으로써 조선 후기 民의 가장 큰 원성의 대상이 되었다(한영우, 2000: 267-268).

그리고 빈민 의료사업인 혜민전약국 설립에 대한 정도전의 구상을 자세히 살펴보면 다음과 같다.

우리나라에서는 약재가 본토에서 나오지 않는 것이 있어, 만약 질병을 얻게 되면 효성스럽고 인자한 자손들이 약재를 구하러 이리저리 헤매다가 약은 얻지 못하고 병은 더욱 깊어져 마침내 치료하지 못하는 폐단이 있다. 국가에서는 이 점을 고려해 惠民典藥局을 설치해 관에서 약가로 5승 포 6천 필을 지급해 이것으로 약물을 갖추어 놓게 했다.

그리하여 무릇 질병이 있는 자는 몇 말의 곡식이나 몇 필의 布를 가지고 혜민전약국에 가서 필요로 하는 약을 구입할 수 있게 했다. 또한 원본의 이식을 도모해 10분의 1의 이자를 받아 항구적으로 약을 비치해 둠으로써 빈민들로 하여금 질병의 고통에서 해방되게 하고, 요절하는 액운을 면하게 했으니, 생민을 아끼는 덕이 이렇듯 큰 것이었다(한영우 역, 1985: 66; 한영우, 2000: 268 참조).

위와 같이 조선 초기 혜민전약국은 빈민의 질병치료를 위한 일종의 국영 의약품 판매제도의 성격을 띠었다. 즉 혜민적약국은 국가에서 약재 구입비로 5승 포 6천 필을 지급해 주고 그것으로 각종 약물을 구입한 다음, 빈민 중 질병이 있는 사람은 쌀이나 포를 가지고 와 저렴한 값으로 구입하도록 하며, 그 약가를 연리 10%로 증식해 재원의 감축을 막음으로써 그 사업을 항구적으로 지속한다는 것이었다.

이와 같이 정도전은 빈민을 위한 복지정책의 기본으로 종자와 식량을 대여함으로써 빈민의 기본적인 식생활을 보장하며, 약물을 염가로 제공해 줌으로써 빈민의 질병을 구제한다는 후생사업을 구상했다. 이러한 복지정책은 그 뒤 좀더 구체적으로 제도화되어 갔다. 비록 조선 초기의 이러한 후생사업이 근대사회의 사회복지정책처럼 국가적 제도로 체계화되지는 못했지만, 그 발상의 기본취지는 유사하다(한영우, 2000: 268-269).

당시 구휼제도 등은 그 자체 독자적으로 취급되기보다는 다른 정치·사회·경제적 개혁조치와 더불어 民의 부담을 경감하고 효과적인 국가체제를 수립하기 위한 방안의 일환으로 강구되었다. 그 예로 조선 건국 직후인 태조 1년 9월 24일 都評議使司 배극렴, 조준 등이 학교·수령·의창·향리 등에 대해 22조목을 上言했으며, 태조는 이러한 건의를 수용했는데, 그 중 구휼 및 민생안정과 직접 관련된 항목을 들면 다음과 같다.

학교는 風化의 근원이고 農桑은 衣食의 근본이므로, 학교를 일으켜 人才를 양성하고 농상을 권장해 백성을 잘살게 할 것이다.……
　義倉의 설치는 본래 곤궁한 사람을 賑恤하기 위한 것이니, 매번 농사철을 당해 먼저 곤궁한 백성들에게 양식과 종자를 주는데, 반드시 斗量으로 하고 추수 후에는 다만 본 수량만 바치게 한다. 그리고 그 출납하는 수량은 해마다 마지막 달에 三司에 보고하게 하고, 그 守令으로서 斗量으로 행하지 아니하거나 부유한 사람에게도 아울러 주는 자는 죄를 논단하게 할 것이다.[80]

　그리고 조선시대 사회복지사업의 일환으로 정부는 농업생산기술을 중심으로 救荒, 辟瘟 등 농민 후생사업을 추진했다. 당시 농민 대다수가 영세농이며, 특히 영농방법이 낙후해 田租부담만으로도 생활을 영위하기가 곤란했다. 게다가 국가에 대한 民의 부역과 공물 등으로 이들의 처지가 더욱 어렵게 되자, 이러한 현실을 감안해 조선왕조는 농업생산 향상에 커다란 관심을 보였다. 이를 위해 정부는 농민에게 기술지도를 위해 농업서적을 간행 및 보급했으며, 각 지방의 경험을 취합해 새로운 농업서적을 간행했다. 조선 건국 초기 태종은 이두로 농업서적에 토를 달아 널리 유포시켰으며, 세종은 『농사직설』을 간행해 각지의 농민으로 하여금 매우 쉽게 기술을 습득하도록 장려했다(한국재활재단 편, 1997: 26-27).
　그후 이러한 민본주의 이념에 입각해 민생안정을 위해 취해진 구체적인 정책은 크게 求言을 위한 民苦의 파악과, 賑恤정책의 실시로 구분된다. 먼저 求言제도는 진휼상황이 발생한 경우 이에 대처하기 위해 일시적으로 시행되는 정책으로, 조세나 役의 부담

---

80) 『太祖實錄』 卷2, 太祖 1年 9月 24(壬寅)日條

감소, 공사채의 상환정지 또는 경감조치 등이 시행되었다. 이러한 일시적인 조치는 災異를 당해 구언을 통해 민의 생활고를 파악해 부정기적으로 시행되었다.

그리고 진휼정책은 상설적으로 제도화된 진휼기구를 통해 시행되었던 것으로, 義倉 등을 들 수 있다. 義倉 등 상설적 진휼기구는 조선 초기 민생안정에 커다란 성과를 거둔 것으로 파악되고 있다.[81] 이와 같이 빈민과 장애인 구제 등을 주요 내용으로 하는 賑恤정책은 민생안정을 위한 제도로 실시되어 왔다. 국가의 입장에서 보면 민생안정은 조세와 국역의 안정적 확보라는 측면에서 필수불가결한 것이었으며, 民의 입장에서 보면 생존문제와 직결된 것이었다. 조선시대에 이르러 진휼정책 등 구빈제도의 구체적인 역사적 전개과정은 뒤에서 자세히 살펴보겠지만, 고려시대까지에 비해 좀더 제도화되고 지속적으로 시행되었다.

(2) 조선시대의 구휼행정과 제도(정책)의 발전

조선시대 구빈제도는 그 성격과 내용에서 크게 정부차원의 '民生救恤制度'와 민간차원의 '隣保相助制度', 그리고 이러한 사회복지제도 담당기구인 '救濟機關' 등으로 구분된다.

먼저 정부차원의 민생구휼제도(또는 진휼제도)의 성격과 주요 내용을 살펴보면 다음과 같다. 조선 건국 직후 태조 1년 7월 28일(丁未)자로 공포된 태조의 즉위교서를 보면, 민생안정과 구휼의 필요성은 다른 정치적 이슈와 같이 중요하게 취급되고 있다.

---

81) 義倉 등 조선시대 진휼기구에 대해서는 이석규(1994: 168-178)를 참조하기 바람.

鰥寡孤獨은 王政으로서 먼저 할 바이니 마땅히 불쌍히 여겨 救恤해야 될 것이다. 所在 官司에서는 그 굶주리고 곤궁한 사람을 賑恤하고 그 賦役을 면제해 줄 것이다(『太祖實錄』, 제1권).

　　이미 환과고독 등 '四窮'에 대한 정부차원의 구휼제도는 삼국시대부터 실시되어 왔으며, 조선시대에 들어와서는 재해 및 빈민에 대한 구빈행정이 매우 중시되었다. 필요한 경우 중앙정부에서 문무관원 중 적임자를 뽑아 賑濟使 또는 救荒巡察使로 임명해 지방의 피해지역에 파견해 구빈행정에 대해 지도·감독하게 했다. 또한 정조 18년(1794)에는 역대 왕의 구빈행정을 기록한 "惠政年表"를 편찬할 정도로 많은 관심을 보였다.
　　조선시대 구빈행정은 일반적으로 다음과 같은 원칙에 의거해 시행되었다. 첫째, 빈민구제에 대한 책임이 국가에 있다고 간주되었다. 둘째, 빈민구제의 신속한 처리를 중시했다. 셋째, 救貧의 일차적 책임을 지방관리에게 물으며, 그 자원을 국비 절약으로 남은 금품 또는 환곡의 대부에서 받은 이자로 충당했다. 넷째, 중앙정부는 구빈행정의 지도·감독에 치중했다. 그리고 다섯째, 구제의 정도는 빈민의 최소한의 생명 유지에 필요한 식량을 공급 또는 대부하며, 구빈에 있어 要救護者 친족의 책임 한계를 애매하게 함으로써 상호부조를 동족간의 의무로 규정했다(최명순, 1997: 144-145).
　　조선시대 초기의 사회복지 행정체계는 대체로 다음 과정을 거쳐 전개되었다. 우선 빈민구제의 책임자를 군주로 하고, 구제의 신속성을 중시했다. 일차적인 구빈행정 실시책임은 지방관아의 책임자가 지휘하며, 중앙정부는 구호관계의 교서 및 법제 제정, 지방 구호행정에 대한 지도와 감독을 담당했다(박차상, 1999: 24).

기록에 의하면, 세종 원년(1419) 구휼을 위해 정부가 묵은 쌀과 콩 600가마를 환과고독, 과독 및 폐질자들에게 제공했고, 세종 2년(1521) 장애인 구휼을 한성일 경우는 호조에서 맡고, 외방은 감사 책임으로 업무를 이양시켰다. 그러나 당시 지방관청 수령에게 이양된 장애인 구휼사업은 각 수령의 의무사항이 아니라 재량에 맡겼기 때문에 이후 사업이 효과적으로 추진되지 못했다.[82]

조선 중기에 들어 구빈 복지정책 및 제도는 이전 시기에 비해 좀더 체계화되고 다양한 양상을 띠었으며, 다음과 같은 법적인 기초를 갖추게 되었다. 그 예로 1485년에 완성된『經國大典』에서는 구제제도에 대해 다음과 같이 규정하고 있다.

"吏典"에는 의료 구제기관으로 惠民署와 活人署를 두도록 규정했으며, 老人職條에는 80세 이상자에 대해 무조건 1계급 승진의 특전을 부여하도록 했다. 그리고 "戶典"에 따르면, 한성과 각 지방에 常平倉을 두어 백성들의 경제생활을 돕도록 하고, 수군과 지방관리들에게 명해 흉년에 대비해 소금과 해초를 예비로 보관할 것을 규정했으며, 지방관리의 窮民賑恤의 구제책임에 관해서도 규정했다. "禮典"에는 경로, 혼비 보조, 노인과 고아에 대한 수양과 衣料官給, 의약구제 등에 대해 규정했다. 그리고 "兵典"에는 免役, 구휼의 제도 등을 규정했다. 이와 같이『經國大典』에서 구휼제도의 법적 기초가 마련되었으며, 그후 여러 차례에 걸쳐『經國大典』을 보완하기 위해 편찬된 관련 법전에서도 구제사업에 관한 내용을 언급했다(권오구, 2000: 262-263).

이러한 법적 기초와 행정적 체계를 기반으로 구휼제도를 시행

---

[82]『世宗實錄』卷3, 世宗 元年 4月 19日條와『世宗實錄』卷5, 世宗 2年條(한국재활재단 편, 1997: 82에서 재인용).

한 대표적 구제기관으로 구황청(또는 진휼청), 혜민국, 활인서, 기로서, 진휼청유접소 등이 있으며, 각 기관의 주요 활동을 개괄하면 다음과 같다.

'救荒廳'은 조선 초기인 세종 때 처음 설치되었으며, 주로 굶주린 民의 구제를 담당하는 국가기관이었다. 이러한 취지의 제도는 신라시대와 고려시대에도 존재했으며, 구황청은 조선 후기에 들어서 인조 4년(1626)에 '진휼청'으로 명칭이 바뀌면서, 전국 8도에 구호양곡을 방출하고 급식 등 제반 진휼사업을 실시했다.

'惠民局'은 조선 초기인 태조 때 한성에 설치되었으며, 주로 서민의 질병을 치료하고 여의사를 교습했다. '혜민국'은 태종 3년(1414) '惠民署'로 명칭이 바뀌고, 인조 15년(1637)에는 '典醫監'에 합병되었으며, 고종 19년(1882)에 폐지되었다. 그후 광무 5년인 1901년에 다시 '혜민원'을 두고 서민의 질병치료 등 유사한 업무를 담당했으나, 3년 후인 광무 8년에 다시 폐지되었다.

'活人署'는 조선 건국 초기 태조 때 한성의 동부와 서부에 2개소가 설치되어 한성 내의 환자들을 치료했다. 그후 그 명칭은 조선 초기에는 고려시대의 명칭과 같이 東西大悲院이라고 했으나, 태종 14년(1414)에 '東西活人署'로 바뀌어 계속 그 업무를 관장했으며, 고종 19년(1882)에 폐지되었다.

'耆老署'는 조선 건국 초기 태조 3년(1394년)에 한성의 중부 징청방(현재의 세종로)에 설치되어 70세 이상 노인들을 입소시켜 잔치를 베풀고 노후를 즐기게 하는 일을 담당했다. 이 기관은 개화기 고종 31년에 폐지되었으나, 그 뒤 광무 8년(1904)에 다시 세워졌다가 얼마 뒤 폐지되었다.

그 외 '賑恤廳留接所'는 버려진 아이들을 발견하는 즉시 수용 및 보호하도록 하는 제도로, 무의무탁한 유기아에 한해 한성에서는 진휼청유접소에 보냈으며, 지방에서는 賑場으로 보내져 수용 및 보호했다. "字恤典則"에 의하면 부랑아들을 한겨울 추운 시기에 한해 이 기관에 수용 내지 보호했으며 봄이 되면 내보냈다.[83]

이러한 구제 또는 구휼제도 중 기민과 장애인들을 수용 및 보호하며, 빈민들의 의료와 의식을 담당한 대표적인 기관으로 '活人署'의 활동과 관련된 구체적인 예를 들면 다음과 같다. 세종 17년(1435) 도성 내의 병든 노비와 경외의 병든 행걸인들을 모두 활인서로 보내 구제케 했다. 세종 18년 한성부에서 설치해 운영하는 빈민 응급 구제기관인 '진제장'에 수용된 기민 중 병든 자를 '동서활인서'로 보내 구제케 했다. 당시 활인서에 수용된 환자가 너무 많아 구호가 소홀하게 되어 사망자가 증가하자, 세종은 진제장 곁에 건물을 증축해 환자들을 그곳에 유치 및 수용하게 했으며, 무녀 및 노비들로 하여금 이들을 구호하도록 했다.[84]

세종 26년(1444) 세종은 한성부에 전지를 내려 기민을 한 곳에 많이 수용해 施食케 할 경우 질병이 발생하고 전염되어 사망자가 생길 것을 우려해, 동서활인서와 각 진제장에 나누어 수용해 극진히 진휼하고, 병든 사람이 있으면 타인에게 접근하지 못하도록 한성부와 오부의 관리들이 분담해 감독하라고 지시했다.[85]

이러한 규휼제도의 이념과 제도적 장치에 대한 논의는 조선 후기에 들어서도 계속되었다. 조선 후기로 들어올수록 사회가 불안하고 빈민과 유기아가 증가추세를 보임에 따라, 특히 정조 6~7

---

83) 이상의 내용은 권오구(2000: 264-267)를 참조함.

84) 『世宗實錄』 卷75, 世宗 18年條(한국재활재단 편, 1997: 82-83에서 재인용).

85) 『世宗實錄』 卷105, 世宗 26年 3月 16日條(한국재활재단 편, 1997: 82-84에서 재인용).

년에 연이은 극심한 흉년으로 많은 아이들이 버려지고 있는 상황에 처하자, 그 동안 무의무탁한 四窮구제에 관한 진휼청의 구호사업을 좀더 체계화하기 위해 정조 7년(1873)에 "字恤典則"이 제정되었다. "字恤典則"의 주요 내용은 유기아의 나이 및 구제기관, 구제방법 등 9개의 절목으로 구성되었으며, 이전의 다른 구휼법령에 비해 장애아동을 비롯한 빈민과 버려진 아이들에 대해 국가의 보호와 책임을 강조하고 있다.

이러한 일련의 구상과 제도들을 통해 볼 때, 조선시대 당시 사회복지의 이념이 스스로 자립할 수 없는 환과고독 등 四窮이나 장애인들에게 우선적으로 적용되었음을 알 수 있다.[86]

(3) 조선시대 민간 사회복지제도의 발전

조선시대에 민간차원의 구빈제도는 일반적으로 '契', '五家統', '鄕約', '賑窮' 등에 의해 다음과 같이 전개돼 왔는데, 이들 제도는 특히 촌락공동체 자치조직의 활성화라는 측면에서 한국형 복지모델 확립에 시사하는 바 크다(이송근·김성범, 1998: 482-483).

먼저 '契'를 보면 원시적·협동적 유습으로 同志結合, 同業相集, 同里團結 또는 동문동족의 상호부조 및 인보상조를 행하며, 특히 민간의 애경사에 共濟救助하는 민간조직으로 널리 조직되고 활동했다.

'두레'는 농촌사회의 상호 협동체로 발전한 것으로서, 촌락단위로 조직되어 농악을 연구하고 소박한 농군의 춤을 통해 일종

---

[86] 이상 조선 후기의 사회복지에 관한 내용은 한국재활재단 편(1997: 30, 84)을 참조함.

의 레크리에이션을 즐겼다.

'五家統'은 隣保制度로서 하급 지방 행정구역을 일정 호수(5가구 1단위, 즉 統)를 표준으로 다수의 지역을 세분하고, 그 지역 내에서 인보상조와 연대책임의 관념으로 각기 구역 내의 치안을 유지하고 복지를 증진해 지방행정 운영을 보조하는 일종의 지방자치체였다. 오가통의 주요 역할을 보면 질병 상담, 관혼상제 상조, 환난상휼 등과 統內에 불효, 살인, 도적 등의 사건이 발생할 경우에는 이를 里, 面에 신고해 조치하도록 하는 것이었다.

'鄕約'의 원래 뜻은 한 마을의 주민이 교화의 목적을 달성하기 위해 자치적으로 정한 규약이며, 향촌의 지역자치와 관련되었다. 향약의 목적은 조합원 상호간에 善을 권장하고 惡을 징계하며, 서로 도움으로써 구성원 상호간의 복지와 질서를 도모하고 유지하는 데 있었다. 조선시대 향약제도는 앞의 五家統제도와 마찬가지로 중국의 제도를 도입한 것으로, 五家統의 경우에는 세조 때, 향약의 경우에는 중종 때 도입했다.

'賑窮'은 '四窮'인 鰥, 寡, 孤, 獨, 즉 늙고 아내 없는 사람, 늙고 남편 없는 사람, 부모 없는 어린이, 늙고 자식 없는 사람에 대해 賑恤사업을 실시하는 것으로, 한 고을의 수령에 의해 주로 시혜의 차원에서 베풀어졌다(권오구, 2000: 264-266).

위에서 살펴본 민간차원의 구빈제도 중 중요한 역할을 한 鄕約은 다음과 같은 사회복지의 이념적 측면에서 주목될 수 있다.

조선시대 새로운 왕조의 제도개혁과 관련해서 '治人'에 초점을 두었던 성리학은 15세기 말과 16세기 초에 걸쳐 훈구세력과 군주의 비리를 경험하면서 이후 도덕적 자기완성을 목표로 하는 '修己'의 방향으로 성리학에 대한 이해가 바뀌어 갔다. 이 당시 三綱五倫의 修身 교과서인 주자의 『小學』이 사림들에 의해 전국적으로 보급된 것은 이러한 추세를 잘 반영하고 있다. 이와 관련해서 당시 두드러지게 실시되었던 '鄕約'의 주요 내용 중 "환난을 서로 구제하는 것"(患難相恤)의 항목은 일종의 사회복지 이념으로 해석될 수 있다. 이러한 측면이 가장 잘 나타난 것으로서 당시 가장 대표적이며 영향력이 컸던 栗谷 李珥의 '海州鄕約' 중 患難相恤에서 언급된 7가지 항목을 예시하면 다음과 같다.

환난의 일은 일곱 가지이다.
1. 수재와 화재인데, 적으면 사람을 보내 구조하고, 심하면 친히 많은 사람을 거느리고 가서 구조하고 또 조문하며, 만약 이로 인해 양식이 떨어졌으면 여럿이 의논하여 재물로 구제한다.
2. 도둑이 드는 것인데, 가까운 이는 쫓아가 협력해 잡고, 힘이 있는 이는 官司에 고하며, 그 집이 가난하면 募賞을 내 돕고, 만약 이로 인해 조석의 끼니를 잃게 되거나, 또 의복을 벗게 되면, 여럿이 의논해 재물을 내 구제한다.
3. 질병인데, 가벼우면 사람을 보내 문명하고, 심하면 의원과 약을 구해 준다.……
4. 상사에 조문하고 부조하는 것인데, 이미 위에 나타났으나, 만약 지극히 가난해 장사를 할 수 없는 이라면 여럿이 의논하여 보통 부조 외에도 재물로 구제를 더한다.
5. 외롭고 어린 것인데, 약원 가운데서 사람이 죽고 아들은 있으나 외롭고 어려서 의지할 수 없는 이를 말한다. 만약 그 집이 넉넉하면 그 친족 중에서 정직하고 신실하고 일을 주관할 이를 택해 대처하고, 그 재산의 출납을 상고한다. 만약 그 집이 가난해서 自給할 수 없으면 약원들이 협력해 구제하여 의탁할 바를 잃지 않게 할 것이다.……

7. 극히 가난한 것인데, 약원 중에서 가난을 참고 분수를 지키며, 생계가 궁색해 먹을 것이 끊어지는 일이 있으면 재물로 구제하고, 처녀가 혼인을 할 시기가 지났으면 약원들이 연명으로 呈狀을 하여 관사에 구해 주기를 진정한다(李珥, 1997: 415-417).

위의 항목에서 보듯이 해주향약은 지방 향촌민들의 자치기구로서, 상호부조의 정신을 약조로 내세우고 사회적·자연적 재난과 불행에 대비해 상호 보험적 기능을 수행하도록 설립되었다. 이러한 향약의 전통은 조선시대에 걸쳐 관습화되어 비록 구체적인 향약의 약정이나 집행이 없는 지역에서도 향약이 정한 환난상휼의 규정은 관례화되었으며, 최근에 이르기까지 일부 지역에서는 관례로 전승되고 있다(한국재활재단 편, 1997: 29).

(4) 개화기 사회복지정책의 전개와 정부의 역할

19세기 개화기에 서구문물과 제도가 본격적으로 도입됨에 따라, 일련의 근대적인 사회복지제도가 1894년 갑오개혁 이후 어느 정도 제도화되었다. 1894년 갑오개혁 당시 문벌과 신분제도 타파가 공식 거론됨으로써 빈민 등 사회부조를 필요로 하는 계층에 대한 부조조치가 이제까지의 국가의 시혜 측면에서 실시된 것에서 더 나아가, 이후로는 하나의 국가적 의무로 간주하게 하는 계기를 조성했다.[87]

1894년 갑오개혁 당시 그 동안 사회복지를 담당해 온 종래의 구휼기구들도 다음과 같이 새로운 복지기구로 개편되었다. 먼저

---

[87] 이하 개화기 복지제도 및 행정개편에 관한 사항은 배기효(1999: 54-56)를 참조해 정리함.

종래의 戶曹 版籍司나 禮曹가 담당해 온 구빈기능은 새로 창설된 內務衙門 版籍局과 州縣局이 담당하게 되었다. 종래의 活人署 내지 惠民署가 담당해 온 救療기능은 새로운 內務衙門의 衛生局이, 宣惠廳의 賑貸기능은 새로 창설된 度支衙門의 儲置局에서 담당하도록 개정되었다. 또한 종래의 耆老署는 의정부에 소속되었다.

갑오개혁 당시 제정된 관련 법규를 보면, 1895년 內部官制(勅令 제53호)와 內部分課規程에서는 內部 地方局에서 '賑恤 및 救濟에 관한 事項'을 담당하며, 內部 衛生局에서는 공중위생에 관한 업무를 관장하도록 규정했다. 그리고 警務廳官制에 의하면 警務廳에서도 孤迷兒, 위생경찰 등에 관한 업무를 담당하도록 했다. 그후 1905년에 이르러 위생국은 폐지되어 地方局 衛生課로 축소되었으며, 1906년에 警務局 衛生課로 되었다가 1907년에 衛生局이 다시 생겨났다.

이 시기의 국민 보건위생을 위한 조치를 보면, 1895년에 檢疫規則(칙령 제115호)과 虎列刺病豫防規則(內部令 제2호) 및 虎列刺病消毒規則(內部令 제4호) 등이 공포되었으며, 관리와 기타 공무로 전염병 예방사업에 종사하다가 해당 병에 감염되거나 이로 인해 사망한 사람들에게 일종의 恤金을 지급하도록 했다. 그리고 1895년에 宮內部 내부에도 衛生局을 설립하고 種痘規則(內部令 제8호)을 공포해 종두를 의무적으로 시행했으며, 內部 관할로 한성에 種痘醫養成所를 설치하도록 했다.

이후 1900년에 이르러 漢城種痘司官制에 의해 漢城種痘司를 설치했으며, 이러한 의료기관은 1905년에 大韓醫院으로 흡수되었다. 또한 1900년에 普施院이 창설되었다가 1905년에 廣濟院으로 명칭이 바뀌었으며, 1907년에 이르러 다시 大韓醫院官制에 의해 의정부 산하에 大韓醫院이 창설됨에 따라 1907년에 이에 흡수되었다.

이와 같은 여러 차례의 기구개편 및 흡수통합 과정을 거쳐 1910년 한일합방 당시 정부 내에서 內部의 府君課가 구제업무를, 그리고 같은 부서의 衛生局에서 보건위생 사무를 다루었으며, 보건실천기관으로 大韓醫院이 활동했다.

위에서 언급한 개화기 사회복지 기구의 활동을 보면, 1894년 갑오개혁 이후부터 1910년 한일합방 이전까지 조선정부의 사회복지 기능은 주로 보건 및 위생분야에 한정되었다. 비록 이 시기에 협의의 사회복지 기능분야도 매우 제한되었지만, 근대적 사회복지제도와 정책을 도입해 국가적 차원에서 실시하려고 모색한 점에 그 의의가 있다.

5. 맺음말

이상 이 장에서는 민본주의 등 전통 유교정치사상의 民에 대한 태도, 특히 민의 경제생활 안정의 중요성, 그리고 이러한 정치이념이 행정적·제도적 측면에서 실행되는 과정을 조선시대의 구휼정책과 제도를 중심으로 살펴보았다.

삼국시대부터 개화기까지 한국에서 일련의 사회복지정책은 정부주도하에 위로부터 시혜적 측면에서 실시되었다. 사상적 측면에서 서구 복지국가의 출현을 가능하게 했던 서구 민주주의를 동양적 민본주의와 비교할 때, 양자의 공통적인 측면으로 국가와 정치지도자 또는 爲政者가 '民을 위하는' 태도 및 정책을 지향해 왔다는 점을 지적할 수 있다. 서구의 근대 국민국가가 전체 구성원인 국민들에게 국가에 대한 충성을 요구하기 위해 복지국가의 비전을 제시했다면, 유교정치이념을 주요 이념으로 표방하는 조선의 전통국가는 民의 자발적 충성과 복종을 유도해 내기 위해 군주와 정부의 노력을 강조해 왔다. 서구의 민주주의 이념이 'by the people, of the people, for the people'이라는 문구로 상징화될 수 있다면, 그 중 '民을 위하는' 정치는 유교 정치이념에서도 유사하게 표방되어 왔다. 실제로 유교의 爲民 정치이념은 군주를 비롯한 지배층의 '仁政' 실시라는 정치적 모델을 추구하는 과정에서 구체화되었다. 조선시대에 복지로 여겨질 수 있는 일련의 정책이 시행된 배경에는 바로 民의 의식주 안정을 통해 '王道政治'를 구현하고자 하는 정치적 고려가 크게 작용했다.

특히 유교에서 근대적인 사회복지 이념과 맥락이 통하는 것으로 '仁, 義'관념을 들 수 있다. 유교에서 논의되는 '仁'은 '不忍之人心 惻隱之心'으로서 복지사업의 이상으로, '義'는 그것의 정당한 실현을 의미하는 것으로 간주될 수 있다. 그리고 유교의 仁 관념에 의거해 보살핌의 대상이 되는, 즉 사회복지의 수혜대상이 되는 사람들로는 주로 다음 부류가 언급되었다. 즉 孤(어리고 부모가 없는 아이), 獨(늙고 자식이 없는 사람), 鰥(늙고 부인이 없는 사람), 寡(늙고 남편이 없는 사람)로서, 이들은 "천하에 곤궁해 어디에도 호소할 곳이 없는 불쌍한 백성"이었다. 그리고 啞(벙어리), 聾(귀머거리), 跛(다리 하나 병신), 躄(양쪽 다리 병신), 斷者(지체 절단자), 侏儒(난쟁이), 百工(각종 세공인) 등도 정부(官)의 보살핌의 주된 대상이 되어, 이들에게는 각자의 재능, 기술에 상응해 직업을 부여하고 그에 따르는 보수를 지급해 생계를 유지하게 했다.

유교정치사상의 민본주의에 입각한 사회복지 이념과 정책의 실시는 조선시대에 들어서 본격적으로 전개되었다. 이 점은 조선 초기에 정부정책의 기본방향을 법제화한 『朝鮮經國典』에 명시되어 있다. 당시 지식인들은 비록 정부가 유교 정치이념에 의거해 아무리 좋은 정치적 이상을 추구하더라도 국가가 가난하거나 일반 民 중 홀아비, 과부, 고아, 노인과 같이 의지할 곳 없는 사람들의 생계가 보장되지 않는다면, 이는 仁政이 실시된 것으로 보지 않았다. 이러한 유교 정치이념에서 바람직한 정치모델로 상정한 '仁政'의 구체적인 내용은 민생안정과 직결되었다.

그리고 조선조 신흥 사대부들은 유교 정치이념에서 '敬天勤民'을 하나의 정치적 명분으로 중시하면서, 民과의 관계에서 '爲民의식'을 강조하고, 民의 의식주 생활보장을 국가와 군주의 주요 의무로 간주했다. 여기서 民의 의식을 국가가 어느 정도 보장해 주어야 한다는 측면은 救貧과 복지의 측면으로 연결된다.

유교 정치이념에서 주창하는 민본주의에 의하면, 民이 나라의 근본이므로 모든 문제를 民 즉 백성의 입장에서 풀어야 하고, 백성을 위하고(爲民), 백성을 존중하고(重民), 백성을 보호하고(保民), 백성을 기르고(牧民 또는 養民), 백성을 편안하게 해야 한다(安民)는 측면이 강조되지 않을 수 없었다.

조선 건국 당시 개혁정치 이념을 주도했던 정도전의 경우를 보면, 民에 대한 지배층의 권위는 지배층이 사회적 역할을 분담하는 과정에서 발생한 것이기 때문에, 관인들은 자신들의 人欲을 억제하며 民을 위한 책임을 다할 때에만 그 존재의의가 있으며 민본이념의 실현이 가능하다고 보았다. 그리하여 정도전을 비롯한 조선 초기의 사대부들은 民의 경제적 안정이 윤리도덕 실현의 전제조건이 되기 때문에, 군주를 비롯한 위정자들은 무엇보다도 경제문제를 중시해 구휼 등을 통해 민의 경제생활 안정에 주력해야 한다고 보았다.

이러한 민본주의적 요소가 서구 복지국가에서처럼 民의 복지에 대한 당연한 요구라는 권리개념으로 여겨지지 않았던 점에는 지배계층과 일반 民 사이의 貴賤 구분이 당연시되었으며, 지배의 명분이 天에 의거했기 때문에 구휼도 지배층의 위로부터의 시혜의 성격을 띠게 되었던 측면이 크게 작용했다.

다음 장인 제3장에서 자세히 살펴보겠지만, 복지국가의 형성과 성격에 대한 서구적 이론과 분석틀을 한반도의 경험에 적용시켜 설명하는 기존 연구에 의하면, 고대, 삼국시대, 고려시대, 조선시대, 일제시대에 걸친 한국 사회복지의 사적인 전개과정은 엄밀한 서구적 의미의 사회복지의 발전과정과는 그 성격 및 내용 등이 크게 다르다.

고대로부터 조선시대, 현재에 이르기까지 한국의 사회복지제도의 변천과정을 보면, 한국의 사회복지 사상의 근원은 정부(또는 국가)차원에서 군주의 仁政에 의한 민생구휼에서 찾아볼 수 있다. 또한 민간차원에서 실시되어 온 두레, 품앗이, 향약, 계 등 상부상조의 경험과 전통도 나름대로 사회복지의 기능을 담당해 온 것으로 볼 수 있다. 한국의 사회복지제도 변천과정을 연구한 기존 연구에 의하면, 이러한 한국의 사회복지 전통과 역사를 서구 복지국가의 경험을 비교의 기준으로 삼아 평가할 경우, 조선시대까지의 구휼제도 등은 '사회복지의 前史'로서 역사적 의의를 지니는 것으로 평가되고 있다.

전통사회에서 사회복지가 제도화된 대표적인 예로 춘궁기에 빈곤한 사람들에게 관곡을 대여했다가, 추수기에 납입하도록 한 제도를 들 수 있다. 이 제도는 고구려 고국천왕 16년(서기 194년)에 제정된 賑貸法에서 시작되어 그후 고려시대의 의창, 조선시대의 환곡, 사창 등으로 계승되었다. 전통사회에 구빈제도가 실시된 배경에는 종교의 영향을 많이 받았는데, 고려시대까지의 구빈제도는 주로 불교의 자비심에 영향을 받아서 위로부터 은혜를 베푸는 구제활동으로 시행되었다.

　반면 조선시대에 와서는 구제사업의 법적 기초가 마련되고 유교사상에 입각해 체계적인 구제사업을 실시했다. 조선의 건국과정에서 민본주의에 입각해 民의 생활안정과 향상을 모색한 구체적인 예로 정도전의 후생론을 들 수 있다. 그는 빈민구제 등 사회복지를 구현하기 위한 국가사업으로 義倉제도와 惠民典藥局 제도를 구상했다. 이러한 제도는 가난해서 자립할 수 없는 사람들의 식량문제와 질병치료를 해결하기 위한 것으로, 그 목적에서 현대의 사회복지제도 중 빈민구제와 의료보험제의 시행과 유사성을 띠고 있다.

　그리고 조선시대에 민본주의 이념에 입각한 민생안정을 위한 정부차원의 구체적인 노력의 성격은 다음과 같이 요약될 수 있다. 첫째, 진휼할 상황이 발생했을 때 이에 대처하기 위해 일시적인 정책으로 조세나 役의 부담감면, 공사채의 상환정지 또는 경감조치 등이 시행되었다. 이러한 일시적 조치는 災異를 당하면 求言을 통해 民의 생활고를 파악해 비정기적으로 시행되었다. 둘째, 상설적으로 제도화된 진휼기구를 통해 시행된 것으로, 그 대표적인 기구로 義倉을 들 수 있는데 상설적 진휼기구는 조선 초기 민생안정에 상당한 성과를 거둔 것으로 평가되고 있다.

　조선시대의 구빈제도를 내용적으로 살펴보면, 民生救恤制度, 愛民救恤制度, 隣保相助制度, 救濟機關 등으로 구분된다. 그 중 愛民惠恤制度의 주요 내용으로는 아동복지, 養老·敬老, 의료구제, 賑窮, 顧助, 哀喪, 寬疾, 救災 등을 들 수 있다. 민간차원의 구빈제도에 해당되는 隣保相助制度는 일반적으로 契, 五家統, 鄕約, 賑窮

등에 의해 이루어져 왔다. 그리고 조선시대의 대표적인 救濟機關으로 구황청 또는 진휼청, 혜민국, 활인서, 기로서, 진휼청유접소 등을 들 수 있다.

개화기에 들어서 1994년 갑오개혁 이후부터 조선정부 내 일련의 부서와 기구들이 주로 보건 및 위생분야 등에 걸쳐 사회복지 기능을 담당해 왔다. 비록 이들 기구가 수행한 역할은 매우 제한되었지만, 조선에도 근대적 사회복지제도와 정책을 도입해 국가적 차원에서 실시하려는 모색의 양상을 보여주었다.

이와 같이 유교정치사상을 기반으로 하는 전통사회에서의 구휼(구빈)정책은 서구 복지국가 발전과정에서 특정한 시기에 출현한 사회복지제도와 외형상 또는 내용상 비슷한 측면을 띠고 있다. 이러한 유사성을 보여주는 예로 장애자, 빈민 등에 대한 국가차원의 보호 및 생계지원 등을 들 수 있다.

조선시대 등에서 실시되었던 사회복지의 양상은 사상적 측면에서는 온 백성을 향한 것이라는 보편적 측면을 띠고 있으며, 조선시대 등에서 민본주의 등의 '爲民'적 요소를 강조할 경우, 이는 사상적으로는 보편적 복지국가로 연결될 수 있는 가능성을 보여주고 있다. 전통사회에서 이러한 '爲民'과 '仁政' 등 이념적 측면이 주창되었음에도 불구하고, 전체적으로 볼 때 현실정책에서는 복지(구휼)가 매우 제한적이었으며, 제도적 측면에서는 특정 시기의 특정한 民만을 대상으로 하는 제한적 측면을 보여주었다.

제3장 서구 복지국가이념과 복지제도 형성

1. 머 리 말

복지사상은 복지에 대한 이해방식과 복지정책을 뒷받침하는 복지이념을 지칭한다. 복지이념은 복지에 대한 가치와 믿음을 포함하는 복지이데올로기이며, 이러한 이념은 다양한 모습을 보이지만, 역사적으로 특정한 국면에서 복지제도의 형성과 관련해서 결정적인 영향력을 행사해 왔다.[1] 그리고 서구 정치체제가 정치적 이념에 기초해서 제도화됨에 따라 복지이데올로기는 정치적 이념을 구성하는 핵심적인 부분이 되었다. 그러므로 대부분의 유럽사회에서 정당정치가 시작된 19세기부터 오늘날에 이르기까지 복지를 둘러싼 상이한 가치와 믿음이 계급간 정치적 균열을 낳고, 정당 사이의 대립을 낳는 핵심적 요소 가운데 하나로 기능하

---

[1] 이러한 점에 관해서는 대표적인 것으로 다음의 저서들을 참조할 것.
Pinker, 1971; Esping-Anderson, 1991; George and Wilding, 1994.

고 있다.

그런데 사회복지 사상은 다른 철학사상처럼 특정한 이론가에 의해 제시된 체계적인 이론이나 학파와 같이 통일된 체계를 갖춘 이념체계로 존재하는 것은 아니다.[2] 복지개념 자체가 사회적 관행이나 제도와 더불어 등장한 것이기 때문에 사회적 속성을 지니고 있다. 또한 국가나 지역사회에서 실시되고 있는 실질적인 정책과 맞물려 있는 것이기 때문에 복지사상은 다양한 형태의 복지와 관련된 제도나 정책이 근거하고 있는 기본적인 논리와 여기에 내포된 이념 혹은 가치체계라는 점에서 정치적인 속성을 지니고 있다고 볼 수 있다. 이러한 이념들은 복지제도가 등장하게 되는 배경을 구성하고 있다는 점에서 중요한 정책원리가 되어 왔다. 물론 구체적인 복지제도와 정책은 문화적·종교적·경제적·정치적 과정의 산물이다. 서구에서도 국가가 시행하고 있는 복지정책의 성립시기나 내용이 나라마다 달라지게 되는 이유가 바로 복지제도나 사회정책이 종교적 전통, 계급구조와 갈등, 국가 관료조직의 성격, 국가간의 전쟁 발발, 산업화 정도, 정당 경쟁 등 복합적인 요인에 의해 영향을 받고 있기 때문이다.[3]

---

[2] 분배적 정의를 둘러싼 도덕철학이나 정치철학 논쟁이 이미 오래 전부터 발전해 왔다. 대표적으로 John Rawls의 『정의론』(*A Theory of Justice*)은 분배적 정의의 문제를 자유주의적 관점에서 다루고 있다. 그러나 직접적으로 복지정책과 무관하게 논의되는 철학적 논의는 복지사상으로 분류하기 어렵기 때문에 도덕철학이나 정치철학에서 다루어지는 분배적 정의에 관한 논의는 이 장의 논의에서 제외시켰다.

[3] 대표적으로 이러한 관점에서 제시된 논의는 비교사회학적 혹은 비교정책학적 관점에서 제시된 연구결과이다. Heclo, 1974; Trattner, 1983; Ashford, 1986; Boldwin, 1992; Skcopol, 1995; Katz, 1997.

오늘날 사용하는 복지의 개념은 서구사회가 산업혁명을 통한 산업화와 국민국가 형성이라는 거대한 '이중적 전환'을 겪으면서 구체화되었다. 유럽 각지에서 산업화로 인해 농촌인구가 대거 도시로 이동하면서 열악한 주거환경, 실업과 빈곤이 더 이상 가족 차원에서 해결될 수 없는 사회적인 문제로 부각되기 시작했다. 그러나 근대 국민국가가 형성되지 않았던 시기에는 이러한 문제가 국가의 개입에 의해 해결되어야 하는 국가의 과제로 인식되지는 않았다. 그 대신 전통적으로 그 지역의 교회나 교구의 과제로 인식되었기 때문에 중앙국가에 의한 법적·제도적 개입은 국민국가 형성 이후에 가능하게 되었다. 빈민구제의 형태로 각 지역에서 실시된 초기 복지는 산업화와 국민국가 형성을 통해 크게 변했다. 오늘날 사용하는 복지개념은 복지국가라는 권력주체로서의 국가를 중심으로 하고 있지만, 복지를 자선이나 시혜가 아니라 시민적 권리로 인식하는 새로운 복지이념은 20세기 중반에 들어서 비로소 본격적으로 사용되기 시작했다.

복지라는 용어가 본격적으로 사용되기 시작한 시기는 빈곤을 국가의 개입에 의해 해결해야 하는 사회문제로 인식하기 시작한 시기와 일치한다. 역사적으로 경제적 차원에서 물질적 복지는 세 가지 주체에 의해 제공되었다. 가장 먼저 개인들의 복지는 가족에 의해 제공되었다. 산업자본주의가 본격적으로 발전하기 이전까지 가족이 가족 구성원의 복지를 담당하는 가장 핵심적인 조직이었다. 산업화와 더불어 자본주의시장이 발달하면서 점차 복지는 개별 가족이 아니라 시장에 의해 제공되기 시작했다. 시장에 의해 제공되는 복지는 주로 직업과 노동을 매개로 해서 제공되었다. 직업활동을 통한 복지는 주로 고용관계에 의해 결정되기 때문에 경기변동에 따라 복지수준과 질은 크게 변화를 보였다.

저임금으로 인한 빈곤과 경제불황으로 인한 실업이 만성적인 사회문제가 되면서 국가의 복지 개입이 점차 확대되었다. 20세기에 들어서 복지는 가족이나 시장이 아니라 국가에 의해 제공되기 시작했다. 빈곤과 실업 같은 대규모 사회현상은 가족이나 시장에 의해 해결될 수 없는 사회문제로 인식되면서 국가의 개입을 통해 문제해결을 모색하기 시작했다. 이른바 복지국가 등장을 통해 사회복지는 국가의 행정영역이 되기 시작했다. 이차대전 이후 '복지'는 복지국가 등장과 더불어 서구사회에서 일상적인 용어가 되었다. 복지의 일상화를 통해 복지이념도 일상화되었다. 현재 서구 복지제도를 뒷받침하고 있는 것은 일상화된 복지이념이 강하게 뿌리를 내리고 있기 때문에, 복지에 반대하는 정치세력의 등장에도 불구하고 복지제도 자체는 큰 변화를 보이지 않고 있다(Pierson, 1994).

여기에서는 서구의 복지사상을 크게 네 시기로 구분해서 살펴본다. 먼저 근대 이전의 복지사상을 살펴본다. 구체제하에서의 사회보호를 중심으로 빈민과 구제를 둘러싼 인식체계를 살펴본다. 본격적으로 복지국가가 발달하기 이전에 존재했던 빈민구제 이념이 지니고 있었던 특징을 살펴본다. 여기에서는 빈민에 대한 이중적 인식에 기초한 영국의 "구빈법"(The Poor Law)을 중심으로 사회보호 이념을 다룬다. 그 다음 19세기 자유주의 복지이념 형성기의 복지이념을 분석한다. 산업자본주의의 본격적인 발전 결과로 대규모 실업자와 빈곤층이 형성되고 노동운동이 크게 활성화되면서 이러한 문제에 대한 국가적 차원의 대응이 다양한 형태로 나타나기 시작했다. "구빈법" 전통을 대체하는 새로운 복지담론으로 자유주의 복지이념을 살펴본다. 세번째, 20세기 들어서 제도화된 복지국가와 복지국가의 이념을 다룬다. 20세기 들어서

완성된 복지국가 체계는 정치적으로 학문적으로 다양한 이론과 이념에 의해 뒷받침되어 왔다. 윌리엄 비버리지의 복지이념으로 대표되는 영국의 복지국가 이념을 중심으로 전후 복지이념의 특징을 살펴본다. 그 다음 복지사상에서 복지이론으로의 변화를 다룬다. 1970년대 서구복지에 관한 논의는 더 이상 사상적 차원이 아니라 복지국가론으로 발전했다. 복지국가의 형성, 복지국가의 유형, 복지국가의 성격 등에 관한 논의가 복지국가론의 중심을 이루었다. 여기에서는 사회민주주의 복지국가론과 마르크스주의 복지국가론을 다룬다. 그 다음 20세기 후반 서구 자본주의의 위기와 더불어 나타난 복지를 둘러싼 우파와 좌파의 비판을 다룬다. 복지국가 체제는 신자유주의로 대표되는 우파에 의해 비효율적이고 비생산적인 체제로 비판을 받아 왔다. 국가의 과도한 분배개입이 시장기능을 위축시켜 체제수준에서 경제적인 비효율을 낳았다고 지적하고, 국가의 축소, 시장의 확대를 대안으로 제시하고 있다. 좌파의 복지국가 비판은 자본주의국가가 수행해야 하는 구조적 모순에 기초한 복지국가 위기론에 근거하고 있다. 복지국가의 위기라는 명제로 대표되는 신좌파의 복지국가 비판은 자본축적과 정당성확보라는 이중적 과제가 점차 모순을 낳아 복지국가의 재정위기와 정당성위기로 나아가고 있다고 보았다. 마지막으로 서구 복지국가의 위기와 이에 대한 대응으로 페미니스트들의 복지이념과 제3의 길로 대변되는 대안적인 복지국가 논의를 살펴본다. 이를 통해 21세기 서구 복지이념의 내용을 탐색한다.

2. 근대 유럽의 복지사상

유럽 중세시대에 개인과 가족의 경제적 상태는 전적으로 가족에 의해 유지되었지만, 가족의 해체나 질병으로 인해 발생하는 경제적 빈곤을 해결할 수 있는 유일한 방법은 가톨릭 종교기관의 빈민구제 활동이었다. 그리하여 흉년이나 홍수 등으로 기근이 발생한 경우 급증하는 빈민과 부랑자들은 교회나 수도원의 도움을 받았다. 종교적인 이유에서 지역의 종교단체들이 그 지역(교구)의 빈민구제에 책임을 지고 있었다. 그러나 점차 대규모 인구이동을 동반한 산업화와 근대적인 국민국가 형성으로 종교기관에 의한 빈민구제는 효과를 발휘하지 못하게 되었다. 농촌에서 도시로 인구이동이 크게 이루어지면서 빈민의 수가 증가했고, 분권화된 권력이 중앙정부로 집중되면서 점차 중앙정부 차원의 빈민대책이 모색되기 시작했다. 그 당시 국가의 빈민정책은 빈민과 부랑자를 사회불안을 일으키는 집단으로 규정해 정치적으로 통제하고 강제로 노동하게 하는 배제적 억압이 특징이었다.

1) 빈민과 빈민구제

산업화가 시작되면서 빈민의 수가 급증하자 더 이상 빈민구제의 문제는 종교단체의 능력을 벗어나기 시작했다. 점차 중앙집중적 권력을 형성해 나가고 있는 국가의 개입 없이는 해결될 수 없는 사회적인 문제로 확대되었다. 부국강병을 추구하던 유럽의 근대 국민국가들은 빈민문제를 두 가지 차원에서 인식하기 시작했다. 먼저 국가권력 차원에서 중세유럽에서 빈민에 대한 관심은 빈곤문제 해결보다는 빈민들이 사회불안 요소가 되지 않도록 통제하고 억압할 필요에서 출발했다. 부랑자의 증가가 기존 사회질서를 위협하는 새로운 현상으로 인식되어 부랑자에 대한 통제 필요성이 대두되었다. 다른 차원은 경제적 차원으로 빈민은 노동능력은 있으나 나태해서 가난해진 사람들로 인식되었기 때문에, 빈민이 강제노동을 통해 국부의 증대에 기여하고, 빈민 스스로 빈곤으로부터 벗어날 수 있다고 보았다. 중상주의를 대체해 노동이 부의 원천으로 인식되기 시작하면서, 절대 노동인력의 증가가 국부를 증가시키는 유일한 요소로 인식되었다.

빈민에 대한 통제는 국가주의가 발달한 프랑스에서 특히 강하게 나타났다. 루이 14세는 "빈민은 구걸행위, 나태함으로 인해 선량한 백성들을 분개시키고 있으며, 그들을 노역원(workhouse)에 가두는 것은 왕과 가톨릭교회의 영광을 위해서도 절대적으로 필요한 조치"라는 편지를 노역원의 장들에게 보냈다(림링거, 1997: 42에서 재인용). 노역원은 1662년경 프랑스 전역으로 확대되었으며, 노역원에서는 강제노동을 실시하고 나태함을 교정한다는 목적으로 가혹한 통제가 이루어졌다. 1764년의 새로운 법으로 부랑자들은 체포되어 강제노동을 했으며, 또다시 부랑자 생활을 할 경우 3년간 강제노동을 해야 했고, 세번째 부랑자로 체포되었을 경우에는 평생 동안 강제노동을 하도록 했다. 대신에 이 법은 부랑자를 구분해 노인, 환자, 여성, 아동과 같이 노동능력이 없는 부랑자들은 노역원에 강제 수용토록 했다.

그러나 빈곤과 빈민에 대한 인식은 매우 다양하게 나타났다. 대표적인 견해가 프랑스와 영국에서 나타난 중상주의적 인식과 중농주의적 인식이었다(림링거, 1997: 30-41). 17세기 중상주의자들은 부유하고 강력한 국가를 추구했기 때문에, 국력을 증강시키기 위해 인구증가와 노동력증대를 도모했다. 무역에서 우위를 차지하기 위해 저임금노동을 통한 생산이 중시되었기 때문에, 빈민은 경제적으로 유용하다고 보았다. 이러한 중상주의자들의 주장은 "다수의 빈민이 빈곤한 상태에 머물러야 한다"는 주장으로 집약될 수 있다(림링거, 1997: 31). 더 중요한 것은 빈민들이 나태하게 생활하는 것이 아니라 노동을 통해 국부를 증대시키는 데 기여해야 한다고 믿었던 점이다. 나태에 대한 혐오는 영국과 프랑스 중상주의자들 사이에 보편적으로 나타났기 때문에 모든 방법을 동원해 빈민들의 나태를 추방하고자 했다. 계몽주의 사상가였던 존 로크(John Locke)는 빈민들에게 노동할 수 있도록 하는 것보다 나태함이나 죄악을 교정하기 위해 보다 직접적으로 빈민들을 대상으로 직업교육과 강제노동을 시행해야 한다고 주장했다(림링거, 1997: 39). 노동자들의 나태를 막기 위해 높은 임금을 주어서는 안 된다는 것도 일반화된 견해였다. 높은 임금을 제공하면 일하려는 노력을 게을리 하기 때문에 열심히 일해야 겨우 먹고살 수 있을 정도의 임금을 제공해야 한다는 것이었다. 대표적인 중상주의 이론가인 윌리엄 페티(William Petty)와 아서 영(Arthur Young)은 노동자들이 결코 부유해지면 안 되며, 적당하게 낮은 수준의 임금을 제공받아 게을러지는 것을 막아야 한다고 보았다.

영국의 1601년 "엘리자베스 구빈법"도 빈민구제보다는 빈민들로 하여금 일을 하게 하는 것으로 목적을 명시하고 있다. 그 당시 영국에서 실질적으로 지역의 빈민문제를 다루었던 빈민위원회는 고용기회 창출, 구걸 억압, 빈민아동 취업기회 제공 및 고용촉진을 위한 임금보조의 네 가지 안을 제시했다. 이들 네 가지 안은 모두 빈민들로 하여금 노동을 하도록 하게 하는 것이었다. "엘리자베스 구빈법"의 특징은 빈민의 노동할 권리인 '노동권'을 제시한 것이 아니라, 지역의 교구가 빈민들로 하여금 노동을 하게 하도록 하는 '의무'를 강조했다는 점이다. 여기에서 빈민은 아직 계발되지 않은 잠재적인 국부 창출자로 강조되었다. 그리하여 빈민들에게 노동하도록 하는 것은 '신과 자연에 대한 우리의 의무'라고 보았다.

위와 같이 중상주의이념은 외형적으로 매우 모순적인 속성을 지녔다. 한편으로는 경제적 빈곤을 나태의 결과라고 하여 혐오했지만, 다른 한편으로는 빈곤상태를 유지하도록 하는 것이 빈민들이 노동을 계속하게 하는 동기를 제공할 수 있다고 보아 '빈곤의 유용성'을 강조하기도 했다. 이러한 모순된 인식은 한편으로는 종교적 차원에서 '기독교적인 전통'과, 다른 한편으로는 점증하는 국제무역에서 비교우위를 확보하기 위해 저임금을 선호할 수밖에 없었던 18세기 '경쟁적 자본주의의 현실'을 동시에 반영하고 있는 것이기도 했다. 그러므로 빈민에 대한 해결책은 복지차원이 아니라 사회적 통제와 경제적 활용목적에서 모색되었다.

"구빈법"은 영국뿐만 아니라 유럽 전역에서 각기 다른 시기에 각기 다른 목적으로 도입되었다. 예를 들어 1763년 스웨덴에서 제정된 "구빈법"도 빈민의 이동을 제한해 정치적·사회적 소요를 막고자 하는 빈민통제를 강조했다(Davidson, 1989: 52). 1847년에 개정된 구빈법은 구제를 권리로 규정하고 청원권을 인정했으나, 1868년과 69년 대기근으로 빈곤구제 비용이 급증하자 빈곤구제 대상자를 축소시키고 국가에 의한 빈곤구제 대신 자력갱생을 강조했다. 또한 지역읍구(township)가 중앙정부에 대한 의무의 하나로 빈민을 돕는 빈민구제 책임을 지게 해, 초기 복지주체로서 지역읍구가 중요한 역할을 담당했다. 이것은 교구가 빈민구제를 담당하던 영국과 달리 종교적 성격을 벗어난 것이기는 했지만, 중앙정부 대신 지방의 지역사회가 빈민구제를 담당하게 했기 때문에, 스웨덴의 빈민구제는 교회의 손을 벗어났지만, 국가가 아니라 지역사회 자체에서 빈민문제를 해결하는 방식이었다.

오늘날과 같이 빈곤문제를 노동문제와 연결시키려는 견해가 그 당시에도 나타났다. 빈민들로 하여금 노동하도록 하는 방법을 둘러싸고 크게 두 가지 의견이 대두되었다. 대표적으로 빈민노동을 둘러싼 의견은 존 로크(John Locke)와 같이 강제노동을 주장하는 배타적 입장과, 차일드(Child)와 같이 빈민의 노동이 국부를 증대시킬 수 있는 자원이지만 빈민을 보다 종교적인 입장에서 수용하는 태도를 취하는 것으로 나누어졌다. 로크는 일자리를 제공할 것이 아니라 일자리가 없는 경우에도 지방 납세자들로 하여금 일을 적게 하고, 그 대신 지방 납세자들의 일을 빈민들이 하도록 하게 하자는 강제노동을 제시했다. 반면에 차일드는 강제노동이 아니라 '빈민들의 집단거주지'를 만들어 종교적 신념을 가진 사람이 이 조직을 책임져 빈민들이 국부를 증대시키는 데 기여하도록 하자는 의견을 개진했다. 차일드의 견해는 전통적으로 빈민구제를 담당했던 종교단체의 역할과 새롭게 발전하고 있는 산업자본주의의 속성을 통합시킨 것이었다.

중농주의적 인식은 중상주의적 인식과 달리 인본주의적인 속성을 강하게 내포하고 있었다. 대표적으로 루이 16세 시대의 재무상이었던 튀르고(Anne-Robert-Jacques Turgot)는 인류애와 종교적 관점에서 불행한 이웃을 돕는 것이 모두의 의무이며, 국가가 빈민구제에 나서야 한다고 강조했다.4) 그러나 튀르고는 국가가 개입하지 않고 시민들이 자발적으로 상호부조 조직을 만드는 것이 가장 이상적이며, 실업과 빈곤은 국가의 잘못된 법률과 정책 때문에 생긴다고 보아 자유방임주의를 옹호했다. 그는 장관이 되었을 때, 강제노동과 교정을 담당하던 교정원을 없애 버리고 억압적인 방식으로 빈민을 통제해 오던 중상주의적 전통을 단절시켰다. 중농주의자 튀르고의 견해는 중상주의적 전통과는 매우 달랐지만, 이후 큰 영향력을 행사하지는 못했다. 자유주의는 농업사회에 기원을 둔 구빈법적인 전통이 자본주의발달에 장애가 된다는 인식이 형성되면서 크게 대두되기 시작했다. 그리고 오히려 프랑스의 경우에는 프랑스혁명을 통해 급진주의적 견해가 대두되면서 강제노동이 아니라 빈민의 권리를 보장하기 위한 국가개입이 논의되기 시작했다. 프랑스혁명기 권력을 장악한 자코뱅파는 공화국 헌법에서 국가가 모든 국민의 생존권을 보장해야 한다고 선언해 빈민의 생존권보장도 국가의 의무가 되었다. 헌법 제21조 인간과 시민의 권리선언은 "공적 구조는 신성한 책무다. 사회는 일자리 제공을 통해서든, 혹은 노동불능 상태에 있는 이들의 생계수단 확보를 통해서든, 혹은 노동불능 상태에 있는 이들의 생계수단 확보를 통해서든 불행한 시민들을 도와주어야 한다"고 하여 프랑스혁명을 통해 복지국가 계획이 제시되었다(메랭, 2000: 36). 이러한 혁명기의 선언은 구체적인 정책으로 효과를 거두지 못했지만, 중상주의적 전통과는 다른 국가의 의무를 처음으로 내세웠다는 점에서 이후 복지국가 형성에 영향을 미쳤다.

---

4) 튀르고의 장관 재직시기는 1774~76년으로 프랑스에서 백과전서파에 의한 인본주의사상과 진보주의사상이 한창 번성하고 있던 시기였다.

1834에 개정된 영국의 "구빈법"은 산업자본주의 발달에 필요한 수준의 빈곤구제 방안을 제시하고 있다. 이것은 1795년 도입된 스핀햄랜드체제(Speenhamland System)에 대한 반발로 나타났다. 이 체제는 나폴레옹전쟁으로 인해 물가가 급등함에 따라 이를 고려해 빈민들에게 제공하는 복지수준을 조정한 빈민구제 제도였다. 그리하여 이 체제는 노동능력이 있는 빈민들에게 제공되는 수혜의 수준을 물가에 연동시키고, 가족수에 따라 수당을 제공하도록 했다. 그러나 이미 노역원에 수용된 빈민들이 기업에 고용되어 노동을 했기 때문에, 기업은 일정한 수준의 임금만을 제공했던 것이다. 인플레로 인해 노역원의 빈민에게 제공되던 실질적인 수혜액이 줄어들면서, 노역원으로 대표되는 빈곤구제 제도가 자본가들로 하여금 노동자들에게 저임금을 제공하게 만들고, 생계수준을 유지하기 위한 부담을 교구에 떠넘기는 결과를 가져왔다. 인구학자 맬서스(Thomas Malthus)는 스핀햄랜드체제가 식량의 증가 없이 가족의 규모를 늘려 인구증가만을 촉진시킬 것이라고 주장하고, 구빈법 자체를 폐지할 것을 주장했다.[5] 그리고 자유주의 경제학자들은 스핀햄랜드체제가 노동력의 자유로운 이동을 가로막아 노동력의 원활한 공급을 막는다고 보았다(Briggs, 1959: 59). 이로 인해 1834년 "개정 구빈법"은 스핀햄랜드체제를 폐지하고 다시 이전의 노역원체제를 도입하는 형태로 나타났다.

　"개정 구빈법"은 두 가지 원칙을 보여주었다. 하나는 빈민들에게 제공되는 복지수준이 최하층 노동자들이 받는 임금수준을 넘

---

[5] 맬서스는 그의 저서 *An Essay on the Principle of Population*에서 "구빈법"을 비판하고 빈곤자 구제가 장기적으로 빈민들을 빈곤상태에서 벗어나는 데 도움을 주지 못하기 때문에 철폐해야 한다고 주장했다.

어서는 안 된다고 하는 열등한 자격(less eligibility)의 원칙이며, 다른 하나는 구제 대상자들은 노역원(workhouse)에 들어와야만 구제를 받을 수 있다는 노역원 검사(workhouse test)의 원칙이었다. '열등한 자격의 원칙'은 빈민들에게 주어지는 복지수준을 최저생계 이하의 수준으로 하고, 노역원 생활은 단조로운 일, 일체의 레크리에이션 금지, 외출금지 등으로 인해 외부생활과는 달라야 한다는 것이다. 그러므로 노역원이 감옥과 큰 차이를 보이지 않는 결과를 가져왔다. 노역원 검사의 원칙은 구빈 대상자들이 노역원 내에 머물러야 한다고 규정해 빈민들을 일반국민들로부터 격리시키고, 강제로 노동하게 하는 결과를 가져왔다. 노역원에 들어오는 사람에게만 구호를 제공하되 가장 열악한 상태에서 살도록 함으로써 빈곤과 실업으로부터 스스로 벗어나야 한다는 점을 강조했다(Briggs, 1959: 280).

다른 한편 1834년 "구빈법" 개정과정은 좀더 실증적이고 체계적인 행정체제의 강화를 가져와 사회문제에 대한 인식과 접근방식을 새롭게 발전시켰다. 경제학자 나소 시니어(Nasseau Senior)가 정치경제학의 이론적 틀 속에서 스핀햄랜드체제하의 빈곤구제에 관한 연구를 주관하면서 실증적인 조사를 실시했다. 빈민구제 문제를 통해 정부나 사회집단이 정부정책을 통해 사회문제를 이해하고 사회적 조건을 개선하려고 시도했기 때문에, 국가적 수준에서 '사회의 발견'이 이루어진 셈이다(Polanyi, 1957: 33). 사회문제를 객관화시켜 경험적인 조사를 통해 실태를 파악하고 이에 대처하는 새로운 방식이 등장한 것이다. "구빈법" 개정을 위한 왕립위원회의 장을 맡았던 에드윈 채드윅(Edin Chadwick)은 "개정 구빈법"이 "과학적 혹은 경제적 원칙에 기초한 최초의 위대한 입법"이라고 불렀을 정도로 대규모 조사를 토대로 했다(Briggs, 1959: 278

에서 재인용). 이러한 방식은 영국뿐 아니라 이후 북구 여러 나라에서도 동일하게 받아들여졌다. 정책을 도입하기 이전에 사회문제에 대한 실증적 조사를 통해 문제에 대한 정확한 인식을 도모하고, 이에 기초해서 해결책을 모색하는 실증적 조사와 정책적 해결이라는 정책결정과정이 제도화된 것이다.

그리고 "개정 구빈법"을 통해 과거 지역교구에서 실시되던 구빈활동을 중앙정부 수준으로 집중시키는 빈곤구제 행정체제의 변화가 이루어졌다. 이것은 근대적인 사회정책 발달과정에서 중요한 의미를 갖는 것으로 행정의 중앙집중화를 함의했다(Heclo, 1974: 57-60). 지금까지 각 지역교구에 따라 재정상태나 행정체계가 각기 달랐던 것이 중앙집중화를 통해 전국적으로 통일된 구빈 행정체제가 어느 정도 구비되기 시작했음을 의미한다.

"구빈법"을 매개로 하는 구빈사상은 민족국가 형성과 자본주의 발전과정에서 거의 모든 유럽국가에서 나타났다. 그러나 구빈사상의 내용은 매우 다양하게 나타났다. 빈민을 통제하거나 혹은 빈민의 노동력을 활용하려는 것이 주된 목적이었으므로 빈민의 삶 자체를 증진시키려는 노력은 없었다. 실제로 구빈법을 둘러싼 논쟁은 근대사회에서 빈곤문제가 향후 어떠한 정치적 쟁점으로 등장할 수 있는지를 보여주는 시금석이었다. 종교적 자선, 보수주의, 자유주의, 사회민주주의, 사회주의 등 다양한 정치이데올로기가 노동계급의 빈곤문제를 둘러싸고 형성되었으며, 이는 20세기 말까지 서구 정치제도를 구획짓는 가장 핵심적인 갈등의 축으로 발전했다. 이러한 점에서 유럽의 "구빈법"은 한편으로는 근대적인 복지제도에 의해 대체되는 구시대의 법으로, 다른 한편으로는 구빈법이 없던 이전 시대와는 다른 국가의 부분적 개입을 보여주는 과도기적인 제도의 상징이 되었다.

3. 복지 형성기의 복지이념

1) 경제적 자유주의의 등장

　봉건적인 사회체제가 붕괴되면서 이전에 이루어졌던 빈민에 대한 보호가 점차 약화되었다. 사유재산제도가 발전하고, 개인의 경제적 자유와 책임이 강조되면서, 과거 사회 지배층이 지니고 있던 온정주의에 기초한 책임의식이 약화되기 시작했다. 새롭게 등장한 복지이념은 넓은 의미에서 '자유주의'라고 부를 수 있다. 자유주의의 특징은 빈민구제나 복지제도 문제를 경제체제 원리와 관련시켜 이해했다는 점이다. 이러한 원리는 정치적 이데올로기와 결부된 것이었기 때문에 끊임없는 논쟁을 불러일으켰다. 빈민구제와 관련해서 자유주의는 구체제에서 발전한 온정주의적 개입이 지니고 있던 통제와 구속과의 단절을 의미한다는 점에서 새로운 형태의 이념이라고 할 수 있다. 또한 시장경제의 확대로 인해 경제적 자유주의가 지배적인 이념이 되면서 자유주의는 과거보다 더 큰 사회문제를 발생시켰다. 빈곤층이 확대되고 빈곤이 심화되면서 자유주의는 새로운 형태의 복지이념을 촉발시키는 계기를 마련했다는 점에서 복지이념의 형성과 발달과정에서 중요한 역할을 담당했다.
　고전적 자유주의는 시장경제의 발달과 깊은 관계를 맺고 있다. 시장경제의 발달은 상품시장의 발달뿐만 아니라 노동시장의 발달을 야기했다. 그러므로 전통적인 빈민 노동력에 대한 구속과 통제는 더 이상 효과적인 빈곤대책으로 기능하지 못하게 되었다. 보다 중요하게 인식된 것은 노동력 이동에 대한 통제를 제거해 시장의 변화에 따라 '자유롭게 이동하는 노동력'을 만드는 것이었다. 그 결과 노동자들이 교구를 떠나 다른 교구로 이동하는 것을 막던 "구빈법"은 산업화로 인해 요구되는 노동력의 자유로운 이동을 막는 제도적인 장애물로 인식되기 시작했다.

자유주의 경제이론을 창시한 영국의 아담 스미스는 1776년에 출판된 『국부론』(The Wealth of Nations)에서 구빈법이 노동력의 자유로운 이동을 막아 시장의 활성화를 막는다고 비판하면서, "구빈법" 폐지를 강력하게 주장했다. 아담 스미스는 빈민을 특정 교구로 묶어 두고 통제하는 기존의 "구빈법"이 노동시장의 발달을 가로막아 빈민들이 국부의 형성에 기여할 수 있는 기회를 박탈하게 된다고 주장했다. 개인의 경제적 동기에 따라 자유로운 이동이 허용될 수 있도록 하기 위해서는 빈민에 대한 통제를 제거해야 한다는 것이었다.

아담 스미스의 경제론은 중농주의자들(physiocrats)과 마찬가지로 중상주의에 대한 비판에서 출발한다. 그는 국가 이전에 먼저 존재한 개인의 권리에 바탕을 둔 개인의 이익(self-interest)추구가 국가의 부를 증대시키는, 즉 경제성장을 낳는 핵심적 요인이며, 이것은 개인이 국가의 부를 증대시키기 위해 일한 결과가 아니라 개인적 차원의 이익을 추구하는 행동을 한 의도하지 않은 결과라고 보았다. 그러므로 아담 스미스는 국가가 "구빈법"이나 "곡물법" 같은 법률을 통해 노동시장과 무역을 규제하는 행위는 결과적으로 국부 증대에 긍정적으로 기여하지 못한다고 보았다.

고전적 자유주의는 경제학적으로 아담 스미스에 의해 체계화되었지만, 사회학적으로는 맬서스 같은 영국의 인구학자들에 의해 체계화되었다. 맬서스(T. R. Malthus)는 『인구론』(*An Essay on the Principle of Population and a Summary View of the Principle of Population*)에서 "구빈법"이 빈민을 증대시키고 있고, 빈민들로 하여금 빈곤의 원인을 자신에게서 찾는 것이 아니라 정부의 탓으로 돌리게 만들어 정부의 존립을 위협하고 있다며 "구빈법" 자체를 비판했다. 그는 구체적으로 빈민들로 하여금 경제적 능력도 없이 결혼하게 해 인구증가의 효과를 낳고 있다고 비판하고, 인구증가로 인해 해당 교구의 빈민들이 받을 수 있는 일인당 식량이 줄어들어 결과적으로 빈곤은 더 가속화되고 있다고 보았다. 자신의 불행에 대해 스스로 책임지는 자유롭고 자율적인 인간만이 도덕적으로 또한 물질적으로 사회의 발전을 가져올 수 있다고 주장해, 아담 스미스와 마찬가지로 "구빈법" 폐지를 강력하게 주장했다.

영국의 사회학자 스펜서(Herbert Spencer)는 사회정학(Social Statics)에서 맬서스의 견해를 더욱 체계적으로 발전시켜, 인구성장으로 인한 경쟁과 투쟁은 '적자생존'을 낳고 사회와 종의 진화를 가져온다고 주장했다. 정부의 규제에서 벗어나 자유방임적인 무한경쟁을 통해 열등한 사람이 도태되고 우등한 사람이 살아남아 사회가 발전한다고 보았다. 물리학의 법칙이 위반될 수 없듯이 사회조직의 법칙 역시 정부의 개입에 의해 위반될 수 없으며, 정부개입은 문제만을 낳을 것이라고 주장했다. 스펜서는 자유방임의 원리를 자연의 원리로 인식하고, 빈민문제의 경우에도 정부개입을 통한 해결에 반대했다(Turner et al., 1997: 86-87).

공적 구제에 반대하는 맬서스의 견해는 영국뿐 아니라 프랑스, 미국 등지의 자유주의자들에게 큰 영향을 끼쳤다. '세이의 법칙'으로 유명한 프랑스의 세이(Jean-Baptiste Say)는 자유경쟁 사회에서 빈민에 대한 공적 구제는 해악을 끼치며, 사회제도 때문에 발생한 빈곤인 경우에만 국가가 빈민을 구제해 주는 것이 필요하다고 주장했다. 오늘날의 신자유주의자들에 의한 복지정책 비판과 유사한 공적 구제에 대한 비판은 바스띠아(Frederic Bastiat)에 의해 제시되었는데, 바스띠아는 공적 구제뿐 아니라 교회나 개인에 의해 제공되는 빈민에 대한 구호도 빈민들로 하여금 자신들의 장래에 대비하는 정신을 마비시키는 효과를 낳기 때문에 해로운 것이라고 보았다. 또한 정부가 제공하는 공적 구제는 경제적 복지에 관한 권력과 책임의 중앙집중화를 낳아 자연적인 신의 섭리를 약화시킨다고 주장했다.

다윈의 사회진화와 자연도태설이 크게 유행하던 19세기 말 미국의 경우에도 자유주의를 옹호하는 이론이 성행했다. 영국의 사회진화론자였던 스펜서의 영향력은 영국에서보다는 오히려 미국에서 더 컸다(림링거, 1997: 68). 미국 예일대학 사회학과 교수였던 윌리엄 그레이햄 섬너(William Graham Sumner)는 진화론과 개인주의를 결합시켜 인간의 생존투쟁은 변화될 수 없는 자연법칙이며, 자연도태 과정에서 백만장자도 생기고 가난한 자도 생긴다고 주장해 빈민의 형성은 당연한 자연현상이라고 보았다. 그는 "자유국가에서 국민은 타인에게 도움을 청할 수 없으며, 타인을 도와야 할 의무도 없다"고 주장해 정부에 의한 빈민구제 자체를 전면적으로 거부했다(림링거, 1997: 69). 섬너의 견해는 사회진화론과 개인주의를 결합시켜 국가의 개입을 거부하고 복지제도 자체를 거부하는 극단적인 반복지이념을 특징으로 하고 있다.

영국과 미국에서 일반화된 자유방임주의는 전통적인 이념으로 20세기 초까지 유지되었고, 아직도 영국과 미국에서 변형된 형태로 정치적 영향력을 행사하고 있다. 소위 신자유주의(neoliberalism)

로 불리는 국가복지에 반대하는 이데올로기가 특히 영국과 미국에서 정치적 영향력을 발휘할 수 있었던 이유는 영국과 미국은 매우 오랜 기간 고전적 자유주의이념의 영향력하에서 산업화를 겪었다는 점에서 찾을 수 있다. 오늘날 신자유주의에서 사회진화론의 흔적을 찾아볼 수는 없지만, 개인주의에 대한 옹호와 정부개입에 대한 불신은 고전적 자유주의와 맥을 같이하고 있다. 그리고 빈곤과 빈민에 대한 인식도 고전적 자유주의와 신자유주의가 거의 차이를 보이지 않는다.

물론 자유방임주의 이념이 그대로 정부의 빈민정책으로 나타난 것은 아니다. 각국의 현실은 보다 복잡한 정치적·사회적 관계로 구성되었기 때문에 몇몇 사회이론가들의 주장이 정부의 정책으로 구체화될 수는 없었다. 또한 구체적인 사회적 쟁점으로 논의가 전개되는 경우 자유방임주의 이념은 좀더 새로운 모습을 보여주기도 했다. 대표적인 사례는 영국의 "구빈법" 개정을 둘러싼 논쟁이었다. 1832년 구빈법위원회(Poor Law Commission)가 조직되어 구빈법 개정이 시도되었다. 본격적인 산업화를 겪고 있는 영국에서 농업사회의 산물인 "구빈법"을 개정하는 것은 시대적 과제였다.

맬서스의 『인구론』은 "구빈법" 개정과정에서 큰 영향력을 행사했다. 빈민에 대한 대중적 이해에 영향을 미친 『인구론』은 법안에 대한 인식에 변화를 가져왔으며, 빈민문제를 바라보는 관점의 변화를 가져왔다. 구체적으로 맬서스는 노동이 가능한 빈민들에게 공적인 구제를 제공하는 것에 반대하는 논리를 전개했는데, 이것이 기존의 "구빈법"의 개정 필요성을 일깨우는 데 긍정적으로 기여했던 것이다. 또한 "구빈법" 논의과정은 영국에서 빈민문제를 바라보는 인식과 접근방식에 큰 변화가 일어났음을 보여준다. 즉 자유노동시장 이념에 기초해 빈민문제에 관한 인식이 형성되었고, 이를 실증하기 위해 경험적인 실태조사를 통해 이를 뒷받침하는 보다 세련된 방법이 동원되었다. 영국 전역에서 수집된 자료들을 중심으로 이루어진 보고서는 "구빈법"이 "노동자들을 타락시키는," "임금과 노동의 비율을 파괴하는" 효과를 갖는다고 주장해 "구빈법"의 잘못을 지적했다. 그리고 공적 구제가 제공되지 않은 경우 "노동자들이 궁핍해지는 것이 아니라 도덕성이 향상되었다는 많은 예"를 경험적으로 제시하고 있다(림링거, 1997: 72).

2) 정치적 자유주의의 대두

서구의 자유주의는 다양한 얼굴을 보여주었다. 정치적 이념으로서의 자유주의는 파시즘이나 전통적인 전제주의와 대비되는 정치체제의 이념으로 받아들여지고 있는 반면, 경제적 이념으로서의 자유주의는 시장 만능주의와 같은 시장경제 이념으로 받아들여지고 있기도 하다. 보수주의에 대항하는 새로운 정치이념이었던 자유주의가 오늘날 보수주의 이데올로기로 받아들여지는 역설은 정치적 자유주의와 경제적 자유주의가 각기 다른 맥락에서 발전했으며, 각기 다른 이념적 성향을 보여주고 있다는 점에서 유래하기도 하지만, 자유주의이념 자체가 지니고 있는 모순적 속성을 반영하는 것이기도 하다.

유럽에서 등장한 자유주의는 한편으로는 초기 형성과정에서 봉건적인 기득권세력의 보수주의와 대립하면서, 다른 한편으로는 산업화가 진전되면서 등장한 노동계급운동 및 사회주의와 대립하면서 등장한 자본주의 정치이데올로기였다. 왕권에 도전하는 부르주아시민의 권력을 대표하는 자유주의는 19세기 유럽 정치사에서 의회주의와 언론의 자유, 시민적 자유, 보편적 선거제도 등을 중심으로 점차 제도화되었다. 이것은 한편으로 절대왕권으로부터 민권으로의 권력주체의 전환을 의미하는 것이며, 세습 대신 선거를 통한 근대적인 대의제정치의 시작을 의미하는 것이었다.

자유주의자들은 산업자본주의의 발달로 인해 새롭게 등장하는 사회문제에 대해 적극적인 발언을 하기 시작하면서 보수주의와는 다른 이념을 내세우기 시작했다. 이것은 자유주의 이데올로기 그 자체에서 연유하기보다는 정치적 상황에 따라 자유주의 정치세력이 어떤 다른 집단과 동맹을 맺고 있는가 하는 정치적 동맹이나 정치적 대립구도에 따라 큰 차이를 보였기 때문에 19세기 유럽사회에서도 큰 편차가 있었다(Luebbert, 1991; Gourevitch, 1986을 볼 것).

영국의 경우 자유주의자들은 독자적인 정치조직이 없던 노동자들과 연대해 보수주의자들과 대립했으며, 프랑스의 자유주의자들은 사회주의나 급진주의자들과 연대해 19세기 사회입법 제정에 핵심적 역할을 담당했다. 영국의 경우 자유주의자들과 노동계급의 동맹이 노동계급의 독자적인 정치세력화를 막는 역할을 했고, 잭 글래드스턴(Jack Gladstone)같이 노동계급 문제를 회피하기 위해 국제문제만을 중심적으로 다루는 경우를 제외하고, 대부분의 자유주의자들은 노동계급 문제에 대해 적극적인 관심을 표명했다. 특히 19세기 말 '신자유주의자'(new liberals)들은 사회통합을 위해 집단적 해결책을 제시해, 빈곤과 같은 사회문제를 해결하기 위해 적극적인 국가개입을 요구했다. 대표적으로 런던의

찰스 부스(Charles Booth)나 요크의 시본 라운트리(Seebohm Rowntree) 같은 신자유주의자들은 빈곤에 대한 과학적인 진단과 정책적인 처방을 믿는 새로운 '사회과학 이데올로기'를 만들어 낸 장본인 이었다(림링거, 1997: 19). 영국의 신자유주의자들은 사회문제를 해결하기 위한 집단주의적 해결책의 필요성을 강조했으며, 노동계급과의 지속적인 협조를 중시했다.

이러한 점은 영국의 정치적 자유주의자들이 경제적 자유주의자들과 복지문제와 관련해서 큰 차이를 보였다는 사실을 잘 보여준다. 경제적 자유주의자들이 국가의 개입을 최소화하고 개인의 복지를 시장에 의존하도록 하는 시장 중심적 해결을 강조한 반면, 정치적 자유주의자들은 오히려 사회문제를 해결하기 위해 국가의 개입을 강조했던 것이다. 사적 소유와 시장기능을 인정하지만, 그로 인한 부정적 결과를 치유하기 위해 국가의 개입을 어느 정도 인정했다. '사회서비스 국가'(social service state)라는 개념은 빈곤층에 대한 국가의 보호를 내세웠다.

영국과는 달리 프랑스의 경우 자유주의자들은 이미 정치적으로 조직된 사회주의나 급진주의세력과 연합해 보다 적극적으로 사회입법 제정에 참여했다. 제3공화국에서 제정된 사회입법은 매우 근대적인 내용을 포함하고 있었으며, 영국보다 훨씬 더 근본적인 사회문제 해결책을 내포하고 있었다. 예를 들어 1893년에 재정능력이 없는 시민들이 자택이나 병원에서 치료를 받을 수 있도록 했으며, 모든 코뮨(지역자치체)이 복지를 담당하는 부서를 만들고 지원받는 사람들의 명단을 만들도록 했다. 그리고 국가가 80%의 비용을 담당했다. 1897년에는 이러한 지원을 받는 사람수가 190만 명에 달했으며, 1905년에는 공공부조가 노인, 만성 질환자에게 제공되었다. 1898년 산재보험이 도입되었고, 노조와 고용주의 반대로 지연되던 강제 연금제도가 1910년에 도입되었다. 이것은 노동계급이 적극적으로 추구했던 것이 아니라 자유주의세력이 노동계급이 요구하는 내용을 정당한 것으로 인정하고 이를 적극적으로 법제화했기 때문이다(림링거, 1997: 28). 계급동맹을 통해 노동계급 지도부가 공화국의 이념하에서 행정에 관여할 수 있었기 때문에 노동자들에게 물질적 혜택을 부여하는 많은 사회입법이 가능했다.

스웨덴의 경우는 자유주의자들이 사회문제를 해결하기 위한 국가개입을 요구하는 '사회적 자유주의'(social liberalism)를 내세워, 사회주의가 본격적으로 발전하기 이전 사회개혁을 담당하는 핵심적인 주체가 되기도 했다. 대표적으로 19세기 스웨덴의 자유주의자인 아돌프 헤딘(Adolf Hedin)은 1884년 농촌인구가 대도시로 유입되면서 발생하는 사회문제를 해결하기 위해 국가가 "구빈법" 대신 사회정책을 실시할 것을 요구했다. 그는 독일과 같이 권위주의적인 국가개입에 의해 사회문제를 해결하는 것은 바람직하지 않지만, 국가가 보험제도를 통해 사회문제를 해결하는 것이 불가피한 현실이라고 주장했다. 헤딘의 주장에 대한 보수주의자들의 반론은 국가역할이 커지면 조세부담이 증가하고, 국가가 관료화해 개인의 자유와 기업활동의 자유를 막는 결과를 낳는다는 것을 주된 내용으로 하고 있었다. 더구나 일부 보수 정치인들은 스웨덴같이 가난한 나라에서 산업안전이나 노동자보험 같은 제도는 사치스러운 것이라 주장하기도 했다(Olssen, 1990: 44-45).

스웨덴의 자유주의 전통에서 조직적으로 사회개혁을 주도한 스웨덴의 전국사회사업협회(Centralforrvundet for Socialt Arbete, 이하 CSA)는 빈민구제, 주택, 농업, 여성의 야간작업, 죄수 보호, 아동복지, 실업 등에 관한 학술회의, 대중강연, 전시회 등을 개최하면서 사회개혁의 필요성을 선전했다. 그러나 주류 사회세력으로서 자유주의자들은 사회개혁을 위해 노동계급이나 사회주의세력의 지원을 필요로 하지 않았다. 이미 산업화가 진전된 영국이나 프랑스와 달리 그 당시 사회주의세력은 미미했기 때문에, 1910년대에 이르기까지 자유주의자들과 사회주의자들 사이의 실질적인 정치적 연합은 이루어지지 않았다(신광영, 1991: 135-184).

후발산업국으로서 상대적으로 빠른 산업화를 경험한 스웨덴에서 정치적으로 자유주의세력은 사회주의세력으로 대체되었다. 산업화와 도시화로 인해 자영농과 도시 중간계급에 기반을 두고 있던 자유주의자들의 기반이 약화되고 도시 중간계급의 급진주의자들이 사회주의자들과 연합하면서 자유주의자들의 정치적 영향력은 급격히 약화되었다. 그러나 스웨덴 자유주의의 영향력은 정치적 차원보다는 사회정책 차원에서 더 큰 유산을 남겼다. 19세기 말 스웨덴 자유주의자들의 사회정책 이념이 이후 사회주의자들에 의해 이어지면서 복지에 대한 저항을 크게 줄일 수 있었고, 자연스럽게 복지제도의 강화로 이어졌다.

경제적 자유주의와 정치적 자유주의는 각기 다른 속성을 보여주었다. 경제적 자유주의가 시장원리와 자기책임을 강조하는 경제이념을 내세웠다면, 정치적 자유주의는 보수주의에 도전하는 정치이념으로 정치적 자유와 개인의 권리를 강조했다. 두 종류의 자유주의는 빈곤과 실업 같은 사회문제에 대한 인식에서 차이를 보였다. 경제적 자유주의자들은 빈곤과 실업문제를 시장의 결함으로 인한 문제로 보지 않고, 시장이 완전하게 작동하지 못하기 때문에 나타난 결과로 보아, 문제해결은 시장을 더 활성화시키는 데서 찾았다. 반면 정치적 자유주의자들은 빈곤과 실업문제를 해결하기 위해 국가가 정책적으로 개입할 것을 주장하고, 사회입법을 통해 문제를 해결하고자 했다. 오늘날의 관점에서 경제적 자유주의자를 고전적 자유주의자라고 볼 수 있고, 정치적 자유주의자는 사회적 자유주의자라고 볼 수 있을 것이다. 이 두 가지 자유주의는 20세기 후반 신자유주의로 통합되면서 고전적인 경제적 자유주의원리가 지배적인 신자유주의 정치담론으로 부각되기 시작했다. 정치적 자유주의가 보여준 보수주의에 대한 도전과는 달리 신자유주의는 이전의 보수주의 정치이념을 받아들였기 때문에, 신자유주의 대신 신보수주의로 불리기도 했다.

4. 복지국가와 복지이념

1) 복지국가이념

20세기 복지국가 이념은 각기 기원이 다르다. '복지국가'(welfare state)라는 용어 자체가 공적으로 사용되기 시작한 것은 1941년으로 영국이 독일과 전쟁을 치르고 있던 시기였다. 영국 캔터베리의 윌리엄 템플(William Temple) 대주교가 히틀러 치하의 독일 나치를 전쟁국가(warfare)로 규정하고 전쟁국가와 대립되는 국가개념으로 복지국가라는 용어를 처음으로 제시하고, 전쟁이 끝난 뒤 영국정부가 제공하고자 하는 미래의 사회적인 혜택과 관련된 용어로 복지국가라는 용어를 사용했다(Maurice, 1961: ix). 물론 이미 19세기 독일에서 사회보장법과 사회보장제도가 도입되어 온정주의적인 국가(paternalistic state)에 의한 노동자 보호가 제도화되었으나,

복지국가라는 개념으로 독일 국가를 인식하지는 않았다. 복지국가의 이념에는 정치적으로 민주적인 국가에 의한 사회보장이라는 개념이 내포되어 있다. 즉 독재권력이나 전제권력 같은 권위주의적인 국가에 의한 국민의 보호가 아니라 국민의 요구를 민주적으로 대표하는 민주적 국가에 의한 주권자인 국민의 보호라는 정치적 개념이 초기부터 강하게 내포되어 있었다.

복지국가라는 용어를 보다 대중적인 용어로 만든 사람은 영국의 경제학자 윌리엄 헨리 비버리지(William Henry Beveridge)였다. 제2차 세계대전 이후 영국 복지제도의 근간을 이룬 비버리지의 이념은 페이비언 사회주의(Fabian socialism)에 근거하고 있었다. 그는 1910년대 영국 페이비언 사회주의 이론가였던 시드니 웹(Sidney Webb)과 함께 실업문제를 같이 연구하면서 웹으로부터 큰 영향을 받았다. 그후 런던대학 학장을 지냈으며, 비버리지의 복지이념은 1942년『비버리지 보고서』로 세상에 널리 알려진『사회보험과 통합서비스』(Social Insurance and Allied Social Service)라는 제목의 보고서에서 포괄적으로 제시되었다.[6] 1942년 12월 1일 영국 의회에 제출된『비버리지 보고서』는 실업과 전쟁으로 고통을 받고 있는 영국인들 사이에 연대의식을 촉진시키기 위해 가난과 질병, 무지, 불결, 나태와 같은 5대 사회적 질병을 해결하는 것이 국가의 존재이유라고 주장하고, 이것을 달성하기 위해 비버리지는 보편적이고 통일적인, 그리고 단순화된 중앙관리 형태의 사회보장제도를 제시했다.『비버리지 보고서』는 1930년대 대공황과 1940년대 제2차 세계대전이라는 전쟁으로 인해 영국인들이 만성적인 고통을 겪으면서, 이에 대처하기 위해 사회보장 개혁안을

---

6)『비버리지 보고서』형성과정에 대한 논의는 Abel-Smith(1992) 참조.

제시한 것이다. 『비버리지 보고서』는 구체적으로 평화시 경제위기로 인해 분열되고 약화된 사회가 외부의 위협에 대처하기 위해 다시 사회를 통합시키고 강화시키기 위한 것임을 다음과 같이 명시하고 있다.

> 승리의 목적은 이전 세계보다 더 나은 세계에서 사는 것, 정부가 보다 나은 세상에 대한 계획을 가지고 있을 것이라는 느낌을 갖는다면 시민들이 전쟁에서 승리하기 위해 더 노력할 것이라는 것, 이러한 계획이 제때에 준비된다면, 지금이 바로 그러한 때라는 것 (Beveridge, 1992: 171).

비버리지의 안은 현대 복지국가의 이념적 자원이 된 사회보장의 3대 원칙을 제시했다. 첫번째 원칙은 보편성(universality)의 원칙이다(Beveridge, 1992: 122). 비버리지가 제시한 사회보장안은 사회통합을 목적으로 한 것이었기 때문에 전체 인구를 대상으로 한 것이었다. 다시 말해 비버리지의 견해는 복지서비스가 특정한 인구집단에 한정된 것이 아니라 모든 국민을 대상으로 하는 보편주의를 바탕으로 하고 있으며, 국민 모두가 기본적인 삶을 살 수 있도록 국가가 책임을 지는 시민권적 사회권을 내세웠다.

두번째 원칙은 단일성(unity)의 원칙이다(Beveridge, 1992: 14, 121). 이것은 복지부담과 혜택을 단일하게 조직한다는 것이다. 소득불평등이 복지수혜의 불평등으로 나타나지 않게, 사회보장을 소득재분배 차원에서 동일한 혜택과 동일한 부담체제로 조직한다는 것이다. 보험 대상자들이 소득과 무관하게 동일한 복지급여를 원칙으로 하며, 빈부를 막론하고 강제로 동일하게 부담을 진다.

셋째는 통합의 원칙이다(Beveridge, 1992: 15-17, 120-121). 이것은 사

회보장, 공적 부조나 공공서비스 등으로 다양하게 존재하던 전통적 사회복지제도를 통합하는 것을 의미한다. 이것은 기술적 통합과 사회적 통합을 모두 포함하는 것이다. 기술적 통합은 복지급여 행정조직의 통합이며, 사회보장은 궁극적으로 사회통합을 목적으로 하는 것이기 때문에, 행적조직의 통합은 사회통합이라는 정치적 목표를 달성하기 위한 수단으로 인식되었다.

『비버리지 보고서』는 여론에 큰 반향을 일으켰다. 영국에서만 약 50만 부가 판매되었고, 미국에서도 5만 부가 팔릴 정도로 폭발적인 인기를 누렸다. 보고서가 출간된 지 2주 후에 실시된 여론조사에서 성인 20명 가운데 19명이 지지할 정도로 『비버리지 보고서』는 폭발적인 지지를 불러일으켰다(Marshall, 1967: 195에서 재인용). 대공황과 전쟁으로 고통을 받고 있던 영국사회에서 전후 새로운 영국사회를 계획한 『비버리지 보고서』는 "요람에서 무덤까지"를 내세운 새로운 메시아였다.[7] 그러나 『비버러지 보고서』는 정부로부터 즉각적인 동의를 이끌어 내지는 못했다. 연합내각 수상 처칠은 비버리지에 강한 반감을 가지고 있어 비러지지가 정부 건물에 들어오지 못하도록 정부 부처에 명령을 내렸고, 정부 내에서 『비버러지 보고서』를 검토하는 위원회에서도 보고서

---

[7] 전쟁 초기부터 계급에 관계없이 모두가 고통을 분담해야 했다. 150만 명의 주부와 어린이들이 대피해야 했고, 10만 명이 독일의 공습으로 사망했으며, 800만 명의 영국 청년들이 전쟁터에서 영국을 위해 싸우고 있었기 때문에, 전쟁기간 동안 '희생의 분담', '고통분담'이라는 의식이 모든 영국국민들에게 공통적으로 받아들여졌다. 더구나 식량을 수송하던 배들이 무기를 수송하게 되면서 식량부족 사태가 나타나, 영국 전역에서 식량 배급제가 실시되고 있었기 때문에 계급에 관계없이 기본적인 생계유지가 어려운 상태였다(Abel-Smith, 1992: 12).

에서 제시된 핵심적인 제안을 거부했다.8) 처칠은 비버리지가 제안한 정책을 실시하지 않았다. 『비버리지 보고서』의 내용은 전쟁이 끝난 직후 선거에서 승리한 노동당내각이 들어서면서, 본격적으로 구체화되기 시작했다. 구체적으로 1945년 "가족수당법"(Child Allowance Act), 1946년 "국민의료서비스와 국민보험법"(National Health Service and National Insurance Act) 등으로 제도화되었다.

영국은 전통적으로 자유주의적 복지이념에 기초해 최소국가를 유지해 왔기 때문에 『비버리지 보고서』는 많은 반발을 불러일으켰다. 자유주의자였던 비버리지는 보수주의자들을 설득하기 위해 자신이 제시하는 복지제도가 기업이 지불해야 할 노동자의 의료보장과 연금을 국가가 담당하기 때문에, 또한 건강한 노동력을 확보할 수 있기 때문에 영국의 경쟁력을 높일 것이라고 주장했다. 또한 비버리지는 더 부유해진 노동자들이 상품 구매력을 높일 것이기 때문에 영국경제에 긍정적인 기여를 할 것이라고 주장해 케인즈의 경제이론을 복지국가 논리에 도입했다. 비버리지는 자신이 영어권 지역에서 복지국가를 건설한 사람으로 불려지는 것에 반대해 자신은 복지국가 대신에 사회서비스 국가(social service state)라는 용어를 선호했다. 복지국가 이미지는 일방적인 국가의 자선이나 국가의 개입으로 받아들여졌기 때문에, 비버리지는 자신의 보고서가 이러한 이미지로 받아들여지는 것을 거부했다.

비버리지는 자신의 보고서가 여러 가지 다른 이유로 비판되거나 거부될 것을 염려해 보고서 서론에서 사회보장의 개혁과 관

---

8) 정부 내 위원회는 자산조사를 유지하고자 했고, 실업상태가 계속되는 동안 계속해서 실업연금을 지불한다는 안도 거부했다.

련된 세 가지 원칙을 제시했다. 첫째 원칙은 미래를 위한 어떤 제안도 기존의 당파적 이해에 의해 제약되어서는 안 된다는 초당적 전망의 원칙이다. 이차대전으로 과거의 모든 것이 파괴되었고, 새로운 사회를 건설하기 위한 혁명적 시기가 바로 지금이라는 점을 강조하고 있다.

> 전쟁이 모든 종류의 이정표를 파괴하고 있는 지금이야말로 새로운 터전에다 경험을 사용할 수 있는 기회이다. 세계 역사에서 혁명적인 이 순간은 땜질이 아니라 혁명을 위한 시간이다(Beveridge, 1992: 6).

두번째 원칙은 사회보험의 조직이 사회진보를 위한 포괄적인 정책의 한 부분으로만 다루어져야 한다는 것이다. 비버리지는 사회보험이 궁핍을 다루기 위한 것이지만, 질병, 무지, 불결, 나태와 같은 사회적 질병을 다루기 위한 개혁이 더 필요하다는 점을 강조하고 있다. 이것은 사회보험이 여러 가지 사회보장정책의 하나에 불과하며 더 포괄적인 정책이 제시되어야 한다는 것을 의미한다.

세번째 원칙은 사회보장이 국가와 개인의 협력에 의해 달성되어야 한다는 것이다. 『비버러지 보고서』는 국가가 국민을 대상으로 서비스를 제공하고 국민이 복지를 위해 기여하는 재정을 운영하지만, 개인의 자발적인 행동이 보장되어야 하고 적극적으로 격려될 수 있어야 한다는 점을 강조하고 있다. 이것은 국가가 최저생계를 보장하지만 그 이상의 삶을 위해 개인의 자발적인 행동이 가능하도록 국가가 노력해야 한다는 것을 의미한다.

『비버러지 보고서』는 전후 유럽의 사회정책에 결정적 영향을 미쳤다. 비버리지는 전쟁이 끝난 직후 유럽 여러 나라를 순방하면서 『비버리지 보고서』에서 제시된 사회보장정책의 타당성을 논했다. 그는 독일, 벨기에, 네덜란드, 덴마크, 노르웨이, 스웨덴과 핀란드를 방문했고, 1946년에는 스페인을 방문해 사회보장에 관한 논의를 전파했다(Leaper, 1992: 30). 『비버리지 보고서』는 영국의 복지국가 형성에 기념비적인 역할을 했지만, 다른 유럽국가의 복지제도에도 큰 영향을 미쳤다. 독일을 제외하고 대부분의 유럽국가에서 『비버리지 보고서』가 논의되었고, 특히 프랑스의 경우 전후 사회보장제도는 조직은 매우 다르지만, 비러리지가 제시한 기본원칙을 실현시킨 것이었다(Leaper, 1992: 31).

비버리지의 복지이념은 이론적으로 T. H. 마셜(T. H. Marshall)과 리처드 티트머스(Richard Titmuss)에 의해 체계화되었다. 제2차 세계대전 직후에 쓰여진 "시민권과 사회계급"(Citizenship and Social Class)이라는 논문에서 마셜은 시민권의 지위에 따라 복지수준이 달라졌음을 논하고, 사회적 시민권으로서의 복지는 시민적 권리(civil right), 정치적 권리(political right)에 이어 뒤늦게 발전한 권리로서, 경제적 복지를 누릴 수 있는 권리, 사회의 수준에 걸맞게 문명인으로 살 수 있는 권리라고 주장했다(Marshall, 1967: 78-134).

마셜은 역사적으로 시민권적 권리는 18세기, 정치적 권리는 19세기, 사회적 권리는 20세기에 들어 형성되었고 보았다. 이러한 권리가 형성된 시기는 중첩되기도 했는데, 특히 정치적 권리와 사회적 권리가 크게 중첩되어 형성되었다고 보았다 (<표 3-1> 참조).

T. H. 마셜은 사회권적 시민권의 기원은 지역사회와 직능단체에서 유래했다고 보았다. 구체적으로 사회적 시민권은 제도적으로 영국의 "구빈법"과 직능단체들에 의해 실시된 임금규제에 기

〈표 3-1〉 시민권의 성장

	민 권	정치적 권리	사회적 권리
시기	18세기	19세기	20세기
원리	개인의 자유	정치적 자유	사회복지
대표적인 내용	신체의 자유, 언론·사상·신앙의 자유, 소유권	투표권, 의회개혁 유급 국회의원제	무료교육, 연금, 의료보험, 주택보조, 사회보장

자료: Marshall(1967, 78-134).

원을 두고 있다고 보았다. 그는 "엘리자베스 구빈법"이 원래 통제목적에서 출발했지만, 경쟁적인 시장이 확대되면서 "구빈법"은 사회적 권리개념을 내포한 유일한 법이 되었다고 보았다. 그리고 임금규제의 형태로 등장한 스핀햄랜드체제가 최저임금 보장과 가족수당을 포함하고 있어 오늘날 사회적 권리의 핵심부분이 되었다고 보았다(Marshall, 1967: 86-91). 비록 1834년 개정 "구빈법"이 사회보장과 시민권을 분리시켜 사회적 권리의 퇴보를 가져오기는 했지만, 궁극적으로 이후 시민권과 사회적 권리가 다시 결합되었다고 보았다. 즉 1834년 "구빈법"에서 국가의 지원을 받을 수 있기 위해서는 시민으로서의 권리를 포기해야 한다는 조항은 사회보장을 시민권과 분리시킨 것이었다. 개정 "구빈법"으로 인해 빈민은 노역원(workhouse)에 강제 구금되거나 정치적 권리를 몰수당해 개인적 자유라는 시민권을 박탈당했다.

T. H. 마셜은 '시민권과 사회계급'이라는 제목으로 1949년에 행한 캠브리지대학 강연에서 평등에 기초한 시민권과 불평등에 기초한 계급이 서로 대립적인 관계에서 조화가 되는 관계로 변천한 것이 17세기부터 현재에 이르는 역사적 과정이라고 보았다. 사회적 지위를 위계적으로 조직한 계급체계는 사회를 서로 다른

집단에게 다른 의미를 부여하게 하고, 이러한 체계에 자연적인 질서를 부여하는 기능을 했다. 반면에 시민권은 모든 국민에게 평등하게 부여된 지위이며, 이러한 지위에 있는 사람들은 지위에 따른 권리와 의무에서 모두 평등하다. 계급이 위계적인 질서에 기초한 불평등의 체계라면, 시민권은 국가에 의해 보장된 평등의 체계라는 것이다. 평등에 기초한 시민권이 불평등에 근거한 계급체계에 미친 영향은 불평등체계의 약화이며, 시민권이 바로 불평등체계를 무너뜨리고 있다고 보았다.

모든 사람들에게 공통적인 국가적 정의(national justice)와 법률이 필연적으로 계급정의(class justice)를 약화시키고, 궁극적으로 그것을 허물어뜨렸으며, 보편적인 권리로서 개인의 자유가 노예신분을 사라지게 했다. 시민권이 중세적인 봉건주의와 양립할 수 없다는 것은 분명하다(Marshall, 1967: 93).

T. H. 마셜은 1961년 리드대학에서 행한 '복지국가와 풍요로운 사회'라는 제목의 강연에서 사회정책의 핵심은 단순히 극빈자뿐만 아니라 가난한 사람의 수를 줄일 수 있을 것인가 하는 문제를 다루는 것이라고 주장하고, 이에 대한 세 가지 접근을 논했다. 첫번째 접근은 보수적인 접근으로 가난한 사람의 수를 줄이는 방법이 자유로운 시장의 역할에 의해 이루어질 수 있다고 보는 접근이다(Marshall, 1967: 288). T. H. 마셜은 대표적으로 경제학자 알프레드 마셜(Alfred Marshall)이 이러한 접근을 보여주고 있다고 보고, 이러한 접근은 사회정책이 불필요하며 오직 경제정책만으로 충분하다고 내세우며, 미래에 대한 낙관론이 특징이라고 평가하고 있다. 시장의 활성화로 나타나는 '풍요로운 사회'에서 빈

곤문제는 더 이상 사회문제가 되지 않을 것이라고 본다는 것이다.9) 시장자유주의자들은 1960년대 영국이 이미 『비버러지 보고서』에 제시된 여러 정책이 불필요할 정도로 일차적인 빈곤이 사라지고 완전고용이 이루어진 사회라고 주장하고, 복지국가 제도의 해체를 요구했다. 마셜은 풍요로운 사회에서조차도 빈곤이 사라지지 않으며, 시장은 항상 문제를 낳고 있다고 주장해 이러한 접근에 대해 비판적인 태도를 취했다.

두번째 접근은 사회주의적인 접근으로 사회주의자들은 경쟁이 없기 때문에 경쟁으로 인해 낙오가 되는 사람이 없는 사회주의 사회가 성취될 수 있다는 믿음을 특징으로 하고 있다고 보고 있다. 그러므로 사회주의자들은 사회복지 프로그램에 별다른 관심을 보이지 않는다고 보았다. 오히려 사회복지 프로그램은 체제 자체의 근본적인 문제인 사적 소유와 시장경쟁의 문제를 회피하려는 것이라고 인식되었다.

세번째 접근은 복지국가적 접근으로 자유로운 시장이 풍요를 가져올지라도 빈곤문제를 해결할 수는 없고, 사회정책이 경제정책보다 열등한 것이 아니며, 경제정책이 낳은 문제를 해결하는 역할을 한다고 믿는 것을 특징으로 한다는 것이다. 시장경제의 내재적인 문제를 인정하고, 개인의 가치가 시장의 가치에 의해서가 아니라 시민으로서의 가치에서 유래한다고 본다는 것이다. 이러한 점에서 복지국가의 철학은 풍요로운 사회의 철학을 거부하며 또한 사회주의 철학도 거부한다는 점을 밝히고 있다.

---

9) 1960년대 이루어진 풍요로운 사회에 관한 논의는 이데올로기의 종언 논의와 함께 미래 자본주의사회의 모습으로 그려졌다. 대표적인 것으로 Galbraith(1964).

영국 복지국가에 대한 마셜의 논의는 영국 복지국가가 매우 특수한 상황하에서 탄생했기 때문에 다른 복지국가가 지니지 못한 특수성을 지니고 있다는 점을 강조하고 있다. 복지국가는 자유주의적 속성과 사회주의적 속성을 모두 지니고 있지만, 보편적 생계(the principle of universality-cum-subsistence)의 원칙이라는 영국적인 특성을 지니고 있다고 주장했다. 이것은 노조의 최저임금에서 유래한 것이지만, 영국이라는 나라의 특성을 반영하고 있다고 보았다. 이것은 집합적 방식으로 국가 최저기준(national minimum)을 제공하지만, 최저기준 이상의 생계는 자유로운 개인 사이의 시장경쟁을 통해 확보되기 때문이다. 이것은 "기준 아래는 복지가 있지만, 기준 위에는 경쟁이 있다"는 비버리지의 주장을 확인하는 것이지만, 실제로 영국의 복지는 기준 위에도 복지가 있다는 점에서 사회주의적 속성을 더 지니고 있다고 마셜은 평가한다.

    영국 복지국가 구조가 비교할 수 있는 다른 체제보다 더 사회주의적인 면을 지니고 있는 한 가지 점은 복지제도를 관리하고 재정을 부담하는 데 정부와 납세자들에게 주어지는 몫이 크다는 점이다(Marshall, 1967: 294).

마셜이 영국에 한정시켜 논의를 전개시켰다면, 티트머스는 비교분석을 통해 복지국가에 관한 논의를 발전시켜 복지국가에 관한 이해를 높이는 데 크게 기여했다. 티트머스는 "가난한 사람뿐 아니라 점차 사회의 모든 계급들의 걱정과 긴장을 덜어 주는 것이 적절한 정부의 기능으로 간주되고 있다"고 보고, 위험에 대한 집단적 대처가 가져다주는 심리적 효과가 더 중요하다고 주장했다(Titmuss, 1974: 506). 사회정책을 통해 이루어지는 위험에 대한 집단적 대처는 국가의 역할에 따라 크게 세 가지 형태로 나타났다고 보았다(Titmuss, 1974: 30-31). 세 가지는 잔여적 복지정책모형(the residual welfare model of social policy), 산업성취·업적모형(the industrial achievement-performance model of social policy)과 제도적 분배모형(the institutional redistributive model of social policy)이다. 잔여적 복지모형은 시장과 가족을 통해 욕구가 충족되지 못할 경우에만 국가가 개입하는 것으로, 복지국가가 불필요하게 되는 것이 가장 이상적인 상태라는 것을 가정하고 있다. 이러한 모형은 역사적으로 영국의 "구빈법"에서 찾아 볼 수 있으며, 이론적으로 밀튼 프리드만(Milton Friedman)이나 하이에크(F. A. Hayek) 같은 자유주의 경제학자들의 이론에서 발견된다고 보았다. 산업성취·업적모형은 업적이나 성과 혹은 생산성에 기초한 사회적 욕구충족을 강조하고, 동기부여, 보상과 계급과 집단 충성과 관련된 이론으로부터 이러한 모형이 유래했다고 보았다. 마지막으로 제도적 재분배모형은 사회복지를 필요의 원칙에 따라 시장 밖에서 보편적인 서비스를 국가가 제공하는 통합된 제도로 본다. 이것은 재분배를 핵심적인 내용으로 하는 모델이다.

티트머스는 사회정책을 중심으로 복지국가의 유형을 비교사회학적 관점에서 논하고 있지만, 복지국가 유형의 차이는 근본적으로 도덕적·정치적 가치의 문제와 연관되어 있다는 점을 강조한다(Titmuss, 1974: 23 및 ch. 10). 그는 사회정책이 가치를 내포하고 있을 뿐만 아니라 각기 다른 사회정책을 뒷받침하는 사회과학 이론이 가치 중립적일 수 없다고 주장한다.

> 사회정책은 기본적으로 갈등하는 정치적 목적과 목표 중에서 선택하고 선택된 목적이나 목표가 어떻게 구성되어야 하는가에 관한

것이다. 경제적 인간의 욕구와 갈망과 모순되는 사회적 인간의 욕구와 갈망을 문화적으로 구분시키는 좋은 사회나 혹은 좋은 사회의 요소는 무엇인가?(Titmuss, 1974: 49).

각기 다른 복지국가 모형은 나름대로 좋은 사회에 관한 가치판단을 내포하고 있다는 것이다. 예를 들어 잔여적 복지모형은 자신들의 욕구충족을 스스로 하지 않으려고 하거나 할 수 없는 사람들인 일탈적인 사람들을 전제로 하고 있다. 그러므로 이러한 모델에서는 복지혜택을 받는 사람은 정상적이지 않은 사람이라는 가치가 내포되어 있다는 것이다. 그리하여 사회정책은 사회문제를 해결하기 위한 논의로 귀결되고, 사회정책의 대상이 되는 사람들은 문제집단이 된다는 것이다. 반면에 제도적 재분배모델은 개인이나 가족에 대한 가치평가와 무관하게 사회에서 필요한 욕구를 충족시키기 위한 사회적 서비스를 수단으로 하고 있기 때문에 사회문제나 사회병리적 관점에서 사회적 서비스를 다루고 있지 않다는 것이다.

5. 복지사상에서 복지국가론으로

서구 복지이념은 초기 복지에 대한 종교적 관심에서부터 "구빈법"을 거쳐 점차 사회정책으로 구체화되었다. 그러므로 20세기에 들어서서 복지문제는 사회정책의 문제로 인식되었다. 이와 더불어 복지국가의 형성과 유형에 대한 정치사회학적 논의나 정치경제학적 논의가 대거 등장했다. 이러한 논의는 복지문제가 단순히 사상의 문제가 아니라 과학적인 연구의 대상이 되었다는 것을 보여주는 것으로, 이전에 이루어진 복지에 관한 것과는 전혀 다른 논의가 전개되기 시작했다. 이미 영국에서처럼 법률개정이나 중요한 정책전환을 하기 위해 대규모 경험적 조사가 실시되면서 실태에 대한 파악이 선행되었지만, 조사결과에 대한 엄밀한 분석은 이루지 못했다. 비버리지, 마셜과 티트머스 등에 의해 복지에 관한 논의가 보다 체계적으로 발전하기 시작한 이후 1970년대 들어서 복지에 관한 논의는 대규모 연구프로젝트의 형태로 진행되었다. 오늘날 사회복지에 관한 다양한 논의는 사회과학적 분석을 통한 논의에 의해 주도되고 있다.

그러나 사회과학적 논의가 가치나 믿음과 완전하게 별개로 이루어진 것은 아니다. 조지와 월딩(Vic Goeorge and Paul Wilding)이 언급했듯이, 복지이념을 둘러싼 이견과 대립은 지금까지도 아주 첨예하게 전개되고 있다(George and Wilding, 1994: 10-14). 복지국가 담론은 크게 복지국가 자체에 대한 긍정적 평가와 부정적 평가로 나누어질 수 있다. 긍정적 평가는 주로 사회민주주의 이론가들이나 일부 사회주의자들에 의해 제시되었으며, 부정적 평가는 주로 마르크스주의자나 (신)자유주의자들에 의해 제시되었다. 여기에서는 사회민주주의 복지국가론으로 평가되는 권력자원 모형과 마르크스주의 복지국가론을 살펴본다.

1) 복지국가론 I: 권력자원 모형

권력자원(power resource) 모형은 스웨덴의 사례를 토대로 형성된 사회민주주의적 복지국가론의 한 형태이다. 민주적 자본주의사회에서 권력자원은 정치적 권력자원과 경제적 권력자원으로 구분되며, 경제적 권력자원은 주로 자본가계급에 의해 독점되었지만, 정치적 권력자원은 동원 가능한 조직력에 기초하기 때문에 노동계급의 조직력에 크게 의존한다는 것이다. 대표적으로 월터 코피(Walter Korpi)는 민주적 자본주의사회에서 결국 시장논리와 정치논리의 투쟁결과로 복지국가의 발전 여부가 결정된다고 보고, 스웨덴의 경우 노동계급의 조직력이 대단히 크기 때문에 정치논리가 시장논리를 압도해 복지제도가 발전하게 되었다고 주장했다(Esping-Anderson, 1985; Esping-Anderson and Korpi, 1984: 79-208). 복지제도는 국가가 노동계급을 통제하기 위해 등장했다기보다는 노동계급이 투쟁을 통해 얻어낸 성과라고 본다는 점에서 노동계급의 조직력이 크면 클수록 복지국가는 더 잘 발달한다고 주장했다. 이것은 좌파 사회민주주의의 입장이라고 볼 수 있다. 이러한 주장은 월터 콜피의 다음과 같은 주장에 잘 요약되어 있다.

> 대부분의 임금노동자들은 시장의 기능, 분배영역에서 시장의 범주를 수정하고, 나아가 사회적 권리와 사회적 시민권을 확대하기 위해 정치적으로 개입하는 데서 다른 사회집단보다 더 큰 이해관계를 가지고 있음을 가설로 제기할 수 있다. 또한 시장에 대한 입장이 더 유리한 사회집단은 큰 관심을 가지고 이런 시도에 저항한다고 추정할 수 있다(Korpi, 312-313).

좌파 사회민주주의의 주장은 크게 세 가지 특징이 있다. 첫째로 복지국가는 노동계급의 투쟁과 좌파정당의 지배를 통해 이룩된 산물이라고 주장한다. 사회민주주의자들에게 국가는 자본가

계급의 지배를 위한 수단이 될 수도 있지만, 노동계급 정당이 국가를 장악했을 경우 노동계급의 이익을 확대하기 위한 수단이 될 수도 있다는 도구주의적 국가론을 바탕으로 하고 있다. 둘째로 복지국가는 자본주의로부터 사회주의로 나아가는 단계라고 주장한다. 노동계급의 힘과 좌파정당의 정책을 통해 점진적으로 사회주의로 나아가기 위한 다양한 정책이 도입되어 궁극적으로 사회주의체제를 이룩할 수 있다는 것이다(Stephens, 1979: 72-73). 셋째, 이를 위해 노동계급 조직력의 증대와 이에 기초한 좌파정당의 장기집권이 필수적이며, 이를 위해 국가는 노동조합의 조직력 강화를 돕는 친노동정책을 펴고 조직된 노조는 좌파정당의 사회적 지지기반이 되는 헤게모니 형성과정이 성공적으로 이루어지면, 자본주의체제 내에서 사회주의로의 이행이 가능하다는 주장이다.

요스타 에스핑-앤더슨(Gosta Esping-Anderson)은 사회복지를 시장원리에 반하는 탈상품화(de-commodification)의 과정이라고 보고 사회복지의 발달 정도는 노동력의 탈상품화 정도와 비례한다고 주장했다(Esping-Anderson, 1991). 앤더슨은 『복지자본주의의 세 가지 세계』(The Three Worlds of Welfare Capitalism)에서 복지국가를 유형에 따라 구분하고, 각기 다른 유형은 각기 다른 역사적 과정을 통해 형성되었다고 주장해, 노동계급의 힘에 의한 복지국가 발달논의를 좀더 복합적인 요인으로 설명하고자 했다. 그는 복지국가의 유형을 노동력의 탈상품화 정도, 사회계층화의 형태, 국가, 시장 및 가족간의 관계에 따라 자유주의 복지체제, 보수주의 복지체제와 사회민주주의 복지체제로 구분했다.

자유주의 복지체제(the liberal welfare state)는 노동시장에서 노동력을 상품으로 제공해야 기본적인 욕구충족이 가능한 시장 의존형

자본주의체제이다. 복지혜택은 보통 정도이며, 복지혜택을 받을 수 있는 원칙은 복지가 근로의욕을 낮추어서는 안 된다는 것이다. 국가는 시장에서 제공되는 사적 보험을 강조한다.

보수주의 복지체제(the conservative welfare regime)는 독일과 같이 보수적이고 온정주의적인 국가전통이나 가톨릭 종교전통이 강한 국가에서 형성된 복지체제이다. 시장 효율성과 상품화가 자유주의 복지국가에서처럼 강조되지 않으며 사회적 권리가 보장된다. 그러나 사회적 권리는 기존의 계급체계에 바탕을 두고 있어 복지의 재분배적 기능이 거의 없는 것이 특징이다.

사회민주주의 복지체제(the social democratic welfare regime)는 탈상품화 정도가 높고, 보편주의적 수혜원리에 바탕을 둔 시민권으로서의 복지가 제도화된 국가이다. 복지가 최소한의 욕구충족을 목표로 하는 평등이 아니라 높은 생활수준의 평등을 목표로 한다. 시장이나 직능단체가 아닌 국가가 보편적 시민권을 보장하기 위한 가장 중요한 행위자로 기능한다. 사회민주주의 복지체제는 연대주의, 보편주의 및 탈상품적인 복지국가를 유지하기 위한 비용이 많이 요구되기 때문에 완전고용을 중요한 정책적 목표로 하고 있다. 경제활동인구가 많을수록 복지재정이 늘어나고 또한 실업보험 같은 복지지출이 줄어들기 때문에 완전고용은 대단히 중요한 정책과제가 된다.

에스핑-앤더슨의 복지체제 유형분류에 따르면, 사회민주주의체제는 대체로 노동계급의 영향력이 큰 나라에서 나타났다는 점에서 월터 코피의 주장과 동일하다. 그러므로 권력자원 모델은 스칸디나비아 사회민주주의 모델과 동일한 것이라고 볼 수 있다. 그러므로 지나치게 스칸디나비아의 역사적 경험을 일반화시키고 있다는 비판을 받기도 한다(Pierson, 1991: 32-39). 그러나 미국이나

〈표 3-2〉 복지체제의 유형

자유주의체제	보수주의체제	사회민주주의체제
오스트레일리아	오스트리아	덴마크
캐나다	벨기에	핀란드
일본	프랑스	네덜란드
스위스	독일	노르웨이
미국	이탈리아	스웨덴
영국		

출처: Esping-Anderson(1991: 74).

일본과 같이 노동계급의 조직력이나 정치적 영향력이 약한 나라에서는 복지제도가 제대로 발전하지 못했다는 것과, 이와 반대로 노동계급 조직력이 매우 높은 스칸디나비아지역에서 복지제도가 상대적으로 잘 발달되었다는 사실은 단순히 산업화의 정도나 정당정치 체제만으로 설명될 수 없기 때문에 널리 받아들여지는 논의로 간주되기도 한다.

2) 복지국가론 II: 마르크스주의

자본주의체제에 관한 마르크스의 입장은 전면적인 부정과 혁명을 통한 자본주의 타파였다. 물론 사회주의사회를 위한 전단계로서 자본주의체제의 역사적 성격을 부정한 것은 아니었지만, 자본주의는 개혁되어야 할 대상이 아니라 타도되어야 할 대상이었다. 마르크스주의의 분석이 주로 고전적 자본주의를 대상으로 한 것이었다면, 전후 마르크스주의자들의 논의대상은 사회민주주의자들이 도입한 복지국가 체제였다. 사회민주주의자들이 복지국가를 사회주의로 나아가기 위한 과정이라고 본 반면, 마르크스주의자들은 복지국가는 사회주의로 나아가기 위해 등장한 것이 아니며, 사회주의로 나아가는 첫 걸음도 아니라는 점을 강조한다. 대표적으로 영국의 존 사빌(John Saville)은 복지국가의 발달이 노동계급의 투쟁, 산업자본주의의 필요성, 정치적 안정의 필요성이라는 세 가지 요인에 의해 이루어졌다고 보고, 노동계급의 투쟁 성과라는 측면도 있지만, 오히려 자본주의의 필요성과 정치적 안정의 필요로 복지국가가 등장한 측면이 더 강하다고 주장했다. 영국의 경우 복지는 중산층의 관심사였으며, 지금까지도 사회적 안정과 경제적 효율성 관점에서 복지제도가 중요한 역할을 담당하고 있다고 보았다(Saville, 1957-58).

니코스 풀란차스(Nicos Poulantzas)는 서구국가는 자본주의국가이기 때문에 자본주의적 재생산을 기능적으로 수행하기 위해 복지국가가 등장했으며, 개별 자본가들이 담당할 수 없는 자본주의체제 관리를 위해 이루어진 국가의 역할이라고 보았다(Poulantzas, 1974). 즉 개별 자본가들의 단기적인 이익추구로 인해 발생하는 노동자 착취와 이에 대한 노동자들의 집단적 저항을 약화시키고, 총자본의 안정적 재생산을 위해 국가가 노동계급의 투쟁을 약화시키기 위해 다양한 복지제도를 발전시켰다고 보았다. 그러므로 단기적으로 자본가계급의 이해에 반하는 복지정책을 국가가 장기적인 체제유지 관점에서 실시할 수 있었다는 것이다. 그러나 국가의 기능은 계급으로 나누어진 사회를 통합하는 정치적 기능을 핵심으로 한다.

(그럼에도 불구하고) 국가의 기술·경제적 기능과 이데올로기적 기능은 국가의 전체적인 역할에서 가장 핵심적인 역할을 구성하기

때문에 정치적 기능에 의해 중층 결정된다. 그리고 국가의 전체적인 기능은 사회구성체의 통합(unity)에서 결속(cohesion)을 만드는 요소이다(Poulantzas, 1974: 50-51).

니코스 풀란차스는 사회민주주의 복지국가론자들이 국가의 사회적 기능만을 강조하고, 자본주의 사회구성체 통합에 기여하는 국가의 정치적 기능을 잘못 이해하고 있다고 복지국가론자들을 비판한다. 그는 복지국가는 독점자본주의 단계에서 자본주의국가의 사회정책을 위장하는 용어에 불과하다고 비판한다(Poulantzas, 1974: 193). 즉 복지국가라는 용어 자체가 자본주의국가의 계급적 속성을 은폐하고 있다고 본다.

미국의 정치학자 프란시스 피븐과 리처드 클라워드(Francis Piven and Richard Cloward)도 미국의 복지는 대중적인 시위가 발생해 사회불안이 증폭되었을 때 이를 해결하기 위해 도입되었으며, 일단 사회불안이 해소되면 다시 노동시장 규율을 더 강화시키는 방식으로 전환되어 복지제도가 빈민통제의 목적으로 실시되었다고 주장했다(Pivena and Cloward, 1971). 사회사업이나 공공보건이 주로 노동력 공급차원에서 다루어졌기 때문에 사회사업 문헌들은 복지자본주의 이데올로기로 간주되었다(Pierson, 1991: 54). 미국의 복지 입법은 주로 노동시장과 관련해서 다루어졌으며, 기업이나 납세자들의 이익과 관련해서 복지가 논의되었다고 보았다.

6. 복지국가의 위기와 복지이념의 동요

1) 복지국가 비판론

  서구 복지국가의 위기는 70년대 경제위기에 기인했다. 1973년과 78년 두 차례에 걸친 석유파동으로 서구경제가 갑작스럽게 불황을 겪으면서, 제2차 세계대전 이후 형성된 서구 복지국가들은 재정적 어려움을 겪기 시작했다. 서구 복지국가의 위기는 20세기 후반에 나타나기 시작한 서구 자본주의사회에서 나타난 전반적인 구조적 전환의 한 차원을 보여주는 것이었다.[10] 전후 형성된 복지국가 체제의 동요는 복지정책을 둘러싼 전후의 타협을 와해시키면서 좌우파 정당들 사이의 첨예한 이념대립을 가져왔다. 특히 신자유주의라는 이름으로 복지국가에 대한 공격이 본격적으로 전개되면서, 서구 복지국가 체제는 정치적 쟁점의 핵으로 부상했다.

  서구 복지국가에 대한 우파의 공격은 다양한 영역에서 제기되었다. 신우파(New Right)로 불리는 반복지국가론자들은 단일

---

10) 서구 자본주의사회의 구조적 전환에 관한 논의는 매우 다양하다. 조합주의의 종언, 조직자본주의의 종언, 포스트포디즘, 포스트모더니즘 등 다양한 용어로 표현된 서구 자본주의의 전환은 복지국가의 위기와 더불어 논의되기 시작했다. 이에 대한 논의는 다음을 참조 할 것. Offe, 1985; Lash & Urry, 1987; Piore and Sabel, 1984; Mishra, 1984; Lash, 1990.

한 흐름이 아니며, 크게 세 가지로 구분된다. 개인적 자유와 경제적 자유를 내세우는 자유주의자(libertarian), 국가의 시장개입을 비판하는 신자유주의자(neo-liberal)와 사회의 도덕적 타락을 비판하는 보수주의(conservative)가 그것이다.11) 여기에서는 복지국가 논의와 직접 관련이 있는 신자유주의를 중심으로 우파의 복지국가 비판을 검토하기로 한다.

2) 신자유주의

신자유주의는 매우 폭넓은 정치이데올로기를 포함하고 있다. 정치적 차원의 자유주의와 경제적 차원의 자유주의가 공통점을 가지고 있지만 차이점도 지니고 있었기 때문에, 신자유주의를 둘러싼 논쟁도 여러 가지 혼란을 불러일으켰다. 신자유주의의 핵심 이념은 복지국가로 대표되는 '거대한 정부'에 대한 불신이다. 정부에 의해 집단주의적 방식으로 사회문제를 해결하려는 시도가 '시장체제'가 지니고 있는 자발성과 이에 기초한 효율성을 가로막고 있기 때문에 경제위기가 도래했고 보았다. 이념적으로는 케인즈(Keynes)의 개입국가 이데올로기가 정부의 경제개입을 정당화시켰지만, 경제개입 자체가 자원의 효율적인 분배를 가로막는 비효율성을 증대시켰다고 보았다. 또한 신자유주의자들은 비버리지(Beveridge)의 복지이념이 개인주의, 자기의존성, 경쟁 등을 훼손시켜 사회를 무기력하게 만들었다고 비판한다(George and Wilding, 1994: 16). 경제와 시장에 대한 국가의 개입 대신, 사회복지를 극

---

11) 이에 대한 구체적인 논의는 Elliott and McCrone(1987)을 참조할 것.

대화시킬 수 있는 최상의 조건은 시장을 활성화시키는 것이라고 주장한다. 아담 스미스(Adam Smith)로부터 하이에크(F. A. Hayek)에 이르기까지 자유주의자들이 공통적으로 받아들이고 있는 이념은 시장이 경제적 자원의 최적분배와 사회적 통합을 이끌어 내는 보이지 않는 황금의 손이라는 것이다. 마찬가지로 신자유주의자들도 케인즈식 국가의 경제개입이나 비버리지 복지국가가 낳은 문제를 시장이 해결할 수 있다고 강조한다.

신자유주의의 복지이념은 한마디로 기존의 복지제도를 축소하거나 폐지하자는 반(反)복지이다. 모든 사회문제에 해결방안이 있다고 생각하는 것 자체가 잘못된 것이라고 주장하는 신자유주의자들은 복지국가 개념 자체가 잘못된 경제인식에 근거하고 있다고 주장한다. 대표적으로 데이빗 마스랜드(D. Marsland)는 국가가 모든 사회문제를 해결할 수 있다고 믿는 것은 유토피아적인 사고의 산물이며, '구성주의적 합리성의 오류'(a fallacy of constructivist rationalism)라고 비판한다(Marsland, 1982: 144-50). 구성주의적 합리성의 오류는 국가는 계획에 필요한 모든 정보를 획득할 수 없고, 계획하는 사람들이 원하는 바대로 계획하고 집행할 수도 없으며, 사회가 지니고 있는 복잡성을 인정하지 않기 때문에 발생한다고 보았다(Willetts, 1992: 25).

신자유주의자들의 주장은 보다 근원적으로 부정적인 인간관에 기초하고 있다. 신자유주의자들은 불확실성과 위험이 인간과 사회가 기능하기 위해 필수적인 것이라고 주장하고, 생활의 불확실성과 생존위험을 제거하는 것은 오히려 인간의 본성을 거부하는 것이라고 본다. 조지 길더(George Gilder)는 복지국가의 목적으로 제시되는 삶의 불확실성 제거가 자본주의정신에 위배될 뿐만 아니라 인간의 본성에도 위배된다고 보았다(Gilder, 1981). 예를 들어 실업의 위험으로부터 노동자들을 보호하거나 실업이 되었을 때 실업수당을 제공하는 것 자체가 실업자들로 하여금 실패의 비용을 지불하지 않게 함으로써 오히려 실업자들이 노동시장에 적응하는 것을 가로막는다는 것이다. 국가로부터 복지혜택이 주어지지 않으면, 실업자 당사자들이 스스로 생존하기 위해 자발적으로 일자리를 찾게 된다고 보는 것이다.

신자유주의자들은 국가가 모든 문제를 해결할 수 있다는 믿음으로 인해 국가는 더욱더 해결하기 힘든 부담을 짊어지게 되었다고 보고, 이러한 믿음을 잘못된 것이라고 비판한다. 복지국가론자들은 실제로 해결이 불가능한 사회문제를 해결할 수 있다고 믿는 유토피아적인 사고를 가지고 있기 때문에, 오히려 문제를 더 악화시키고 있다고 비판한다. 대표적으로 미국의 교육학자 네이선 글레이저(Nathan Glazer)는 이 문제를 다음과 같이 언급한다.

> 이와 같이 사회정책은 거의 모든 영역에서 새로운, 그리고 다스릴 수 없는 요구를 만들어 냈다. 사회정책을 단지 문제를 약화시키는 것으로만 보는 것은 환상이다. 모든 정책은 동태적인 면을 가지고 있어 정책이 문제를 확대시키고 문제를 변화시키며, 더 나아가 문제를 만들어 낸다. 그리고 사회정책은 최초의 정책에 뒤따르는 새로운 요구를 적절하게 다루도록 도전을 받는다(Glazer, 1988: 5).

신우파의 주장은 다양하지만, 핵심적인 것은 "더 자유롭고 더 개방적이며 더 경쟁적인 경제를 주장하는 자유주의적 경향과 전 사회를 통해 사회적 및 정치적 권위를 회복하는 데 더 관심을 갖는 보수주의적 경향"을 그 내용으로 한다(Gamble, 1988: 29; King, 1987: 7-27). 오늘날 선진자본주의 경제위기의 원인은 시장실패로 인한 것이 아니라 시장을 대체하는 잘못된 복지정책에 있다는 것이다. 신자유주의적 입장을 대변하는 프리드만은 정부의 역할이 외부의 적과 내부의 국민으로부터 자유를 보호하는 것이며, 법과 질서를 유지하고, 사적인 계약과 경쟁적 시장을 촉진시키는 것이라고 주장했다(Friedman, 1962: 2). 최소국가(minimal state)를 내세운 하이에크(F. A. Hayek)도 국가의 개입은 시장의 왜곡을 낳고 분배적 정의는 법의 지배와 양립할 수 없으며, 사회민주주의 국가가 추구하는 사회정의는 정당화될 수 없는 것으로 사회민주주의자들이 '민주주의'에 잘못된 이름을 붙였다고 주장했다(Hayek, 1982: 86). 그러나 이들의 주장은 복지국가의 위기에 대한 분석이 아니라 복지국가 그 자체를 비판하는 이론이었다는 점에서 복지국가 위기의 원인분석과는 다른 논의라고 볼 수 있다.

신우파의 복지국가 위기론은 구체적으로 서구자본주의 경제위기가 제2차 세계대전 이후 발달한 서구의 복지제도 때문이라는 국가실패(state failure)와 국가과부하(state overload)를 핵심내용으로 하고 있다. 국가실패론은 빈곤이나 불평등의 심화 같은 시장실패를 보완하기 위한 국가의 개입이 기대하지 않은 결과를 낳아 국가 복지정책이 원래의 목표를 달성하지 못한다는 점을 강조한다. 아사 린드벡(Assar Lindbeck)은 조세를 통해 재정을 확보하는 복지국가는 담세자들로 하여금 강도 높은 노동을 꺼리고, 직업이동과 인적 자본 투자유인을 낮춘(disincentive)다고 주장한다(Lindbeck, 1983: 286). 한 걸음 더 나아가 조지 길더는 복지급여가 빈민들로 하여금 저임금을 회피하게 해 스스로 빈곤을 극복할 수 있는 길을 막기 때문에, 스스로 빈곤을 극복하도록 복지급여를 줄여야 한다고 주장했다(Gilder, 1981). 경제적으로는 국가의 복지개입으로 국가부문 종사자의 수가 증가하고 국가부문 지출이 확대되면서 민간부문에 투자될 자원을 흡수하고, 또한 공공부문 고용을 통해 민간부문 노동력을 고갈시키는 기능도 하게 된다는 것이다(Bacon and Eltis, 1976: 16).

국가 과부하론은 유권자와 이해집단의 기대수준 상승과 국가의 문제해결 능력간의 간극이 더 커지면서, 민주주의 확대로 인한 국가의 통치력에 한계가 드러난다는 것이다.[12] 국가과부하 명제를 제일 먼저 제시한 앤소니 킹(Anthony King)은 민주주의가 발달함에 따라 유권자들의 기대가 커지기 때문에 정부가 해결해야 할 문제가 계속해서 커지지만, 정부의 문제해결 능력은 더욱더 약화되기 때문에 유일한 해결책은 유권자들이 정부에 기대하는 기대수준을 낮추는 정치를 해야 한다고 주장했다.

경제학자인 맨큐어 올슨(Mancur Olson)도 앤소니 킹과 비슷한 주장을 펼쳐, 복지국가의 제도적 특성을 분석하면서 정부의 분배개입으로 시장 대신에 국가를 통해 소득을 얻을 수 있는 경우 '분배를 둘러싼 갈등'이 커지고, 결국 경제의 효율성과 경제성장을 떨어뜨리는 '제도적 경색'이 나타나게 된다고 주장한다. 그의 주장은 사회에서 발달한 분배를 둘러싼 집단들이 변화된 환경에 적응할 수 있는 국가의 능력을 떨어뜨리기 때문에, 복지국가는 경제 효율성과 성장에 부정적인 영향을 미치게 된다는 것이다. 그리고 서구의 경제위기는 바로 복지국가의 팽창에서 연유하는 것이기 때문에 복지제도의 과감한 축소와 수혜대상자의 엄격한 제한이라는 고전적인 해결방식이 유일한 경제위기 극복방안이라고 보는 것이다.

---

12) 이러한 견해는 대표적으로 다음을 참조할 것. Bell, 1976; King, 1976; Irving, 1979.

신우파들은 경제위기의 원인을 복지국가에서 찾고 있고, 구체적으로는 복지지출의 지속적인 확대로 인해 파생되는 문제가 경제위기라는 것이다. 그리고 경제위기의 징후로 낮은 경제성장, 높은 실업률과 높은 인플레이션, 재정적자의 증대 등을 제시한다. 이러한 징후를 만들어 낸 것이 시장의 분배기능을 대체하는 국가의 복지정책이라는 것이다. 신우파들의 복지국가 비판은 복지국가로부터의 후퇴가 국가실패로 인한 문제를 어느 정도 해결할 수 있게 하겠지만, 시장실패의 가능성은 여전히 남아 있다는 점을 간과하고 있다. 그 결과 시장실패로 인한 문제를 해결하기 위해 영국의 마가렛 대처(Margaret Thatcher)와 미국의 로날드 레이건(Ronald Reagan)과 같은 신자유주의 정치인들이 집권한 시기에도 영국과 미국의 복지지출은 크게 줄어들지 않았다. 높은 실업으로 발생하는 문제에 국가가 개입해야 했기 때문이다. 이러한 사실은 복지국가의 등장이 경제가 어려웠던 때에 이루어졌다는 점에서 복지국가의 축소나 해체도 단순히 경제적 조건에 의해 설명될 수 없다는 것을 보여준다.

3) 신 좌 파

신좌파의 복지국가 위기에 관한 분석은 복지국가를 산업자본주의 구조 내에서 복지정책을 위치시키는 정치경제학적 분석에 기초하고 있다. 그러므로 복지국가 분석을 특정한 사회정책에 한정시키는 것이 아니라 자본축적과 계급이해를 대변하는 국가와의 관련 속에서 분석한다. 복지국가에 대한 분석은 국가론 논의의 틀 내에서 이루어지기 때문에, 복지정책의 기능과 효과를 중심으

로 논의가 전개된다.13)

　신좌파의 복지국가 위기론도 복지국가가 장기적으로 자본주의 경제를 안정화시키지 못할 것이라고 주장한다. 복지국가는 자본주의경제와 기능적으로 통합된 부분이며, 복지국가의 등장은 대공황과 같은 자본주의 경제위기를 일시적으로 치료했을 뿐 구조적으로 해결하지 못했다고 본다(O'Connor, 1973). 사회민주주의 복지국가론의 비판에 초점을 맞춘 신좌파의 복지국가 위기론은 복지국가의 구조적 속성으로서의 위기를 주장한다. 신좌파의 복지국가 비판론에 따르면 먼저 자본주의체제가 구조적으로 '모순적' 속성을 지니고 있으며, 복지국가의 등장은 이러한 모순을 해결하기 위한 국가개입의 한 형태이며, 이러한 국가개입은 의도하거나 기대하지 않은 새로운 모순을 낳았다는 것이다. 자본주의 경제체제에서 국가의 역할은 한편으로는 자본축적을 원활하게 하기 위해 좋은 투자환경을 만들고 경제성장을 가능케 하는 역할이며, 다른 한편으로는 정치적으로 사회적 갈등을 줄이는 역할을 해야 한다는 것이다.14) 복지국가의 등장은 한편으로 강화되는 노동계급의 압력을 줄이고 다른 한편으로 자본축적을 순조롭게 하기 위한 이중적인 과정이라고 본다.

　제임스 오코너(O'Connor)는 국가가 노동계급의 압력을 약화시키기 위해 복지제도를 도입해 복지지출이 증가하는 경우, 조세증대가 필수적이기 때문에 사적 부문의 투자가 줄어들게 된다고 주장한다(O'Connor, 1973). 그리고 그는 사적 부문의 투자가 줄어들기

---

13) 개괄적인 논의는 Mishra(1984) 및 Pierson(1991)을 참조할 것.
14) 이러한 논의는 대표적으로 O'Connor, 1973; Gough, 1979; Offe, 1984를 참조할 것.

때문에 국가가 징세할 수 있는 조세원이 줄어들어 장기적으로 '재정위기'가 도래할 것이라고 보았다. 그리고 그는 현실적으로 등장하는 재정적자가 이러한 징후의 일부라고 본 것이다. 이러한 재정적자는 사회계급과 집단들이 더 낮은 세금과 더 많은 정부지출을 요구하기 때문에 더욱 심각한 재정적자 상태에 이르게 된다는 것이다. 즉 시장실패(market failure)를 해결하기 위한 국가의 복지제도가 새로운 모순을 초래해 결국 정부실패(government failure)를 야기한다는 것이다.

클라우스 오페(Claus Offe)도 자본주의국가는 경제개입을 통해 자본축적 과정에 기능적인 역할을 하면서 동시에 국민 다수로부터의 정당성을 얻기 위해 개입 자체를 은폐해야 하는 모순적인 역할을 한다고 주장한다(Offe, 1982: 7-17). 그는 국가가 재정적으로 경제에 의존적이기 때문에 자본축적을 원활하게 하기 위해 경제 개입을 하지만, 국가가 시장기능을 대체하면서 국가 관료조직의 논리(관료적 규칙, 목적적 행위와 합의형성)가 효과적인 경제정책의 형성에 장애가 되기 때문에, 국가의 개입이 경제를 활성화시키지 못한다고 주장한다.

클라우스 오페나 제임스 오코너와 달리 아이언 고프(Ian Gough)는 국가 자체의 내부적 속성 대신에 국가·자본·노동간에 이루어지는 조합주의적 정책결정 체계에서 복지국가의 위기가 연유한다고 본다(Gough, 1979). 그는 '사회통제'(social control)와 '사회적 임금'(social wage)이라는 복지국가의 두 가지 역할이 자본주의 모순을 극복하지 못한다고 주장했다. 그 이유는 조합주의체제 내에서 노조가 개별 노동자의 임금인상 대신 사회적 임금을 받아들일 경우 이는 세금의 증가를 통해 가능하며 결국 자본축적에 장애를 일으킬 것이고, 자본축적을 위해 사회적 임금을 낮출 경우

기층노동자들의 불만을 무마하기 위해 노동임금의 상승이 불가피하기 때문이라는 것이다. 결국 조합주의체제 내에서 사회적 임금이 보다 큰 비중을 차지하게 되어 자본주의 경제위기의 한 원인이 되었다는 것이다. 또한 그는 영국의 사례를 통해 완전고용, 실업보험 도입, 사회보장제 확대 등이 노동계급의 지위를 향상시킨 반면, 기업이 극심한 국제경쟁에 직면해 이윤이 낮아졌기 때문에 투자조건이 악화되고 성장이 둔화되었다고 본다.

신우파와 신좌파의 공통점은 복지제도를 통한 국가의 경제개입이 복지국가 자체의 위기를 야기한 중요한 원인이 되었다는 것이다. 신좌파가 복지국가를 노동계급의 성취 혹은 노동계급의 위협에 대한 대응이라고 보는 점에서 복지국가 비판과 동시에 복지국가가 이룩한 공을 인정하는 반면, 신우파는 복지국가의 탄생 자체를 잘못된 것으로 본다는 점에서 큰 차이를 보이고 있기는 하지만, 복지국가의 위기를 진단한 내용은 매우 유사함을 보이고 있다.15) 구체적으로 복지국가 위기의 징후로 높은 실업률, 높은 인플레이션, 저성장률 및 만성적인 재정적자를 들고 있는 점도 신우파와 신좌파에서 공통적이다. 이러한 징후가 경기순환과정이 아니라 회복 불가능한 보다 구조적인 경제위기의 징후라고 보는 점에서도 공통적이다. 다시 말해 신우파와 신좌파 모두가 정부의 시장개입이나 시장대체가 시장실패를 치유하지 못했다는 정부 실패론을 공통적으로 주장하고 있는 것이다.

물론 복지국가 위기를 해결하기 위한 대안에서 신우파와 신좌

---

15) 앨버트 허쉬맨은 오코너나 하버마스의 복지국가 비판론이 보수주의자들에 의해 받아들여졌고, 보수주의자들에 의해 이루어진 통치 불가능성 혹은 국가과부화 논의를 뒷받침했다고 밝히고 있다(Hirschman, 1986: 164-165).

파는 근본적인 차이를 보이고 있다. 신우파는 국가의 후퇴, 시장의 회복을 내세우는 반면, 신좌파는 현재와 같은 정치경제체제에서 시장으로의 복귀는 더 심한 정당성의 위기를 가져오기 때문에 불가능하며, 시장의 회복을 통해 대공황의 예에서처럼 장기적으로 자본주의 경제위기의 해결을 기대할 수 없다고 본다. 오직 후기자본주의 자체의 구조적 위기는 자본주의체제 자체의 변화를 통해서만 해결이 가능하다고 보고 있다.

이론가들에 의해 제기된 복지국가 위기에 대한 정치적 대응은 전혀 다르게 나타났다. 전후 서구사회에서 1970년대 중반까지 복지지출의 절대액과 GDP에서 복지지출이 차지하는 상대적 비중이 동시에 급격하게 증가했지만, 70년대 후반부터 증가속도가 둔화되거나 혹은 정체되었다(Fiedmann, Gilbert and Sherer, 1987: 282-284). 그러나 독일을 제외하고는 90년대 사회보장 지출이 70년대보다 낮아진 국가는 없다. 더구나 80년대 초 영국의 대처나 미국의 레이건이 취한 복지정책의 전면적 축소는 그 당시 유럽대륙 국가에서는 일어나지 않았다(Einhorn, and Logue, 1989: 264). 대체로 영국이나 미국의 경우에도 사회보장 지출은 큰 변화를 보이지 않았고, 80년대 초반 사회보장 지출이 크게 줄어들었으나 90년대에 들어와 복지지출이 다시 이전의 수준보다 더 높은 비율로 증가했다. 영국의 경우 사회보장 지출은 대처 집권 후반기인 1987년과 89년 사이에 급격하게 축소되었으나, 1990년부터 다시 이전 수준으로 회복되었다. 실제로 복지와 관련해서 변화가 이루어진 부분은 복지지출 비율이 아니라 복지서비스 혜택의 축소와 복지 수혜기준이 엄격하게 된 것이었다. 거시경제정책이나 노사관계와 비교해 볼 때, 영국이나 미국에서 나타난 복지정책의 축소는 오히려 대단히 제한된 범위에서 이루어졌다(Pierson, 1994: 4-5).

이러한 결과는 단순히 경제위기로 인해 복지지출이 대폭 삭감되어 '복지제도의 축소'가 일어난 것이 아님을 보여준다. 복지국가에 대한 비판이 제기되던 시기 영국과 미국에서 나타난 변화는 '복지제도의 대폭적인 축소'가 아니라 '복지제도 내 프로그램상의 개편'이었다. 유럽대륙 국가들의 경우도 80년대 중반 복지제도에 대한 개편이 시도되었으며, 이는 주로 노령인구 비율의 지속적인 증가로 인한 복지비용 증가를 해결하기 위한 시도였다(ILO, 1989: 89-93). 일단 복지지출 규모와 복지제도상에 큰 변화가 없었다는 사실에서 복지국가 위기론이 경험적으로 타당한 주장이 아니라는 점을 지적할 수 있다.[16] 폴 피어슨(Paul Pierson)은 이러한 점을 다음과 같이 명쾌하게 요약하고 있다.

> '복지국가의 위기'에 관한 논의가 20년 전에 시작되었다. 그 사이에 국제체제, 경제조직의 구조, 정부의 외관, 노동과 자본간의 힘의 균형, 국민국가의 능력에서 극적인 변화가 있었다. 그럼에도 불구하고 복지국가는 지속되었다(Pierson, 1994: 179).

복지국가 체제는 가장 해체하기 어려운 유럽 역사의 산물이다. 단순히 경제논리에서 복지국가가 형성된 것이 아니기 때문에, 경제불황으로 복지국가 체제의 약화나 해체를 기대하기는 힘들다. 유럽 대부분의 국가에서 복지국가는 경제가 어려운 시기에 정치적 목적으로 등장했다는 점이 강조될 필요가 있다.

그러나 복지국가 체제에 변화가 전혀 없었던 것은 아니다. 이러한 변화는 크게 두 가지로 나타났다. 첫째, 노동과 복지를 연

---

16) 이러한 결론은 Alber(1988: 181-207); Stephens(1996: 32-65)를 참조할 것.

계시키는 노동복지(workfare) 체제가 도입되어 노동과 무관하게 제공되던 복지혜택이 점차 노동과 연계되는 경향을 보여주었다. 이러한 변화추세는 전쟁국가(warfare state)에서 복지국가(welfare state)로, 그리고 노동복지국가(workfare state)로의 변화를 보여줄 것인지는 분명치 않지만, 유럽의 복지국가 개편과정에서 노동과 복지를 연계시키는 방식이 강조되고 있다. 결과적으로 이것은 노동력의 탈상품화 대신에 직업훈련과 노동시장 참여를 강화시키는 것이기도 하다.

7. 21세기 복지이념

1) 복지국가 전환에 대한 인식

서구 복지국가에 대한 찬반론은 다양한 이념적 스펙트럼에서 다양하게 제시되었다. 그리고 전후 역사적 시기마다 복지국가의 위기와 개혁을 둘러싼 인식들이 존재해 왔다. 이미 70년대 후반 복지국가 위기론이 제기되기 이전에도 복지국가의 미래에 대한 부정적 인식들이 나타났다 사라졌다. 영국의 역사학자 아사 브릭스(Asa Briggs)는 복지국가에 대한 열정과 복지제도의 확대과정에 있던 1950년대 후반에도 복지국가 위기론이 이미 등장했다고 지적한다.

모든 진영에서 쓰여진 최근의 저작들이 '복지국가'를 이루는 데

고무적이었던 이상이 지금 더 이상 보편적으로 공유되지 않는다는 점을 충분히 보여주고 있다. 완전한 '시민권의 평등'에 기초한 포괄적인 '복지국가' 개념은 더 이상 보편적인 동의(혹은 겉치레 찬양)를 받지 못한다. 반복되는 재정위기의 배경에 반대해서 '서비스를 위한 지불'이 '모든 사람들의 공정한 몫'이라는 정치적 슬로건을 대체했다(Briggs, 1961: 221-258).

50년대 학자들이 복지국가를 어떻게 인식하고 있었는가에 관한 아사 브릭스의 관찰은 모든 이론가들이 자신들이 살고 있는 역사적 시기에 대한 관찰에서 그다지 객관적이지 못하다는 것을 보여줄 뿐만 아니라, 실제로 역사 전개과정에서 급격한 변화나 제도의 전환이 이루어지기 힘들다는 역사적 사실도 보여주고 있다. 이것은 앞 절에서 살펴보았던 복지국가 위기론에서도 잘 드러난다. 70~80년대 풍미했던 좌우파의 복지국가 위기론과 복지국가 비판으로 복지국가가 지구상에서 사라질 것 같은 느낌을 주었지만, 유럽의 복지국가는 여러 가지 변화를 겪으면서도 오늘날 유럽국가의 핵심적인 제도로 유지되고 있다. 그러나 핵심적인 서구의 제도로서 복지국가 체제도 변화를 겪어 왔고 또한 앞으로도 변화를 겪을 것임은 자명하다.

향후의 복지이념과 관련해서 20년 전에 제시된 미래의 복지체제에 관한 논의가 시사점을 던져 준다. 미국의 정치학자 휴 헤클로(Hugh Heclo)는 서구의 복지제도 변화를 다음과 같이 기술했다 (Heclo, 1982: 384).

  1. 민주적 복지국가는 지난 100년 동안 3단계를 거쳐 발전해 왔다. 각 단계는 각기 다른 방식으로 정치, 경제와 사회정책을 연결시

켰다.
2. 특히 전후 경제성장과 같은 기대하지 못한 상황 때문에 최근의 복지국가는 특이하고 지속 가능하지 않은 상태를 보여주었다.
3. 결과적으로 민주적 복지국가의 재정의가 불가피하다.
4. 그러나 변화는 간단하거나 일방적이지는 않을 것이다. 특히 변화는 정부 과부화론, 재정위기, 복지축소와 조세저항에 관한 인기 있는 이론들을 단순히 반영하는 것은 아니다.

그보다는 새롭게 등장하는 재구축은 민주적 복지국가의 발전에 항상 깔려 있는 기본적인 가치를 실현시키기 위한 새로운 수단을 찾으려는 투쟁을 포함할 것이다.

휴 헤클로가 20년 전에 관찰한 내용은 21세기 오늘의 유럽 현실에서도 타당하다. 그러나 휴 헤클로가 관찰하지 못한 새로운 요구와 새로운 주장이 80년대부터 본격적으로 등장했다는 점도 우리는 주목할 필요가 있다. 다시 말해 70년대 말부터 복지국가 위기론이 등장하면서, 복지국가에 대한 비판과 대안적 복지국가 이념이 제시되기 시작했다. 이러한 비판은 단순히 신자유주의나 신좌파에 의해 이루어진 비판과는 다른 차원의 논의로서, 남성 중심적, 생산 중심적 복지체제에 대한 새로운 비판에 근거하고 있다. 새롭게 등장한 복지국가 이념은 복지국가와 서구 복지국가의 기본이념에 도전하는 페미니즘과 환경주의를 포함하고 있다. 80년대 이후 등장한 복지이념은 한편으로는 신자유주의같이 기존 복지제도의 축소를 주장하기도 했지만, 페미니즘과 환경주의같이 경제적 차원에 한정된 복지를 인권, 환경권 차원으로 확대할 것을 주장하는 대안적 복지이념도 등장했다. 또한 앤소니 기든스(Anthony Giddens) 같은 학자들에 의해 기존의 유럽 복지국가

체제에 대한 신자유주의자와 신좌파의 비판을 고려한 제3의 길도 모색되고 있다. 이러한 점에서 유럽의 복지사상은 또 하나의 전환을 보여주고 있다고 할 수 있다. 이러한 논의는 복지과잉에 관한 비판이 아니라 복지국가의 불완전성에 대한 비판이라는 점에서 이전의 비판과는 근본적으로 다르다.

2) 페미니즘

80년대 페미니즘이 폭발적으로 성장하면서, 복지국가 논의에 관한 페미니스트들의 개입도 크게 증가했다. 주로 서구사회에서 여성과 복지국가의 관계에 관한 논의에서 출발한 페미니스트들의 복지국가 비판은 너무도 다양하게 전개되었기 때문에 하나의 통일된 관점을 추론하기 힘들다.[17] 그렇지만 이전의 복지국가 비판과는 다른 몇 가지 특징을 보여주고 있는 것은 사실이다. 크리스토퍼 피어슨(Christopher Pierson)은 이러한 특징을 세 가지로 정리하고 있다(Pierson, 1991: 69-70).

1. 페미니스트의 복지국가 분석은 성에 따라 다른 효과를 가져온 복지국가에 대한 분석이다.
2. 페미니스트들은 복지에 대한 평가를 공식적인 경제를 넘어 가정 내에서의 생산과 재생산의 영역으로까지 확대시켰다.
3. 남성의 통제하에서 복지국가는 여성에 의해 만들어졌고 여성에

---

[17] 대표적인 것으로 Joan Acker, 1988: 473-497; Dale and Foster, 1986; Pascall, 1986; Pateman, 1989: 231-260; Shaver, 1989: 91-108; Williams, 1989; Sainsbury, 1992; 테레사 쿨라빅 외, 2000을 볼 것.

의해 소비되었다.

이러한 특징은 페미니스트들이 복지국가를 남성과 자본을 중심으로 발전했다는 점을 공통적으로 받아들이고 있다는 것을 함의하고 있다. 가부장적 복지국가에 대한 페미니스트들의 비판은 페미니즘의 관점에 따라 다르게 분석되고 있지만, 내용적으로 유사한 주장을 제시하고 있다. 자본주의 형성과정에서 국가는 가족 내에서 가부장적 처분권을 약화시켰지만, 전체 사회에서 가부장적 지배구조를 유지하고 있다고 한다. 즉 가족적 가부장제(familial patriarchy)에서 국가 가부장제(state patriarchy)로의 이행이 이루어졌다는 것이다(테레사 쿨라빅, 2000: 39). 복지국가에 대한 페미니스트들의 이러한 비판은 캐롤 브라운(Carol Brown)의 표현에서 압축적으로 제시되었다. 즉 복지를 제거하거나 축소하는 것이 '사적 가부장제'를 부추기는 것이라면, 단순히 복지를 옹호하는 것은 '공공적 가부장제'를 강화시키는 것이라는 것이다.

에스핑-앤더슨의 탈상품화 논의에 대한 페미니스트들의 비판도 여러 형태로 제기되었다. 공통적으로 나타나는 비판은 가사일과 보살피는 일, 임금노동에 대한 접근 가능성 등을 기준으로 하여 남성노동자와 여성노동자 사이에 성별에 따른 차이가 있다는 점을 간과함으로써 모든 노동자들에게 동일하게 탈상품화 논의가 적용되는 것을 보고 있다고 지적하고 있다. 암묵적으로 남성노동자들을 전제로 해서 이루어지는 사회민주주의 복지국가에 대한 논의도 이러한 성별 관계를 고려하지 않은 논의라고 비판되고 있다. 그리하여 앤 올로프(Ann Orloff)는 에스핑-앤더슨의 탈상품화 논의에 '유급노동에 대한 접근'(access to paid work)과 '자율적인 가구를 형성하고 유지할 수 있는 능력' 두 가지 차원을 추가해야 한다고 보았다(Orloff, 1993: 303-328).

스칸디나비아 복지국가에 대한 비판적 논의를 제기하고 있는 조안 애커(Joan Acker)는 스웨덴이 강력한 노동조합과 사민당 장기 집권을 통해 상당한 수준의 복지체제를 구축했으나, 매우 심한 노동시장에서의 성적 직무분리와 가사와 가족 내에서의 전통적 성역할의 차이 존속으로 인해 스웨덴 여성의 종속적 지위가 크게 바뀌지 않고 있다고 지적하고 있다(조안 애커, 2000: 231-251). 다이앤 세인즈버리(Diane Sainsbury)도 스칸디나비아 복지제도가 가족 이데올로기와 남성과 여성의 성별 분업을 전제로 한 남성가장 중심모델이라고 규정하고, 이러한 내용이 가족법, 사회법, 노동법, 조세제도로 명문화되어 있다는 점을 지적하고 있다(Sainsbury, 1992: 41).

스웨덴의 경우 국가가 제공하는 탁아, 출산휴가, 자녀수당 등 복지제도의 덕택으로 여성의 경제활동 참여가 크게 증가했다. 1986년 25세부터 54세까지의 여성 가운데 89.9%가 경제활동에 참여하고 있고, 7세 이하의 자녀를 둔 여성 가운데도 85.6%가 경제활동에 참여해 서구에서 가장 활발한 여성의 경제활동 참가를 보여주고 있다. 그러나 대부분의 남성은 전일제 노동을 여성은 시간제 혹은 파트타이머로 노동하고 있어 성별 차이에 따른 노동형태의 차이가 대단히 뚜렷하게 유지되고 있기 때문에, 스웨덴의 경우 복지정책을 통해 남녀차별이 해소되지 않았다는 것이다.[18] 자본주의 노동시장에 대한 접근에서 남성과 여성의 차이가 줄어들고 있지 않으며, 여성은 주변적인 노동을 중심으로 하는

---

18) 노동시장에서의 남녀차이에 대해서는 Ruggie(1984 ch. 4 및 ch. 6)를 참조할 것.

제2차 노동시장에 집중되고 있기 때문에, 남성과 여성의 임금격차도 크게 줄어들고 있지 않다는 것이다. 더구나 탈상품화의 주요 내용으로 제시된 부모 양육휴가의 경우도 임금상승이 근속에 의해 영향을 받기 때문에 여성들의 소득능력을 감소시키는 효과를 보인다고 비판한다. 즉 남성중심으로 조직되어 있는 경제활동과 가사노동이 유지되는 한, 외형적인 국가의 복지제도가 여성차별 문제를 해소시키기 힘들다는 것이다.

페미니스트들의 성별체제를 바탕으로 한 복지국가 논의는 복지국가의 성차별적인 속성을 잘 보여준다. 예를 들어 에스핑-앤더슨에 의해 보수주의와 사회민주주의 복지체제로 각각 분류된 영국과 노르웨이는 성차별적 체제라는 관점에서 동일한 속성을 보이고 있다. 부양자모델에 따라 복지국가를 구분한 제인 루이스(Jane Lewis)의 논의도 독일을 수정된 부양자모델, 스웨덴을 약한 부양자모델, 아일랜드를 강한 부양자모델로 구분해 여성이 어머니, 취업자, 시민으로서 복지제도에서 배제되는 방식이 국가에 따라 달라짐을 보여주고 있다(Lewis, 1992: 73-91). 이러한 논의는 지금까지 남성중심적 관점에서 제시된 복지국가 담론을 여성의 관점에서 비판적으로 재구성함으로써 가부장제적 복지국가 체제에 대안적인 이념과 제도를 요구하고 있다.

서구에서 여성은 복지국가의 가장 큰 소비주체이다. 먼저 빈곤층의 절대다수가 여성 단독가구이며, 출산, 육아, 아동수당 등 대부분의 복지프로그램이 여성을 대상으로 하고 있다.[19] 그러나 기

---

19) 예를 들어 미국의 경우 아동이 있는 가족에 대한 지원(AFDC)을 받는 가구의 81%가 여성이 가장인 가구이며, 공공주택과 주택보조를 받는 가구의 70%가 여성이 가장인 가구이다(Frazer, 1989: 107).

존의 복지국가 담론에서 이러한 복지제도가 지니고 있는 성별성(gender)의 문제는 크게 부각되지 못했다. 페미니스트들의 대안적인 복지담론은 이러한 의미에서 복지국가 담론에 대한 근본적인 문제점을 지적하고 있다고 볼 수 있다. 21세기 복지이념은 필연적으로 성별성의 문제를 중요하게 고려하지 않을 수 없다. 성차별적인 요소를 기존의 복지국가 체계로부터 제거하는 것은 근본적으로 새로운 복지국가 모델을 필요로 하는 것이다.

3) 제3의 길

유럽사회는 사회민주주의 성향의 좌파와 신자유주의를 내세우는 우파로 크게 양분되었다. 전후 유럽은 바로 이들 두 세력간의 정치적 경쟁과 대결로 특징지어진다. 그러나 이들 양대 정치이념의 한계가 노정되면서 새로운 대안을 모색하는 논의가 대두되고 있다. 영국의 사회학자 앤소니 기든스(Anthonly Giddens)에 의해 제시된 '제3의 길' 담론은 기존의 서구 사회민주주의 체제(기든스는 이를 구사회민주주의라고 부름)와 신자유주의(신우파)를 뛰어넘는 혁신 사회민주주의의 대안적 이념과 체제구상을 제시하고 있다. 기든스는 이를 새로운 제3의 길이라고 부르고 있다.[20]

---

20) 제3의 길은 역사적으로 다양한 의미를 지니면서 변해 왔다. 1937년 미국의 신문기자 차일드(Marquie Child)가 스웨덴의 사회민주주의 체제를 서구식 자본주의도 동구식 사회주의도 아닌 또 다른 사회체제라고 보고 이를 '제3의 길'이라고 불렀다. 여기에서 제3의 길은 계급간 불평등을 필연적으로 양산하는 시장자본주의 체제와 비민주적인 방식으로 평등주의만을 실현시키려는 국가사회주의 대신에, 민주적인 방법으로 국

제3의 길 논의가 전제로 하고 있는 것은 복지국가 자체에 관한 것은 아니며, 오히려 전체 서구 산업자본주의 사회체제의 변화와 관련되어 있는 역사적 전환이다. 산업혁명 이래 사회를 조직하는 원리로 작동했던 단순 근대화가 더 이상 적합하지 않은 새로운 사회조직 원리가 나타나고 있다. 그 결과 더 이상 중앙집권적인 국가에 의해 이루어지는 사회공학이 다룰 수 없는 예측 불가능한 복합성이 증대했으며, 이는 기계적인 사고로 해결할 수 없는 '불확실성의 증대'를 가져왔다는 것이다.

기든스는 전통적인 사회주의가 전지구화 수준이 낮고 사회적 성찰성이 낮은 사회에서 적용될 수 있는 제도로서, 사회성원들의 선호가 단순하고 습관이 획일적인 사회에서 기능할 수 있는 것으로, 계획경제에서 볼 수 있는 '사이버네틱 모형'에 근거하고 있다고 본다(앤소니 기든스, 1997: 82-93). 그는 사이버네틱 모형은 행위자들이 자율적이고 또한 다원화되어 고도로 복합적인 체계를 이루고 있는 현대사회에 기능적으로 적합하지 않은 체계라고 본다. 그 결과 오늘날 사회주의자들이 '과거의 것'을 보전하려는 보수주의자가 되었다고 비판한다. 오늘날 복지국가를 지키려는 유럽의 사회주의자들이 오히려 이제 보수주의의 상징이라고 보는 것이다. 더욱이 그는 생산의 사회화를 통해 자본주의체제의 '불합리성'이 극복될 수 있다고 믿었던 사회주의는 구보수주의처럼 사장되었다고 본다. 경제적 규제에 대한 '사이버네틱 모형'의 효율성 쇠퇴가 사회주의 계획경제 몰락의 원인이었다는 점에서 생산의 사회화모델은 더 이상 받아들여지지 않는 이념이 되었다

가의 시장개입과 복지제도를 통해 부를 재분배해 시장자본주의의 병폐를 제거하려는 사회경제체제를 의미했다.

고 보는 것이다.

　같은 이유로 기든스는 기존의 복지국가 옹호는 더 이상 설득력이 없다고 본다. 서구 사회주의자들에 의해 옹호되고 있는 복지국가의 경우도 개인적인 삶의 완성과 관련되지 못하고 관료화, 복지수혜자의 소외, 국가재정 악화 등의 문제를 야기하고 있기 때문에 복지국가에 관한 논의는 수세적이 될 수밖에 없다는 것이다. 복지국가의 성공이 복지국가를 약화시키는 요인으로 작용한다는 것이다. 전후 복지국가의 취약성은 경제적 효율성과 재분배의 관계가 약하다는 데 있다고 본다. 서구의 복지국가에서 가장 혜택을 받은 집단은 빈곤층이 아니라 중간계급이었기 때문에 경제적 불평등을 약화시키는 데도 실패했다는 것이다.

　앤소니 기든스가 중시하는 것은 발생적 정치이다. 이것은 기존의 사고틀을 전면적으로 변화시켜 서구사회의 문제를 해결하자는 생각에 기초하고 있다. 먼저 복지국가에서 적극적 복지로의 전환이 필요하다는 것이다. 그는 복지가 위기대처 수단으로서 "노동이 중심적 역할을 담당하는 사회원리"인 생산성주의보다 근원적인 삶의 관심과 연결되어야 한다는 것이다. 생산성주의는 노동을 여타의 삶의 영역과 분리시키고 개인적인 삶을 와해시키는 경향을 보여주었기 때문에 생산성주의가 아닌 생산성, 즉 임금노동에 투하되는 시간에 대한 보상이 지향되는 사회가 되어야 한다는 것이다. 이러한 점에서 적극적 복지는 연대성의 보호라는 차원에서 물질적 복지수준뿐만 아니라 복지국가가 간과하고 있는 정신적·감정적 상태도 고려해야 한다는 것이다. 예를 들어 노인문제와 관련해서 기업이 일정 연령의 노동자들을 퇴직시키는 것은 생산성주의에 기초한 것이며, 이들이 겪는 삶의 단절과 자아정체성 훼손 등의 문제를 전혀 고려하지 않은 행동이라는 것이다. 그러므로 복지국가는 퇴직한 노동자들을 비생산적인 인구로 보조하는 것이 아니라 이들이 자율적인 결정에 따라서 일을 선택하도록 해야 한다는 것이다.

적극적 복지에 기초해 앤소니 기든스가 제안하는 보다 포괄적인 대안적 모델은 발생적 평등모델이다. 이 모델의 핵심은 불평등의 약화가 아니라 불평등의 극복을 목적으로 하는 모델이다. 이 모델은 부유층과 빈곤층이 생활양식의 변화를 전제로 해서 '노력의 협상'과 관련된 협약을 맺고 다양하게 등장하는 인위적 위험에 대처해 상호 책임성을 바탕으로 해서 이루어질 수 있다. 생활양식의 변화는 풍요의 이면에 감추어져 있는 복구할 수 없는 환경파괴에 직면해 생활양식을 바꾸고 생산성주의에서 생산성 지향으로 태도를 바꾸는 것을 의미한다. 그리고 부유층과 빈곤층간의 '노력의 협상'은 부유층이 지니고 있는 노동에 대한 태도를 변화시켜 고용기회를 확대시키는 것이다. 여기에서 국가의 역할을 신자유주의자들이 주장하는 일방적 후퇴가 의존성이 아닌 자율성을 창출하는 복지서비스의 공급과 빈곤층과 부유층의 협정을 이끌어 내고 사회적 책임성을 고양시켜야 하기 때문에 다양한 자발적 결사체들과 협조를 해야 한다는 것이다. 정부에 의해 주도되던 복지국가는 시민사회의 자발적인 결사체들이 중심이 되는 복지사회로 대체되어야 한다(Giddens, 1998: 117).

앤소니 기든스는 서구의 복지제도가 안고 있는 또 다른 문제는 도덕적 해이(moral hazard)이며, 이를 해결하기 위해 사회투자국가(social investment state)를 제안하고 있다. 도덕적 해이는 보장을 받는 위험을 새롭게 정의하면서, 자신들의 행위를 변화시키기 위해 사회보장을 이용할 때 발생한다(Giddens, 1998: 114-115). 실업의 위험으로부터 실업자를 보호하기 위해 도입한 실업보험이 실업을 적극적으로 회피하기보다는 실업을 큰 위험으로 인식하지 않게 만들어 실업보험이 실업률을 높이는 결과를 낳는 경우 도덕적 해이가 나타난다는 것이다. 이런 문제를 해결하기 위해 직접적인 경제적 혜택보다는 인적 자본투자를 통해 위험을 회피할 것이 아니라 위험에 적극적으로 대처해야 한다는 것이다. 기든스는 유연한 노동시장과 높은 수준의 복지가 결합된 네덜란드모형을 하나의 대안으로 제시하고 있다.[21]

적극적 복지개념에는 긍정적 요소뿐만 아니라 부정적 요소도 또한 포함하고 있다. 복지를 국가의 영역으로부터 시민사회의 영역으로 이전한다는 것 자체가 국가의 복지서비스 의무를 제거하는 결과를 낳을 수 있기 때문이다. 어떤 사회조직이나 단체도 국가를 능가할 만큼 재정적 능력과 행정조직을 갖고 있지 못한 것이 현실이다. 그러므로 시장에서 발생하는 문제를 해결할 수 있는 유일한 행위자는 아직도 국가이다. 그러므로 복지국가의 관료화에 대한 해결책은 필요한 것이지만, 복지국가 자체의 거부는 바람직하지 않은 결과를 가져올 수 있음에 유의할 필요가 있다.

---

[21] 노동조합이 노동시장의 유연성을 높이는 것에 합의하고, 임금인상 자제와 정리해고를 받아들이며, 국가가 복지에 개입해 적극적으로 시장의 위험으로부터 노동자들을 보호하는 모델로서, 완전고용과 포괄적 복지라는 사회민주주의 모델과는 다른 모델로 평가되고 있다.

8. 맺음말

　유럽의 복지사상은 시혜나 자선이라는 종교적 의미에서 부랑자와 빈민의 통제라는 정치적 목적에서 시작되었다. "구빈법" 전통은 모든 유럽국가에서 빈민을 구제하려는 목적보다는 빈민들을 사회적 불안요소가 되지 않도록 통제하려는 목적에서 시작되었다. 또한 빈민구제도 국가가 담당한 것이 아니라 전통적인 종교기관이나 교구에 맡김으로써 시작되었다.
　자본주의의 발달과 국민국가의 형성이라는 두 가지 근대화과정을 겪으면서 빈곤문제와 복지문제가 점차 중요한 사회문제로 부각되기 시작했고, 이러한 문제의 인식과 해결방법을 둘러싼 이데올로기적인 대립은 18세기부터 현재에 이르기까지 계속되고 있다. 오늘날도 좌파와 우파의 첨예한 대립 가운데 하나가 복지제도를 둘러싼 갈등이다. 이처럼 복지문제는 오늘날 유럽의 정치를 구조화시킨 중요한 요인 가운데 하나가 되었다.
　복지사상은 우리가 살펴본 것처럼 실용적인 정책적 목적과 연결되어 논의되었다. 초기 경제적 자유주의자나 정치적 자유주의자들에 의해 제기된 사회문제로서의 빈곤과 불평등이 점차 핵심적인 정치영역의 문제로 이전되면서 가치체계와 정치적 믿음을 토대로 하는 이념적인 문제가 되었다. 그 결과 복지사상은 민주주의의 발전정도, 국가의 성격, 유권자들의 정치의식, 노동계급의 계급역량 등에 따라 유럽사회에서도 큰 편차를 보였다. 그러므로 복지사상이나 이념은 어느 한 개인의 사상적 체계로 제시된 것이 아니라 정치집단이나 조직의 이념으로 제시되었다.

20세기에 나타난 복지에 대한 새로운 인식은 "구빈법" 전통을 벗어나 복지를 시민권적 권리로 인식하는 복지국가의 출현에 의해 크게 전환되었다. 물론 여러 학자들이 잘 지적하고 있듯이, 복지국가 유형에 따라 복지에 대한 인식이 크게 다르다는 점을 인정하더라고 전후 복지와 복지국가에 대한 인식은 19세기의 것들과는 근본적인 차이를 보였다. 특히 전후 스칸디나비아 사회민주주의 복지국가 체제가 보여준 복지제도는 보편주의적 원칙과 조세를 통한 재원조달을 실현해 윌리엄 비버리지의 이념을 영국보다 더 체계적으로 실현했기 때문에 복지사상과 복지제도가 반드시 일치한 것도 아니었다. 그러나 유럽 여러 나라 사이의 편차를 고려하더라도, 유럽 여러 나라에서 등장한 복지제도는 어느 정도 경향성을 보여주고 있는 것은 사실이다.

유럽의 복지사상은 크게 일곱 가지 흐름으로 요약될 수 있다. 첫째는 20세기 들어서 유럽에서는 특정한 인구집단만을 대상으로 하는 "구빈법" 전통이 사라지고 다수 국민을 대상으로 하는 복지제도 도입이 지속적으로 이루어졌다. 빈민만이 복지의 대상이 아니라 자녀가 있는 남녀 취업자, 그리고 모든 국민을 대상으로 하는 무상 교육제도와 같이 다수 국민이 복지제도의 혜택을 받는 방식으로 복지제도가 확대·발전되었다.

둘째, 초기 유럽의 복지제도 형성과정에서 사회주의자보다는 자유주의자의 기여가 더 컸다. 특히 19세기 말과 20세기 초의 복지 입법과정에서 사회적 자유주의로 불리는 정치적 차원의 자유주의나 자유주의 정치세력의 역할은 매우 중요했다. 영국이나 스웨덴의 경우 복지에 대한 사회주의자의 관심은 20세기 중엽부터 본격적으로 나타났다. 그 이유는 복지제도에 대한 사회주의자의 불신과 부르주아 국가정책에 대한 노동계급의 저항으로 인한 것이었다. 자유주의자에 의해 도입된 복지제도는 잔여적 복지국가의 성격을 띠었다.

셋째, 전후 사회민주주의 정당이 집권하면서 강화된 유럽의 복지사상은 연대주의, 보편주의, 집합주의라는 사회주의이념을 토대로 한 것이었으며, 제도적으로는 제도적 복지국가 형태로 나타났다. 모든 국민들이 사회권적 기본권으로서 국가에 의해 제공되는 복지서비스를 향유할 수 있도록 하는 시민권의 확립을 핵심적 내용으로 하고 있다. 그러므로 사회민주주의 정당의 집권과 이를 가능케 하는 노동계급 조직력이 높은 북구 여러 사회에서 제도적 복지국가가 발전하게 되었다.

넷째, 1970년대 서구 경제위기에 뒤따른 복지국가의 위기와 관련해서 등장한 신자유주의로 대표되는 신우파와 신좌파의 비판에도 불구하고 복지국가 체제는 쉽게 변하지 않는 제도적 관성을 보여주고 있다. 이는 장기간에 걸쳐 복지제도가 만들어 낸 복지 수혜집단뿐만 아니라 복지에 관여하는 대규모 종사자 집단이 형성되어 하나의 '복지계급'을 형성하고 있기 때문이다. 그 결과 정치적 차원에서는 복지제도를 둘러싼 이데올로기적인 대립이 첨예하지만, 실질적으로 복지제도 그 자체는 큰 변화를 보이지 않았다. 복지제도는 서구제도 가운데 가장 해체시키기 힘든 제도로 남아 있다.

다섯째, 그럼에도 불구하고 유럽의 복지제도에 대한 비판적 견해가 새로운 방식으로 제기되고 있다. 페미니스트들의 비판은 유럽 복지국가가 제공한 시민권이 남성중심적인 방식으로 주어졌으며, 그 결과 사회권적 시민권의 확대에도 불구하고 여성의 경제활동 참여방식과 경제적 보상은 크게 개선되지 않았다는 점을 강조하고 있다. 페미니스트들의 가부장제적 복지국가에 대한 비판은 복지국가와 성체계 사이의 관계를 고려하지 않은 결과이며, 복지제도를 통해 가족적 수준의 가부장제는 약화되었지만, 사회 전체 수준의 가부장제는 그대로 유지되는 결과를 가져왔다는 점을 지적하고 있다.

여섯째, 제3의 길 논의에서 제시되는 서구 복지국가에 대한 비판은 국가중심주의적 복지국가에 대한 비판에 근거하고 있다. 중앙정부의 계획과 관리에 의해 사회문제를 해결할 수 있다는 사이버네틱스 모형 대신, 정부 대신 다양한 시민사회 집단이 복지에 개입하는 긍정적 복지(positive welfare)를 모색해야 할 필요가 있다는 것이다. 복지혜택은 경제적 차원뿐만 아니라 심리적 차원에서도 고려되어야 한다. 이러한 지적은 유럽 복지국가 개편과정에서 드러난 탈중앙정부화로 나타났다.

일곱째, 노동과 복지의 연계가 점차 강화되고 있다. 경제불황이 장기화되고, 높은 실업률이 유지되면서, 노동과 복지를 연계시키려는 복지제도 개편이 점차 두드러지게 나타나고 있다. 이러한 경향은 미국의 일부 주에서 나타난 노동복지(workfare)로 나타나고 있는, 복지급여를 노동과 연계시키려는 노력에서 잘 나타난다.

이상에서 제시된 서구 복지사상의 흐름은 한국에 어떤 함의를 던져 주는가? 이 부분에 관한 논의는 제4장에서 본격적으로 다루어질 것이지만, 일단 네 가지 점을 지적해 두고자 한다. 첫째, 한국의 복지제도는 초보적 수준의 잔여적 복지국가 형태에서 벗어나지 못하고 있다는 점을 지적할 수 있다. 이것은 복지제도의 발달 정도가 미미해 특정집단(영세민, 장애자, 독거노인 등)만이 정부에 의해 제공되는 복지서비스를 받을 자격을 갖추었다는 점에서 잘 드러난다. 국민연금이나 의료보험 통합 등으로 점차 잔여적 복지국가 형태에서 벗어날 수 있는 제도가 도입되고 있으나, 아직은 초보단계에 불과해 복지 후진국을 면치 못하고 있는 것이 사실이다.

둘째는 한국의 복지제도를 구상할 때, 서구의 과정을 그대로 답습할 수도 없고, 또한 답습할 필요도 없다는 점이다. 유럽의 복지이념이나 제도가 매우 상이한 모습을 보여주고 있는 이유는 다른 나라에서 실시되고 있는 정책을 모방하기도 하지만, 결국 개별사회의 문화적 전통과 정치적 과정을 통해 그 내용이 결정되기 때문에, 일방적인 모방이나 제도이식이 불가능하고 또한 불필요하다. 유럽에서 일반화된 사회과학적 현실분석과 이에 대한 정책적 대응이 유사함에도 불구하고, 복지제도의 내용은 차이를 보이고 있는 이유는 제도는 모방이 어렵기 때문이다.

셋째, 두번째 문제와 관련해서 복지국가 유형론에서 제시된 다양한 복지국가는 경제적 속성보다는 정치적·문화적·종교적 전통에 큰 영향을 받았다는 점이다. 티트머스나 에스핑-앤더슨의 세 가지 복지국가 유형에서 제도적 혹은 사회민주주의적 복지국가는 주로 북구에서 나타난 것이며, 잔여적 혹은 자유주의적 복지국가는 주로 영미권에서 나타났다. 일본의 경우도 잔여적 혹은 자유주의적 복지국가로 분류되었다. 산업성취·업적 혹은 보수주의 복지국가는 주로 유럽대륙에서 나타났다. 이러한 편차는 좌파정당의 지지기반, 노동계급의 조직력, 가톨릭적인 종교전통 등에 영향을 받았기 때문이다. 이러한 점에서 한국의 사회복지 이념과 제도도 어느 정도 이러한 요소에 영향을 받을 수밖에 없을 것이다.

넷째, 한국형 복지이념이나 복지제도의 모색과 관련해서 서구 복지제도가 문제가 있기 때문에 서구식 복지제도를 도입해서는 안 된다는 서구식 복지제도 부정론이 등장하기도 하지만, 이는 실제로 복지제도 자체를 부정하는 반복지 담론으로 귀결되는 경우가 많다는 점에 유의할 필요가 있다. 복지국가 위기를 제기하면서 서구형 복지국가의 문제점을 지적하는 경우, 서구형 복지국가에 대한 부정적인 평가를 넘어서 복지국가 자체에 대한 부정적 평가를 내리는 경우가 많다. 국내의 신자유주의 담론에서 나타나는 이데올로기적 속성은 반복지이며, 서구 복지국가의 위기를 논의의 바탕으로 삼고 있다.

제4장 전통 유교정치사상과 복지국가이념의 융합 가능성

1. 머리말

 21세기 한국의 주요 국가이념 중 하나로 복지국가가 요청된다고 할 때, 한국이 지향해야 할 복지국가의 주요 내용과 성격을 살펴보는 작업이 필요하다. 이에 본 장에서는 그 동안 복지국가의 모델이 되어 온 서구의 복지국가 관념과 전통사회에서 나름대로 사회복지의 역할을 담당해 온 민본주의 관념을 비교함으로써, 한국의 복지국가 형성에 기여하는 방향으로 양자간의 융합 가능성을 모색하고자 한다.
 이에 따라 먼저 21세기 한국정치의 국가적 이념으로서 복지국가를 지향할 필요성을 살펴보고, 그 동안 서구적 복지모델, 제도 및 관념을 수용하는 과정에서 나타난 문제점과 한계를 지적하는 한편, 전통적 민본주의의 사회복지적 측면을 재조명하고자 한다. 이러한 비교는 동·서양 사회복지의 동기 및 이념을 비교하는 한편, 그 동안 사회복지정책 및 제도가 역사적으로 전개되는 동안 국가(정부, 또는 관)가 어떠한 역할을 수행했는가에 대한 비교를 중심으로 이루어진다.

21세기 한국의 복지국가 지향은 한국사회 및 정치의 문제점을 해결하는 새로운 공동체를 모색하는 과정에서 이루어질 것이다. 이에 한국에서 시민사회 형성과정에서 사회복지가 차지하는 중요성을 살펴보는 한편, 새로운 공동체의 주요 내용으로서 공동체적 유대와 신뢰·복지사회의 필요성을 살펴봄으로써, 전통적 사유와 서구적 사유가 융합되는 방향으로 새로운 복지국가의 양상을 전망해 보고자 한다.

2. 21세기 한국의 국가이념과 복지국가

1) 21세기 한국정치의 과제와 복지국가

21세기 한국의 국가이념은 최근 남북한관계의 진전과 화해·협력 분위기의 조성에 따라 장기적으로는 통일을 염두에 두지 않을 수 없으며, 통일국가가 완성될 경우에는 다음에 설명하는 바와 같이 복지가 매우 중요한 의미를 지니게 된다.

통일한국이 추구하는 체제이념적 성격은 민족성원의 자유, 평등 및 복지가 결합됨으로써 인간존엄성의 구현에 두어져야 할 것이다. 자본주의사회에서 자유와 평등은 서로 긴장 또는 대립관계에 있는데, 이는 자유가 부여된 개인간의 경쟁이 사회적 불평등을 야기할 수 있기 때문이다. 그러나 획일적으로 국가가 주도하는 사회주의적 평등은 자유를 억압하는 자유 없는 평등, 또는 노예의 평등이 될 것이기 때문에 통일한국의 체제이념은 자유와 평등을 적대관계가 아니라 상호 보완적 관계로 파악되어야 한다.

자유가 규제받지 않는 무제한적 의미의 개인적 자유를 뜻한다면, 이 자유로 인한 불평등은 공동체의 결속력을 해치게 되기 때문에 자유는 규제를 받아야 한다. 평등은 동등한 대우를 의미하는 절대적 평등이 아니라 능력의 차이를 인정하는 상대적 평등, 즉 배분적 정의를 실현하는 평등이 되어야 할 것이다. 이 경우 자유, 특히 경제적 자유가 공동체의식을 파괴하고 사회의 안녕과 질서에 위협이 될 정도로 불평등을 초래해서는 안 되며, 경제적 평등에 대한 배려가 지나쳐 공동체 발전의 원동력인 개인적 자유를 제한함으로써 공동체 발전의 효율성을 저해해서도 안 된다. 자유와 평등의 조화는 개인과 공동체의 조화를 의미한다. 따라서 개인적 부의 축적과 행복의 추구가 공동체의 선과 조화될 수 있도록 공동체의식을 제고해야 한다.

특히 사회에서 사회성원들의 (비)물질적 재생산이 안정적으로 이루어지기 위해서는 사회성원들의 복지가 향상되고 보장되어야 한다. 민족공동체 구성원들의 복지수준 향상의 필요조건은 생산력발전에 따른 경제성장이며, 충분조건은 사회적 형평성이 보장된 분배구조 확립이라고 할 수 있다. 경제성장 없이는 사회성원들의 후생복지 수준은 향상될 수 없으며, 형평성이 배제된 분배구조는 전체 국민들의 복지수준을 향상시키는 대신 특정계층의 이익에 종사할 것이다. 따라서 지속적인 경제성장과 형평성이 보장된 분배구조가 통일한국을 구성하는 주요 요소가 되어야 할 것이다. 그러므로 통일한국이 지향하는 기본적인 이념적 요소는 자유와 평등의 상호 보완적 관계 속에서 개인과 공동체의 조화를 이루는 가운데, 국가로부터 자유로운 공간을 확보한다는 의미에서 자유와 사회적 평등을 지향하고 삶의 질을 향상시킨다는 의미에서 복지를 상호 결합시키는 곳에 설정되어야 한다.

현대세계 어느 나라에서나 공통적으로 추구하는 국가목표 중 하나를 거론한다면 그것은 복지사회일 것이다. 그것은 자유진영이든 공산진영이든 다 같이 국가목표로 삼고 있다. 오늘날 복지국가는 어느 나라나 공통적으로 인정하는 가치일 뿐만 아니라, 사회복지 생성·발전의 역사 또한 어느 사회에서나 다소간의 흔적을 찾아볼 수 있지만, 모든 민족이 다 같이 각자 고유한 복지이념을 지속적으로 또 만족할 만큼 발전시켜 오지는 못했다. 그래서 오늘날 한국을 비롯한 대다수의 국가가 서구 복지 선진국의 앞선 제도와 여러 방법을 현대에 와서 새롭게 도입하고 배워 오는 입장에 있다. 이렇게 볼 때 사회복지를 이 땅에 도입함에 있어 선진제도를 그대로 모방·이식할 것이 아니라 한국의 문화전통과 사회여건에 맞게 새로운 형태의 사회복지제도를 확립해야 한다는 것은 누구나 쉽게 생각할 수 있는 것임에도, 우리는 이때까지 이 점을 간과해 온 듯한 느낌이다.

사회복지는 각국의 사회·경제·문화적인 전통과 분리해서 이루어지는 것이 아니며, 사회복지도 하나의 사회제도이기 때문에 그 나라의 역사적·사회적 산물인 것이다. 어느 사회나 시대를 막론하고 인간 세상에 갈등과 불만이 없지 않았지만 그때마다 나름대로 해결책이 있어 왔는데, 특히 산업혁명 이후 여러 가지 사회문제에 대해 제시된 해결책이 바로 사회복지제도라 하겠다.

2) 서구적 복지관념의 수용과 전통적 민본주의의 재조명

현재까지 한국사회가 현대화·서구화의 길을 걷고 있지만, 그 역사적 토대나 문화의 심층에는 항상 유교가 자리하고 있으면서 여전히 상당한 영향력을 행사하고 있다. 서구 복지국가 이론을 비롯해서 복지문제에 대한 서구의 관점은 한국사회가 서구사회의 역사적·문화적 경험과 일치하는 부분에서는 설명력이 높겠지만, 전통적인 부분에 대해서는 이론적 적실성이 약할 수밖에 없다. 한편 전통 유교정치사상의 관점은 복지와 관련해서 현대 한국사회의 불평등을 설명하는 데 있어 서구의 불평등이론으로 충분히 설명할 수 없는 부분을 이해하는 데 도움을 줄 수 있다. 예컨대 현대사회에서도 개인의 덕과 인품, 혈연·지연·학연의 연계, 성과 나이 등과 같은 요소가 公·私관계에서 큰 영향을 행사하지만, 서구의 역사와 문화를 토양으로 해서 형성된 계급(층) 이론은 이들 요소를 불평등의 자원으로 제대로 설명하거나 포용하지 못한다. 그리고 현대 한국사회는 자본주의 사회체제하에서 계급간·계층간 접근이 지배적인 사회임에도 불구하고 여전히 전통적인 신분제적 요소가 잔존해 있다(이영찬, 1998).

현대 각국 정부가 당면한 주요 과제 중의 하나가 복지국가의 구현이라 하겠다. 18~19세기 서구에서 대두된 민주주의와 복지국가의 발전과정을 보면, 초기에는 국가와 사회의 구분을 통해 가급적 국가의 개입을 억제하려는 자유방임주의적 성격이 강했다. 그후 서구 각국에서 전개된 계급간 갈등을 완화하고 노동자들의 복지문제에 좀더 국가가 개입해 보장하는 방향으로 민주주의의 주요 내용이 변화됨으로써, 복지문제가 민주주의 발전과도 밀접한 상관성을 갖게 되었다.

사회복지가 산업사회의 구조적 모순과 불평등에 대한 대책으로 발생했으나 전통사회에서의 사회적 위험은 산업사회와는 다른 형태로 나타나고 있다. 과거 농경사회에서의 대표적인 사회적 위험은 '천재지변'으로 이는 간헐적으로 발생하는 예측하기 어려운 위험이었다. 따라서 전통사회에 있어서는 재해구호사업이 가장 중요한 복지제도였으며, 그 형태 또한 간헐적·부분적·일시적인 형태일 수밖에 없었다.

한편 민본주의적 사고에서는 국가가 民의 의식주 등 기본적 생활을 보장하고 보호하는 것을 국가정책의 최우선적 과제로 상정했으며, 조선의 경우를 보더라도 개화기에 이르기까지 많은 지식인들이 제시한 개혁방안의 공통적 내용 중 하나는 民의 의식수준과 생활수준의 향상을 도모하는 것이었다.

전통 유교적 정치사유에서는 '德'이나 '禮'에 의해 정부와 民을 통제해 나가는 '德治主義' 또는 '禮治主義'의 실행이 가장 이상적인 정치모델로 간주되었다. 지배자의 통치방식에 대해 공자가 『論語』, "爲政 第二"에서 德과 禮를 통해 民을 상대해야 함을 주장한 것을 근거로 삼아 이후 유교적 교육을 받은 지식인들은 군주에게 德治主義를 펼칠 것을 강력하게 주장해 왔다.

여기에서 德治主義의 내용과 성격을 좀더 자세히 설명하면 다음과 같다. 정치를 다스리는 데 있어서 覇道와 法治가 정치적·군사적 힘 또는 법률과 규제 등에 의존해 民을 다스린다고 한다면, 德治는 治者의 德化와 民의 자발적인 질서유지, 즉 禮治에 의해 이루어진다. 이때 禮는 개개인의 인격을 교양시키는 역할을 담당할 뿐만 아니라 사회규범의 성격을 띠고 있다. 그러나 이러한 덕치주의는 원래 법가의 현실주의와 道家의 이상주의간의 중용책으로 선택된 것으로서 이것 또한 이상주의적 성격을 띠고 있다(김낙필, 1990: 75-79).

위의 덕치주의에 입각해 당시 조선의 전통적 유학자들은 군주의 修身을 강조해 군주가 높은 덕을 쌓기에 힘쓸 것, 즉 유학의 가르침을 열심히 배워서 몸가짐을 바로 하고 백성들을 위하는 정치를 지향할 것을 건의했다(김현철, 1999. 2: 185-189).

이러한 관념은 개화기에도 계속되어 개화파의 대표적 인물 중 하나인 박영효의 경우를 보면 다음과 같이 민본주의이념을 준거로 삼으면서 복지문제를 거론하고 있다. "1888년 상소문" 전문에서『書經』에서 언급된 '民維邦本, 本固邦寧'라는 구절을 인용하면서 군주에게 먼저 民이 국가의 근본임을 인식시키고 어진 정치를 베풀 것을 촉구했다. 그리고 "1888년 상소문" 전문에서 언급한 박영효의 구상에 의하면, 군주는 民의 즐거움과 괴로움을 함께 하고(與民同樂), 민심을 얻기 위해 仁義의 정치를 펼쳐야 하며, 유교에서 강조하는 '道·義·禮·仁' 네 가지 덕행을 기본적인 자세로 갖출 것이 요청되었다.

또한 박영효 등 개화파는 국가 또는 정부와 개인간의 관계에 있어서 민본관념을 재조명한다. 그 예로 박영효는 정부의 원래 취지와 목적이 民을 보호하고 국가를 지키는 역할(保民護國)을 수행하는 데 있다고 보았다("1888년 상소문" 전문). 그리하여 박영효는 정부의 재정도 保民護國의 목적을 위해 救窮을 포함해 官祿, 治安, 軍務, 營繕, 衛生, 敎育 및 유공자 포상 등의 용도에 지출된다고 보았다("1888년 상소문" 제3조 경제개혁 부분).[1] 이렇게 본다면

---

1) "1888년 상소문"에 나타난 박영효의 민본주의사상과 그 내용에 관한

민본주의이념은 '爲民', 즉 '백성을 위해'(for the people)의 측면이 매우 강조되는 것으로 볼 수 있다(김낙필, 1990: 78-80).

그리고 민본주의 등 전통 유교정치상은 현대 복지국가의 실현에 다음과 같이 시사하는 바가 크다. 첫째, 민본주의이념의 바탕에 깔린 폭넓은 인간애의 정신, 즉 仁의 이념을 재조명해 볼 수 있다. 유학에서 언급하는 '仁'은 본래 두 사람 이상의 관계, 즉 사회관계를 지칭하며 사람들간의 사랑의 관계를 의미한다. 이러한 仁 자체는 시민윤리나 사회정의의 구체적 요건으로 보기는 힘들지만, 시민윤리나 사회정의의 포괄적 근거로 설정되는 측면을 지니고 있다. 그 예로 仁은 인간의 존엄성과 인격의 숭고함을 긍정하고 인간의 자기실현 권리를 승인한다(修己의 측면). 그리고 仁의 이념을 통해 유교사상은 사회와 역사 속에서 인간완성을 강조하고 대중교화를 강조하며(治人의 측면), 나아가 인간애라는 이념 자체가 사회정의를 실현할 수 있는 정의감의 원천이 될 수 있다. 결국 현대 시민사회를 구성하는 개개인이 더욱 높은 인간적 내지 도덕적 가치를 지향함으로써 사회정의가 실현되며 복지사회의 발전도 촉진된다고 볼 때, 유교적 도덕정치 이념도 이 과정에 나름대로 기여할 수 있다(김낙필, 1990: 80-85).

둘째, 민본주의에서는 민생이 안정되지 않으면 사람들이 변함없이 올바른 마음(恒心), 즉 늘 지니고 있는 사람된 도의심을 가질 수 없다고 보았기 때문에, 통치자가 사람들의 생활을 보장하고 이들을 교육시키는 것을 책임져야 한다고 강조했다. 이러한 유교적 사유는 현대사회에서도 여전히 타당성을 지니는 것이다(이광세, 1998: 78).

보다 자세한 설명은 김현철(1999. 2: 169-207)을 참조하기 바람.

따라서 복지국가이념이 제대로 구현되지 못하고 있는 현재 한국정치가 21세기에 들어서 정부 내지 국가중심의 복지정책 실행의 한계를 극복하며, 더구나 최근 경제위기로 많은 어려움에 처한 국민들의 복지문제의 중요성에 대한 지도자들의 각성을 촉구하며 경제·사회윤리를 정립시키기 위해서는 전통적 유교정치이념하에서 민간차원의 복지제도 및 구상을 현대적으로 계승 및 변용해 활용할 필요가 있다.

특히 유교정치 이념에 공감하는 지식인들은 군주를 비롯한 지배계층이 정치의 정당성을 확보하고 국민의 지지와 복종을 얻으려면 무엇보다도 민생의 안정을 추구하는 민본사상에 입각해 정치를 펼칠 것을 주장했으며, 집권층 역시 이를 무시할 수가 없었다. 여기서 현재의 사회복지 측면과 유사한 민생안정이 국가의 주요목표가 되었다는 점은 현재에도 시사하는 바가 크다.

3. 서구 복지국가의 한계와 전통적 구휼제도의 재조명

이 절에서는 동·서양 사회복지 발전과정을 다음과 같이 몇 가지 측면에서 비교함으로써 그 유사점과 차이점을 살펴보고자 한다.

1) 동·서양 사회복지의 동기 및 이념의 비교

오랜 세월 동일한 환경에서 살아온 인간집단은 고유문화를 가지고 있으며, 이를 통해 집단 자체를 보호하고 새로운 문화를 개발해 나간다. 그러므로 사회복지를 토착화시키기 위해서는 사회복지의 기원, 그 이상과 목표, 현실적 가치, 미래의 전망, 그리고 그 방법과 수준 등에 대해 깊은 연구가 있어야 할 것이다. 이러한 연구작업이 진척되기 위해서는 우선 동·서양의 사회복지사상의 바탕이 되는 종교사상 등 가치체계를 비교·검토함으로써 향후 복지정책 수립의 방향을 정립하는 데 시사점을 도출할 수 있다.

먼저 동·서양 사회복지 발전과정을 비교하는 준거틀로 다음을 들 수 있다.

Macarov에 의하면, 일반적으로 사회복지가 발달하는 동기는 크게 상부상조의 정신, 종교적 계명, 정치적 이익추구, 경제적 고려 및 이념적 요인 등으로 요약될 수 있다(박차상, 1999: 19-20). 이 중 종교적 계명과 관련지어서 사회복지사상의 바탕이라 할 만한 인간존중 사상과 그 구체적 규범으로서의 자비, 仁, 사랑의 사상은 기독교나 유교에 있어 다 같이 기본교리로 강조되고 있고, 또 그 개념이 본질적으로 비슷한 것으로 볼 수 있다.

사회복지는 인간의 행복을 전제로 하고 있다. 인간은 누구나 스스로 행복을 추구하는 본능을 타고났을 뿐 아니라 원칙적으로 자신의 행복을 구현할 능력 또한 타고난다는 것이다. 그러나 때로는 스스로 이러한 능력을 상실하는 경우도 있다. 특히 오늘날 같은 복잡한 산업사회에서는 자신의 책임과는 아무런 상관 없이 이러한 능력을 상실하는 경우가 더 많아지게 된다. 이와 같이 개인이 가져야 할 자신의 행복을 구현할 능력이 부족 또는 상실된 경우, 사회 또는 국가는 이를 보충·보완해 주어야 할 책임이 있다는 사상에서 사회복지는 출발한다. 따라서 궁극적으로 인간은 행복을 추구할 수 있고 또 행복해야 할 자격 또는 권리가 있다는 사상에서 사회복지가 출발한다고 하겠다.

 서구에서 생성·발달한 사회복지의 사상은 주로 기독교사상의 영향을 크게 받았다고 해도 과언이 아니다. 기독교에서는 인간을 하느님과 동일시하고 인생의 목표를 하느님과 같이 완전하게 되는 데 두었으며, 기독교의 인간존엄 사상에는 만인평등의 사상이 포함되어 있다. 반면 유교사상에서는 天의 창조주로서의 개념은 분명치 않지만 하늘이 만물을 다스리는 역할만은 분명히 나타나고 있다. 즉 하늘은 인간을 통해서, 특히 왕의 통치를 통해 세상만물을 다스리고 은혜를 베풀고 전달한다. 그런데 왕이 하늘의 뜻을 따르지 못하고 하늘이 원하는 바를 실행에 옮기지 않으면 그 왕을 내쫓고 다른 사람으로 하여금 그 자리를 대신하게 한다.

 이와 관련해서 유교의 仁사상을 살펴보면 다음과 같다. 공자가 내세운 덕목으로서 흔히 仁·義·忠·信·孝 등을 들 수 있으며, 이 가운데 최고의 덕으로 '仁'을 들고 있으며, 공자의 사상 또는 儒家의 사상이 '仁'에 귀결된다 해도 과언이 아니다. 仁은 한마디로 말해 '사람'이라고 『중용』이나 『맹자』에서 말했다.2) 즉 仁과 人을 같은 개념으로 보았다. 사람을 떠나서는 仁을 말할 수 없으나, 사람이 모두 仁하다는 뜻은 아니다. 사람이 人身을 가지고 사람답게 될 수 있는 것은 仁이 있음으로써이니, 사람으로서 不仁하다면 사람답지 않은 것으로 본다. 공자는 사람이 仁해야 하는 이유를 天에서 찾고 있다. 공자는 그것을 수호하기 위해 자신의 생명까지도 바칠 수 있는 존재로 天을 인식했다.

 이러한 유교의 仁은 禮로서 구체화되는데, 그것은 결국 나와 타인과의 관계규범인 것이다. 이런 의미에서 유교사상은 윤리적

---

2) 『中庸』, 仁者人也; 『孟子』, 仁也者人也.

이라 할 수 있다. 그러나 유교의 윤리는 父子, 君臣, 夫婦 등 작은 집단이나 사회에서 통용되는 것이고, 양심 혹은 공중도덕 사회윤리 같은 큰 집단이나 사회를 대상으로 한 것이 아니라 가족단위를 중심으로 하고 그 다음 통치자와 피치자간의 통치적 도의를 말한 것이다.

이렇게 볼 때 유교의 인간관은 유럽의 기독교사상이 개개의 인간을 자유롭고 평등한 존재로 보고, 누구라도 비인간적 처우로부터 해방되어야 한다는 인간존엄 사상과는 차이가 있다. 따라서 유교사상에서도 이웃에 대한 동정이나 왕의 백성에 대한 구휼이 있었지만, 이것은 주로 베푸는 쪽에서의 선심이었으며, 의무 또는 책임이란 사상은 생겨날 수 없었다. 물론 善政을 베푸는 군주는 덕 있는 왕으로 칭송받았으며 그것이 王道라고 일컬어졌지만, 그 자체가 책임이라고 하는 적극적 사고는 결여되어 있었다. 이러한 유교사상의 영향을 받아 조선시대의 사회복지사업은 관주도로 진행되었으며, 이에 따라 사회복지의 공행정과 이의 법제화가 발달했다.

또한 이념적 요인에 주목하면 서구와 조선(한국)의 사회복지 이념은 다음과 같은 차이를 보인다. 먼저 서구 근대시민사회의 형성과정에서는 民이 정치의 주체로 상정되었으며, 지배계층이 일반대중의 참여와 협력을 구하면서 정치, 경제 및 사회 각 분야에 걸친 개혁을 추진해 왔다. 반면 조선과 중국 등 유교이념을 표방하는 정치제도하에서는 군주와 관료계층, 양반 등의 사대부 계층이 지배층을 형성하면서 정치의 주체로 간주되었으며, 民은 통치 및 교화의 대상이었다.

그렇지만 근대 이전의 전통사회라고 해서 지배계층이 일반민중의 삶의 복지적 측면에 대한 관심이나 정책이 없었던 것은 아니다. 한국의 경우를 보더라도 민본주의적 유교정치이념을 토대로 통치자는 곧 하늘을 대신해서 백성을 양육하는 부모와 같은 심정으로 백성의 복리를 보살폈다. '民心이 곧 天心'으로 인식되는 근대 이전의 사회에서 민심 획득의 차원에서라도 지배계층이 일반민중의 후생복지적 측면에 주목하지 않을 수 없었으며, 이에 따라 그 정책적 실현을 위한 사회복지 이념도 정립되어 갔다.

그 예로 고대사회로부터 한반도에서는 유교적 민본주의 정치이념의 발달과 함께 '환과고독'을 '四窮'이라 하여 사회복지적 차원에서 특별한 관심을 보여주었으며, 이들과 같이 세상에 호소할 곳이 없는 불쌍한 자를 구제하는 것을 계속 사회정책적 과제로 삼아 왔다. 이와 동시에 사회의 보호와 복지혜택을 받아야 할 대상으로서 寬疾이라고 하는 장애인에 대해서도 복지차원에서 계속 관심을 보여 왔다.

이처럼 전통시대에는 먹고살 길이 없는 불구자나 장기로 고질을 앓는 사람에 대해 그들의 종족을 타일러 씨족이 추렴해서 이들을 살아가게 했다. 친척이 없어 의지할 곳이 없는 사람들에게는 그들의 고향에서 有德한 이를 골라 보호해 주도록 주선했다. 이에 대한 대가로 잡역을 덜어 주고 비용의 일부를 관에서 지급하도록 했다. 이를 통해 볼 때 전통시대 사회복지 이념이 스스로 자립할 수 없는 환과고독 등의 사궁이나 장애인 등에 우선적으로 미치고 있음을 알 수 있다.

비록 앞 장에서 살펴본 바와 같이 현재 사회복지 이념이라고 일반적으로 언급되고 있는 개념들이 근대산업사회의 산물이지만, 근대 이전의 한국에 있어서도 이러한 사회복지적 측면의 정책은 계속 시행되어 왔다. 그리고 이러한 사회복지적 측면의 정책이 시행되어 온 배경에는 한국의 고유한 공동체정신을 비롯해서 유교, 불교 등의 여러 종교사상이 크게 영향을 미쳐 왔다. 특히 동아시아 국가운영에 크게 기여한 유교정치사상에서의 '민본주의'는 한국 사회복지정책의 이념적 기초로 크게 작용해 왔다고 볼 수 있다(한국재활재단 편, 1997: 30-31).

오늘날 사회복지를 자선 또는 박애사업과 구분지어, '국민의 인간다운 생활'에 대한 국가 또는 사회의 책임을 전제로 한다면 국가의 책임은 법제도의 형태로 구체화되는 것이다. 따라서 사회복지의 토착화를 논하기 위해서는 사회복지 법제의 토착화를 중심으로 이야기하는 것이 자연스러울 것이다. 이것은 Wilensky와 Lebeaux가 말한 사회복지의 두 가지 개념, 즉 잔여적(residual) 사회복지와 제도적(institutional) 사회복지 가운데 제도적 사회복지를 의미하게 된다.

이에 따르면 전통사회의 사회복지제도는 주로 잔여적 개념에 접근하고 있으며, 과거 농경사회에서의 대표적 위험은 '천재지변' 등으로 인해 간헐적으로 발생하는 예측하기 어려운 위험이었다. 따라서 전통사회에서의 사회복지는 재해구호사업이 매우 커다란 비중을 차지했으며, 그 형태는 각 사회가 처한 환경에 의해 좌우되면서 간헐적·부분적·일시적인 형태를 띠었다.

2) 사회복지정책의 전개와 국가의 역할

오늘날의 사회복지는 사회, 국가, 행정 및 기능집단의 역할이 중시되는 반면, 전통사회에서는 혈연, 근린, 종교집단에 의한 복지역할이 중시되었으며 이는 契, 鄕約, 두레, 가문 내의 상부상조 같은 형태를 취하고 있었다.

또한 전통사회의 복지제도나 프로그램은 국가구조, 경제활동의 양식 등에 의해 다분히 위로부터의 시혜적·온정적·통제적 성격을 가지고 있었다. 이는 국가에 의한 倉, 賑貸, 還穀, 救荒 등의 구휼제도를 통해 알 수 있다.

이처럼 사회복지의 대상은 개인이나 집단의 특수한 문제로부터 점차 사회 전체의 보편적인 문제로 확산되어 왔다. 즉 개인적인 욕구로 간주되던 많은 문제가 이제는 사회적으로 인정된 보편적 위험의 개념으로 변화된 것이다(배충진, 1999: 15).

서구의 복지국가 유형은 크게 다음 세 가지 형태, 즉 독일형 복지국가, 북구형 복지국가, 영국형 복지국가 등으로 구분한다면, 이 장에서 살펴본 조선의 사회복지정책과 다음과 같은 측면에서 나름대로 유사점과 차이점을 보여주고 있다.

먼저 독일형 복지국가의 경우, 조선의 경우와 비슷하게 온정주의적·가부장제적 측면을 띠고 있다. 이러한 형태에서는 전통사회에서 군주가 차지하는 역할을 강조하면 民의 존재가 필요함을 인식함에 따라 民의 생활을 보장해야 한다는 정치적 고려가 크게 작용하고 있다. 실제의 구체적 제도를 보면, 독일의 경우에는 조선의 경우보다 훨씬 제도화되고 전국적인 체제로 되었으나, 조선의 경우와 같은 전통사회에는 홍수 등 비상시에만 실시되어 제한적 측면을 보여주고 있다.

북구형 복지국가의 경우와 비교해 보면, 초기의 "구빈법"이 시행되던 시기에는 조선시대의 구휼제도와 유사한 측면을 보여주었으며, 일종의 절대주의적 국가형태를 취했다. 이후 자유주의적 단계에 들어서면, 民의 기본적인 권리, 특히 생존조건을 강조하면서 점차 근대적인 복지제도의 맹아가 형성되어 갔다. 이러한 측면은 조선의 경우를 볼 때, 개화기에 개화파가 民의 차별을 철폐하고 기본적 권리를 주장한 것과 상통한다. 그리고 사회민주주의적 복지국가 체제에 들어서면, 모든 民(인민)이 혜택받는 일종의 보편주의적 복지가 중요시되면서, '가정'의 역할이 강조되고 있다. 이는 전통사회에서 '가족'의 역할, 특히 구성원에 대한 복지기능을 강조하는 것과 일맥상통한다.

그리고 영국형 복지국가의 경우를 보면, 영국의 기존 복지제도의 특징은 일정한 재산을 갖춘 특정층을 대상으로 하는 자산중심의 구빈제도로서, 전통시대의 사회복지와 유사하다. 개념적으로는 티트머스의 분류모델에 의하면, '잔여적 복지국가'에 해당된다.

이러한 서구 복지국가의 경험에 비추어 볼 때, 조선시대 등 전통사회에서 실시되었던 일련의 복지제도는 '잔여적 복지제도'라고 하겠다.

그렇지만 서구의 복지이념과 조선의 복지이념 형성과정을 보면, 다음과 같이 근본적인 사상의 차이를 엿볼 수 있다. 예를 들면 영국형 복지국가의 경우, 국민통합의 측면과 전쟁동원의 측면에서 모든 사람이 지킬 만한 사회를 만들고 위한다는 점이 강조되고 있다. 그리고 독일형 복지국가의 경우, 기존 지배권력의 온존을 위해 특히 격화되고 있는 사회주의 노동혁명을 예방하기 위한 지배정책의 일환으로서 노동자 등 民에 대한 사회복지를 강조하지 않을 수 없었다. 또한 스웨덴 등 북구형 복지국가의 경우, 계급갈등을 통해 구체적인 사회복지의 내용과 성격이 변화되어 왔다.

한국(조선)의 경우에는 위에서 언급한 경우처럼 전쟁동원의 측면도, 가부장적 제도의 지향도, 그리고 노사갈등 등 다양한 집단 간의 타협의 결과로서 사회복지의 실시라는 측면도 찾아보기가 쉽지 않다. 그렇지만 전통사회에서의 사회복지 이념과 제도는 비록 온정주의적이고 선별적이며 충분히 제도화되지 못했지만, 사회복지제도의 맹아적 요소는 충분히 있었으며, 현실정치와 국가의 역할에서 상당히 중요한 의미를 지니고 있었다.

결국 전통시대의 사회복지정책의 주요 이념적 요소 중 하나였던 민본주의도 그 시기와 장소에 따라 내용이 변해 왔으며 구성원들의 삶의 질을 향상시키고자 노력했다는 측면에서, 21세기 한국의 복지국가이념에 나름대로 기여하는 바가 있으리라고 본다.

4. 복지국가와 새로운 공동체의 모색

1) 시민사회의 형성과 사회복지

서구의 시민사회 형성과정에서 두드러진 특징이 개인주의의 확립이라면, 민본주의 유교정치이념이 지향하는 특징으로는 공동체주의를 들 수 있다.

전통적 유교정치이념하에서 국가는 民으로부터 저항과 견제 내지 축소의 대상이라기보다는 가장 넓은 의미의 가족이며, 개인과 가족의 안녕을 보장해 주는 가장 궁극적이고 확실한 대상으로 간주되었다. 가족주의적 윤리공동체의 시각에서 국가는 공공의 선을 위해 존재하는 것으로 여겨졌으며(서진영·김병국·함재봉, 1998: 115-116), 실질적으로 사회복지정책을 주로 담당해 왔다.

이와 관련해서 유교의 복지이념이 현실적으로 가능하게 하는 배경적 요소로 家族主義적 측면을 지적할 수 있다. 가족은 유교에서 가장 핵심적이며 기초적인 사회단위에 속하며, 일반적으로 "혼인과 혈연 등 친족관계를 바탕으로 공동의 복지를 함께 추구하는 집단"으로 정의내려지고 있다. 이러한 유교적 家는 조직(가족)의 유지, 생업의 수행, 종교적 의례의 거행이라는 역할을 담당하고 있다(배충진, 1999: 18).

결국 민본주의이념은 일반적으로 근대적 민주주의의 구성요소로 일컬어지는 '국민의 정부', '국민에 의한 정부', '국민을 위한 정부'라는 도덕적 원칙과도 접합되어 한국의 민주화와 사회복지의 발달에 나름대로 기여할 수 있다고 본다. 그 예로 정부와 국가가 입안하는 정책에 대한 평가, 나아가 정치지도자와 정부에 대한 평가의 기준으로 국민을 위한 것이냐 여부와 관련되는 '국민을 위한 정치'라는 민주주의의원칙은 전통적인 爲民政治 관념과 일맥 상통하는 것으로 볼 수 있다.

그러나 국민이 직접 정치에 참여한다는 '국민에 의한 정부'라는 민주주의의 도덕적 원칙은 다음과 같이 전통적 민본주의 관념으로는 쉽게 이해될 수 없는 한계를 보여주었다.

전통적 민본주의이념에서는 民이 정치의 당사자가 아니라 통치의 대상으로 간주되었으므로, 서구식의 계약관념에 입각한 '국민에 의한 정부'라는 관념은 이를 받아들이는 데 한계가 있을 수밖에 없었다. 이러한 한계를 극복하기 위해서는 참여를 도덕적 원칙으로 삼으며 '국민에 의한 정부'를 형성하는 것을 도덕적 당위로 파악하는 시민들의 책임의식을 전통적 관념에 의존할 것이 아니라 새롭게 의식적으로 창조해 내야 할 것이다.

전통적 유교이념에서는 民을 하나의 동질적인 실체로 간주했으므로 '爲民'관념은 상당히 무정형성을 띤 추상적 관념에 머무

르는 한계를 보여 왔다. 따라서 전통적 爲民관념이 국가의 정책 결정과정에서 구체성을 지니며, '국민에 의한 정부', '국민을 위한 정부' 등 민주주의의 도덕적 원칙이 한국의 현실정치에서 실재화되려면 국민을 다양한 계층과 집단들로 구성된 집합체로 바라로는 인식의 전환이 요청된다. 이러한 과제는 한국에서 향후 시민사회의 발전과정에서 직면하는 과제 중의 하나가 될 것이며, 이를 해결하기 위해 시민사회와 정당 등이 적극 나서 그 역할을 담당하는 것이 요구된다(서진영·김병국·함재봉, 1998: 1169-120).

유교가 지향하는 이상적 사회는 "인간 신뢰에 바탕을 둔 복지사회"이다. 그리고 유교의 이상사회는 인간과 현실을 중시하고 물질적 풍요와 정신적 안정을 추구한다는 점에서 현대 각국이 지향하는 복지사회와 유사한 측면이 많다.

반면 현대 산업사회는 그 동안의 발전으로 과거에 비해 물질적 풍요로움을 획득했지만, 인간소외 현상과 생명경시 풍조 등 여러 사회적 병폐가 심각한 실정이다. 이러한 사회적 병폐를 해결하는 과정에서 경제적 부 못지 않게 인간적 신뢰를 본질적 가치로 인식하고 있는 유교가 나름대로 기여할 가능성이 엿보인다.

시대가 변해도 변하지 않는 것은 인간의 人情과 道德心이라고 할 때, 경제가 발전하고 기술이 발달한다고 해도 인간이 지켜야 하는 기본적 道理는 변할 수 없다고 본다. 즉 인간에 대한 애정과 관심으로 나타나는 人情, 그리고 사회생활 속에서 반드시 지켜야 하는 질서의식으로서의 道德心이 그것이라 하겠다. 이러한 인정과 도덕심은 인간의 본성이므로 사회의 변화와 관계없이 지켜져야 하며, 이러한 것들이 지켜질 때 그 사회는 보다 풍요롭고 안정된 삶을 유지할 수 있을 것이다.

이것이 바로 유교가 인간의 도덕적 자율성을 이상적 복지사회의 전제조건으로 삼는 이유이다. 또한 이러한 측면을 고려할 때, 현대사회에 있어서 유교의 인도주의적 가치관은 여전히 필요하다(송석준, 1999: 64-65).

2) 공동체적 유대와 신뢰·복지사회의 지향

민본주의가 지향하는 왕도정치는 治者와 被治者의 구분을 전제로 하여 권력은 불평등하게 분포되어 있지만 치자의 선의와 도덕적인 모범, 그리고 그에 대한 구성원의 전적인 신뢰에 의해 통치가 이루어지는 것이다.

플라톤, 공자 등 동서양의 현자들이 공통적으로 선호한 최선의 정치체제는 哲人政治 또는 賢人政治였다. 그러나 현인정치를 지향하는 유교는 그 정치이념과는 달리 현실정치에서 지배계층의 권력남용과 民에 대한 권리침해 등 커다란 부작용을 피하기 어려웠다. 따라서 현실적으로 지배계층의 학정과 수탈에 시달린 民들이 국가에 충성하기보다는 오히려 기아와 학정을 피해 유민이 되거나 반란을 일으킨 경우가 많았다(정용화, 1999. 10: 5).

그리고 유교정치이념은 정치교육의 측면에서 바로 '군자'를 양성하는 데 중점을 두며, 그 대상도 被治者보다는 治者를 주대상으로 하고 있다. 그리하여 민본주의적 전통에서는 치자에 대한 인물평과 측인술이 매우 발달되어 있으며, 지도자에 대해 도덕과 품위, 명예 및 공공성 등 자기 규율적인 덕목 등을 갖출 것을 요구함으로써 지도자의 덕성 또는 윤리를 강조하고 있다.

이러한 지도계층의 윤리 및 자질에 대한 강조는 현대 민주주의 정치체제하에서도 국민을 위하는 정치지도자를 선발하며 시민사회의 발전을 주도할 지도계층을 파악하는 데 있어서도 매우 중요하다(정용화, 1999. 10: 6-7).

한편 민본주의이념을 주창한 대표적인 사상가인 맹자의 경우를 보더라도 한 국가가 성립하려면 군사, 식량, 신뢰가 필요하며 그 중에서도 군사, 식량은 없을지라도 신뢰가 없으면 국가가 설 수 없다고 보았다.

서양의 경우를 보더라도, 후쿠야마는 『신뢰』(Trust)라는 저술에서 한 국가의 복지와 경쟁력은 하나의 지배적인 문화적 특성, 즉 한 사회가 고유하게 지니고 있는 신뢰의 수준에 의해 결정된다는 점을 지적하고 있다. 그에 따르면 성공적인 공동체는 외적인 규칙과 규제에 의해서가 아니라 공동체 구성원에게 내면화된 윤리적 관습과 호혜적인 도덕적 의무감을 바탕으로 해서 형성된 문화공동체이며, 이러한 규칙이나 관습이 공동체의 구성원에게 신뢰의 터전을 마련해 준다. 현실적으로 공동체 내 결속력은 특정한 공동체가 얼마나 공동의 규범과 가치를 공유하며 개인의 이익을 보다 큰 집단의 이익에 종속시킬 수 있는가에 달려 있다고 해도 과언이 아니다. 이러한 공유된 가치관으로부터 신뢰가 탄생하며 이러한 신뢰는 중대한 경제적 가치를 지닌다(황경식, 1999: 8-9).

이어서 후쿠야마는 민주주의와 자본주의의 제도가 제대로 작동하려면 그 기능을 원활하게 해주는 특정한 전근대적인 문화적 관습이 병행될 필요가 있다고 보았다. 즉 법률, 계약 및 경제적 합리성 등은 후기 산업사회와 시민사회의 안정과 번영을 위해 필요한 조건이기는 하지만 충분한 조건은 아니기 때문에, 그외 합리적 계산을 넘어 관습에 바탕을 둔 호혜성, 도덕률, 공동체에 대한 의무 및 신뢰 등이 가미되어야 한다는 것이다.

이상과 같은 입장에서 후쿠야마는 가족공동체와 비친족 공동체를 비교하고 있다. 그의 설명에 따르면, 가족주의적 사회에 해당되는 중국, 프랑스, 이탈리아 및 한국 등은 가족의 테두리를 넘어선 대규모 조직을 건설하는 데 상당한 어려움을 겪게 되어. 향후 견실하고 경쟁력 있는 대기업을 진흥하기 위해서는 국가가 개입할 수밖에 없다는 것이다. 반면 고신뢰사회의 모형으로 간주되는 독일과 일본 등에서는 친족관계에 바탕을 두지 않고서도 대규모 기업의 건설이 훨씬 용이했으며, 그 이유는 이들 국가에서는 신뢰라는 사회적 자본이 충분해 이러한 조직을 구성하는 데 정부의 도움이 불필요하기 때문이었다(황경식, 1999: 9-10).

이러한 후쿠야마의 설명이 시사하는 점은 서구 시민사회의 형성과정에서 중시되는 근대적 합리성, 타산성, 계약 및 법률보다는 유교적 가치가 지배하는 전통사회에서 엿볼 수 있는 전근대적 공동체성, 도덕성, 신뢰 및 유대감 등이 특정 국가의 경제발전에 기여하는 중대한 사회적 자본의 기반이 된다는 점이다. 그러나 근대성에 의해 매개되지 않는 전근대성도 이러한 순기능에 못지 않게 역기능도 지니게 된다. 결국 후쿠야마가 내세우는 신뢰는 연고적이거나 지방적 신뢰가 아니라 일반적이고 보편적으로 성립하는 신뢰이며, 그가 강조하는 공동체적 유대는 개인권의 전제하에 개인 상호간에 성립하는 호혜적 유대라고 하겠다(황경식, 1999: 10).

국가와 사회 등 정치공동체가 건전하게 발전하기 위해서는 여러 조건이 충족되어야 하겠지만, 그 중에서도 구성원들간의 연대의식은 사회를 발전시키는 데 필수적 조건이다. 이러한 연대관계에는 모든 개인이 자기의 행위뿐 아니라 다른 성원의 행위에 대해서도 책임을 지는 수동적이고 소극적인 연대뿐만 아니라, 어떤

성원의 일정한 행위로 인해 생겨나는 이익을 함께 향유할 자격을 갖는다는 능동적이고 적극적인 연대도 포함된다.

과거에는 국가라는 보다 우월한 정치집단에 의해 여러 갈등요소들이 통제되어 왔으나, 시민사회가 발전하고 사회의 다원화가 심화되는 상황에서 자유로운 결합체의 확립은 현실정치에서 매우 어려운 과제로 대두되었다. 현실적으로 자신의 이익을 추구하기 위해 이합집산하는 현대사회에서 더 이상 과거 전통시대의 유교공동체에서처럼 강제된 연대는 사실상 불가능하며, 다만 시민사회 구성원인 개개인들에게 오직 더 큰 가치와 이득을 향한 자발적 참여를 유도하는 방법이 요구된다(황경식, 1999: 10-11).

바로 이러한 시민의 자발적 참여를 유도하기 위해서는 사회복지가 매우 중요하며, 국가와 지역사회가 해당 공동체 구성원들에게 어느 정도까지 어떠한 방법을 통해 사회복지를 제공하느냐에 따라 그 구성원들의 참여방식과 정도가 크게 좌우된다고 하겠다.

5. 맺음말

이상으로 이 장에서는 21세기 한국의 주요 국가이념으로서 복지국가를 지향해 나갈 때, 이념적 구성요소로서 서구의 복지국가 이념과 전통 유교정치사상에 입각한 복지이념을 상호 비교하면서 그 융합 가능성을 살펴보았다.

서구의 사회복지는 종교적으로 기독교사상의 영향을 받았으며, 인권관념과 민주주의, 시민사회의 발달과정과 관련성을 가지면서 역사적으로 전개되어 왔다. 그 과정에서 사회복지 관념은 다음과 같이 구체화되어 갔다. 첫째, 잔여적 개념으로부터 제도적 개념으로, 둘째, 자선의 사상으로부터 시민의 권리라는 사상으로, 셋째, 빈민에 대한 특별한 대책에서 전체의 보편적 욕구에 대한 관심으로, 넷째, 가능한 최저한의 급부와 서비스로부터 최대한의 급부와 서비스로, 다섯째, 개인의 치료로부터 사회의 개혁으로, 여섯째, 민간의 후원으로부터 정부의 후원으로, 그리고 일곱째, 빈민을 위한 복지라는 개념으로부터 복지사회라는 개념으로 점진적으로 발전해 왔다.

반면 전통 유교사상에 근거를 둔 복지관념은 비록 서구의 경우처럼 복지가 하나의 권리요, 국가의 책임이라는 구체적 발상으로 전개되지는 못했지만, 국가가 민의 의식주 등 기본적 생활을 보장하고 보호하는 것을 중요시했다. 그리고 유교정치이념이 지배적이었던 조선시대를 보면, 복지가 요구되는 주요한 위험은 농경사회를 크게 위협하는 '천재지변'으로, 이는 간헐적으로 발생하는 예측하기 어려운 위험이었다. 그리하여 전통사회에 있어서는 재해구호사업이 가장 중요한 복지제도였으며, 이러한 사업 역시 간헐적·부분적·일시적 형태를 띠었다.

민본주의이념에는 '爲民', 즉 '백성을 위해'(for the people)라는 측면이 매우 강조되며, 민본주의 등 전통 유교정치상은 현대 복지국가의 실현에 다음과 같은 것을 시사하고 있다.

첫째, 민본주의이념의 바탕에 깔린 폭넓은 인간애의 정신인 仁의 이념에 주목할 필요가 있다. 그리고 현대 시민사회를 구성하는 개개인이 더 높은 인간적 내지 도덕적 가치를 지향함으로써 사회정의가 실현되며 복지사회의 발전도 촉진된다고 볼 때, 유교적 도덕정치 이념도 이 과정에 나름대로 기여할 수 있다.

둘째, 민본주의에서는 민생이 안정되지 않으면 사람들이 변함없이 올바른 마음(恒心)을 지니고 사람된 도의심을 가질 수 없다고 보았기 때문에, 통치자가 사람들의 생활을 보장하고 이들을 교육시키는 것을 책임져야 한다고 강조했다. 특히 유교정치이념에 공감하는 지식인들은 군주를 비롯한 지배계층이 정치의 정당성을 확보하고 국민의 지지와 복종을 얻으려면 무엇보다도 민생의 안정을 추구하는 민본사상에 입각해 정치를 펼칠 것을 주장했으며, 집권층 역시 이를 무시할 수 없었다. 여기서 현재의 사회복지의 측면과 유사한 민생안정이 국가의 주요목표가 되었다는 점은 현재에도 시사하는 바가 크다.

그리고 유교의 복지이념이 현실적으로 가능하게 하는 배경적 요소로 家族主義적 측면이 크게 작용해 왔음에 주목할 필요가 있다. 전통적 유교정치이념하에서 국가는 가장 넓은 의미의 가족이며, 개인과 가족의 안녕을 보장해 주는 가장 궁극적이고 확실한 대상으로 간주되었다. 이러한 가족주의적 윤리공동체의 시각에서 국가는 공공의 선을 위해 존재하는 것이라고 여겨졌으며, 실질적으로 사회복지정책을 주로 담당해 왔다. 서구 복지국가에서 찾아보기 힘든 공동체적 유대와 신뢰감을 조성하기 위해서는 전통 유교사상의 가족공동체적 시각과 국가운영의 전통을 현대적 시점에서 새롭게 부각시켜 활성화시킬 필요가 있다.

따라서 복지국가의 이념이 제대로 구현되지 못하고 있는 현재 한국정치가 21세기에 들어서 정부 내지 국가중심의 복지정책 실행의 한계를 극복하고, 더구나 최근 경제위기로 많은 어려움에 처한 국민들의 복지를 향상시키기 위해서는 전통적 유교정치이념하에서 민간차원의 복지제도 및 구상을 현대적으로 계승 및 변용해 활용해야 할 것이다.

제5장 결 론

 이상 본론에서는 서로 상이한 정치적 배경과 환경하에서 대두된 전통 유교정치사상과 서구의 복지국가이념을 각각의 내용과 역사적 전개과정을 자세히 살펴보았으며, 그리고 이를 기반으로 비교사상사 및 비교제도사의 측면에서 위 양자를 비교하면서 그 융합 가능성을 살펴보았다. 결론 부분에 해당되는 이 장에서는 본론 부분의 주요 내용을 개괄적으로 요약하면서, 각각의 내용이 지니는 의의와 시사점을 살펴보고자 한다.
 먼저 제2장에서는 민본주의 등 전통 유교정치사상의 주요 내용과 民에 대한 태도, 특히 민의 경제생활 안정의 정치적 중요성, 그리고 이러한 정치이념이 행정적·제도적 측면에서 실행되는 과정을 조선시대를 중심으로 살펴보았다.
 삼국시대부터 개화기까지 한국에서 일련의 사회복지정책은 국가와 정부주도로 위로부터 시혜적 측면에서 실시되어 왔다. 이념적 측면에서 서구의 복지국가를 가능하게 했던 서구민주주의를 동양적 민본주의와 비교할 때, 양자의 공통적인 측면으로 지적될 수 있는 것은 국가와 정치지도자 또는 爲政者가 '民을 위하는' 태도 및 정책을 지향해야 한다는 점이다. 전체 구성원인 국민에게 국가에 대한 충성을 요구하기 위해 서구의 근대 국민국가가 복지국가라는 미래에 대한 비전을 제시했다면, 유교정치이념의 '왕도정치'를 주요 이념으로 표방하는 조선시대에는 유교경전에서 언급하는 과거의 理想政治를 항상 염두에 두면서 민의 자발적인 충성과 복종을 유도해 내기 위한 군주와 정부의 노력을 강조해 왔다. 서구의 민주주의이념이 'by the people, of the people, for the people'이라는 문구로서 상징화될 수 있다면, 그 중 '民을 위하는' 정치는 유교정치이념에서도 존재해 왔다. 이러한 爲民정치이념은 군주를 비롯한 지배층의 '仁政' 실시라는 정치적 모델로 구체화되었다. 조선시대에 복지로 여겨질 수 있는 일련의 정책이 시행된 배경에는 바로 民의 의식주 안정을 통해 '王道政治'를 구현하고자 했던 정치적 고려가 크게 작용했다.

특히 유교에서 근대적인 사회복지 이념과 그 맥락이 통하는 것으로 '仁, 義'의 관념을 들 수 있다. 유교에서 논의되는 '仁'은 '不忍之人心 惻隱之心'으로서 복지사업의 이상으로, '義'는 그것의 정당한 실현을 의미하는 것으로 간주될 수 있다. 그리고 유교의 仁관념에 의거해 보살핌의 대상이 되는, 즉 사회복지의 수혜대상이 되는 사람들은 다음과 같은 부류가 언급되었다. 즉 孤(어리고 부모가 없는 아이), 獨(늙고 자식이 없는 사람), 鰥(늙고 부인이 없는 사람), 寡(늙고 남편이 없는 사람)로서, "천하에 곤궁해 어디에도 호소할 곳이 없는 불쌍한 백성"이었다. 그리고 啞(벙어리), 聾(귀머거리), 跛(다리하나 병신), 躄(양쪽다리 병신), 斷者(지체 절단자), 侏儒(난장이), 百工(각종 세공인) 등도 국가 보살핌의 주된 대상이 되어, 이들에게는 각자의 재능, 기술에 상응해 직업을 부여하고 그에 따르는 보수를 지급해 생계를 유지하게 했다.

고대로부터 조선시대에 이르기까지 약 2,000년간에 걸쳐 한국 사회복지제도의 변천과정을 보면, 한국의 사회복지 사상의 근원은 정부(또는 국가)차원에서 군주의 仁政에 의한 민생구휼에서 찾아볼 수 있다. 또한 민간차원에서 실시되어 온 두레, 품앗이, 향약, 계 등의 상부상조의 경험과 전통도 나름대로 사회복지의 기능을 담당해 온 것으로 볼 수 있다.

전통사회에서 사회복지가 제도화된 대표적 예로서 춘궁기에 빈곤한 사람들에게 관곡을 대여했다가 추수기에 납입하도록 하는 제도를 들 수 있다. 이 제도는 고구려 고국천왕 16년에 제정된 賑貸法에서 시작되어 그후 고려시대의 의창, 조선시대의 환곡, 사창 등으로 계승되었다. 전통사회에서 구빈제도가 실시된 배경에는 종교의 영향을 많이 받았다. 한국의 경우에도 고려시대까지의 구빈제도가 주로 불교의 자비심에 영향을 받아 위로부터 은혜를 베푸는 구제활동이 시행되었다.

유교정치사상의 민본주의에 입각한 사회복지 이념과 정책의 시도는 조선시대에 들어서 본격적으로 전개되었다고 볼 수 있다. 이 점은 조선 초기 정부정책의 기본방향을 법제화한 정도전의 『朝鮮經國典』에도 명시되어 있다. 당시 지식인들은 비록 정부가 유교정치이념에 의거해 아무리 좋은 정치적 이상을 추구하더라도 국가가 가난하거나, 일반 民 중 홀아비, 과부, 고아, 노인과 같이 의지할 곳 없는 사람들의 생계가 보장되지 않는다면, 이는 仁政이라고 할 수 없다고 보았다. 이러한 유교정치이념에서 바람직한 정치의 모델로 상정한 仁政의 구체적 인내용은 民의 생활안정과 향상에 직결된 것이었다.

그리고 조선조 신흥 사대부들은 유교정치이념에서 '敬天勤民'

을 하나의 정치적 명분으로서 중시했으며, 民과의 관계에서 '爲民의식'을 강조했을 뿐만 아니라, 民의 의식주 생활을 보장해 주는 것을 국가와 군주의 주요 의무로 간주했다. 여기서 民의 의식을 국가가 어느 정도 보장해 주어야 한다는 측면은 救貧과 복지의 측면으로 연결된다.

결국 유교정치이념에서 논의되는 민본주의에 의하면, 民이 나라의 근본이므로 모든 문제를 民, 즉 백성의 입장에서 풀어 가야 하고, 백성을 위하고(爲民), 백성을 존중하고(重民), 백성을 보호하고(保民), 백성을 기르고(牧民 또는 養民), 그리고 백성을 편안하게 해야 한다(安民)는 측면이 강조되지 않을 수 없었다.

따라서 정도전을 비롯한 조선 초기의 사대부들은 민의 경제생활의 안정이 윤리도덕 실현의 전제조건이 되는 것으로 여겨, 군주를 비롯한 위정자들이 무엇보다도 경제문제를 중시해 구휼 등을 통해 民의 경제생활 안정에 주력해야 한다고 보았다.

조선의 건국과정에서 민본주의에 입각해 民의 생활안정과 향상을 모색한 구체적인 예로 정도전의 후생론을 들 수 있다. 그는 빈민구제 등 사회복지를 구현하기 위한 국가사업으로 (義倉제도와 惠民典藥局제도를 구상했다. 이러한 제도는 가난해 자립할 수 없는 사람들의 식량문제와 질병치료를 해결하기 위한 것으로, 그 목적에서 현대의 사회복지제도 중 빈민구제와 의료보험제도의 시행과 유사성을 지니고 있다.

이러한 민본주의이념에 입각해 조선시대에 민생안정을 위한 정부차원의 구체적인 노력은 그 성격을 다음과 같이 요약할 수 있다. 첫째는 진휼할 상황이 발생했을 때 이에 대처하기 위해 일시적으로 시행되는 정책으로, 조세나 役의 감면, 공사채의 상환 정지 또는 경감 등을 들 수 있다. 이러한 일시적 조치는 災異를 당해서 求言을 통해 민의 생활고를 파악해 비정기적으로 시행되었다. 둘째는 상설적으로 제도화된 진휼기구를 통해 시행되었던 것으로서, 그 대표적인 기구로 義倉을 들 수 있으며, 義倉 등 상설적 진휼기구는 조선 초기 민생안정에 상당한 성과를 거둔 것으로 평가되고 있다.

조선시대의 구빈제도를 내용적으로 살펴보면, 民生救恤制度, 愛民救恤制度, 隣保相助制度, 救濟機關 등으로 구분된다. 그 중 愛民惠恤制度의 주요 내용으로는 아동복지, 養老·敬老, 의료구제, 賑窮, 顧助, 哀喪, 寬疾, 救災 등을 들 수 있다. 민간차원의 구빈제도에 해당되는 隣保相助制度는 일반적으로 契, 五家統, 鄕約, 賑窮 등에 의해 이루어져 왔다. 그리고 조선시대의 대표적 救濟機關으로 구황청 또는 진휼청, 혜민국, 활인서, 기로서, 진휼청유접소 등을 들 수 있다.

이와 같이 유교정치사상을 기반으로 하는 전통사회의 구휼(구빈)정책은 서구의 특정한 시기에 출현한 사회복지제도와 외형상 또는 내용상 비슷한 측면을 띠고 있다. 이러한 유사성을 보여주는 예로, 장애자, 빈민 등에 대한 국가적 차원의 보호 및 생계유지 등을 들 수 있으며, 진대법의 경우도 서구에 이와 유사한 예를 찾아볼 수 있다.

이어서 제3장에서는 서구의 복지국가의 형성과정에 대해 자세히 살펴본 결과, 다음과 같은 성격 및 특징을 지니는 것으로 요약될 수 있다. 유럽의 복지사상은 시혜나 자선이라는 종교적 의미에서 부랑자와 빈민의 통제라는 정치적 목적에서 시작했다. "구빈법" 전통은 모든 유럽국가에서 빈민을 구제하려는 목적보다는 빈민들을 사회적 불안요소가 되지 않도록 통제하려는 목적에서 시작되었다. 또한 빈민구제도 국가가 담당한 것이 아니라 전통적인 종교기관이나 교구에 맡김으로써 시작되었다.

자본주의 발달과 국민국가 형성이라는 두 가지 근대화과정을 겪으면서 빈곤문제와 복지문제가 점차 중요한 사회문제로 부각되기 시작했고, 이러한 문제의 인식과 해결방법을 둘러싼 이데올로기적인 대립은 18세기부터 현재에 이르기까지 계속되고 있다. 오늘날도 좌파와 우파의 첨예한 대립 가운데 하나가 복지제도를 둘러싼 갈등이다. 이처럼 복지문제는 오늘날 유럽의 정치를 구조화시킨 중요한 요인 가운데 하나가 되었다.

복지사상은 우리가 살펴본 것처럼 실용적인 정책적 목적과 연결되어 논의되었다. 초기 경제적 자유주의자나 정치적 자유주의자들에 의해 제기된 사회문제로서의 빈곤과 불평등이 점차 핵심적인 정치영역의 문제로 이전되면서, 가치체계와 정치적 믿음을 토대로 하는 이념적인 문제가 되었다. 그 결과 복지사상은 민주주의의 발전정도, 국가의 성격, 유권자들의 정치의식, 노동계급의 계급역량 등에 따라 유럽사회에서도 큰 편차를 보였다. 그러므로 복지사상이나 이념은 어느 한 개인의 사상적 체계로 제시된 것이 아니라 정치집단이나 조직의 이념으로 제시되었다.

20세기에 나타난 복지에 대한 새로운 인식은 "구빈법" 전통을 벗어나 복지를 시민권적 권리로 인식하는 복지국가의 출현에 의해 크게 전환되었다. 물론 여러 학자들이 잘 지적하고 있듯이, 복지국가 유형에 따라 복지에 대한 인식이 크게 다르다는 점을 인정하더라도 전후 복지와 복지국가에 대한 인식은 19세기의 것과는 근본적인 차이를 보였다. 특히 전후 스칸디나비아 사회민주주의 복지국가 체제가 보여준 복지제도는 보편주의적 원칙과 조세를 통한 재원조달을 실현해 윌리엄 비버리지의 이념을 영국보다 더 체계적으로 실현했기 때문에 복지사상과 복지제도가 반드시 일치하는 것도 아니었다. 그러나 유럽 여러 나라 사이의 편차를 고려하더라도, 유럽 여러 나라에서 등장한 복지제도는 어느 정도 경향성을 보여주고 있다.

유럽의 복지사상은 크게 다음 여섯 가지 흐름으로 요약될 수 있다. 첫째는 특정한 인구집단만을 대상으로 하는 "구빈법" 전통이 사라지고 다수의 국민들을 대상으로 하는 복지제도 도입이 지속적으로 이루어졌다. 빈민만이 복지의 대상이 아니라 자녀가 있는 남녀 취업자, 그리고 모든 국민을 대상으로 하는 무상교육제도와 같이 다수의 국민이 복지제도의 혜택을 받는 방식으로 복지제도가 확대·발전되었다.

둘째, 초기 복지제도 형성과정에서 사회주의자보다는 자유주의자의 기여가 더 컸다. 특히 19세기 말과 20세기 초의 복지 입법과정에서 사회적 자유주의로 불리는 정치적 차원의 자유주의나 자유주의 정치세력의 역할이 매우 중요했다. 영국이나 스웨덴의 경우 복지에 대한 사회주의자의 관심은 20세기 중엽부터 본격적으로 나타났다. 그 이유는 복지제도에 대한 사회주의자의 불신과 부르주아 국가정책에 대한 노동계급의 저항으로 인한 것이었다. 자유주의자들에 의해 도입된 복지제도는 잔여적 복지국가의 성격을 보여주었다.

셋째, 전후 사회민주주의 정당이 집권하면서 강화된 유럽의 복지사상은 연대주의, 보편주의, 집합주의라는 사회주의이념을 토대로 한 것이었으며, 제도적으로는 제도적 복지국가의 형태로 나타났다. 모든 국민이 사회권적 기본권으로서 국가에 의해 제공되는 복지서비스를 향유할 수 있도록 하며 시민권의 확립을 핵심 내용으로 하고 있다. 그러므로 사회민주주의 정당의 집권과 이를 가능케 하는 노동계급 조직력이 높은 사회에서 제도적 복지국가가 발전하게 되었다.

넷째, 1970년대 서구 경제위기에 뒤따른 복지국가의 위기와 관련해서 등장한 신자유주의로 대표되는 신우파와 신좌파의 비판에도 불구하고 복지국가체제는 쉽게 변하지 않은 제도적 관성을 보여주고 있다. 이는 장기간에 걸쳐 복지제도가 만들어 낸 복지 수혜집단의 형성뿐만 아니라 복지에 관여하는 대규모 종사자 집단이 형성되어 하나의 '복지계급'을 형성하고 있기 때문이다. 그 결과 정치적 차원에서 복지제도를 둘러싼 이데올로기적인 대립이 첨예하지만, 실질적으로 복지제도 그 자체는 크게 변화를 보이지 않았다. 복지제도는 서구제도 가운데 가장 해체시키기 힘든 제도로 남아 있다.

다섯째, 그럼에도 불구하고 유럽의 복지제도에 대한 비판적 견해가 새로운 방식으로 제기되고 있다. 페미니스트들의 비판은 유럽 복지국가가 제공한 시민권이 남성 중심적인 방식으로 주어졌으며, 그 결과 사회권적 시민권의 확대에도 불구하고 여성의 경제활동 참여방식과 경제적 보상은 크게 개선되지 않았다는 점을 강조하고 있다. 페미니스트들의 가부장제적 복지국가에 대한 비판은 복지국가와 성체계 사이의 관계를 고려하지 않은 결과이며, 복지제도를 통해 가족적 수준의 가부장제는 약화되었지만, 사회 전체 수준의 가부장제는 그대로 유지되는 결과를 가져왔다는 점을 지적하고 있다.

여섯째, 제3의 길 논의에서 제시되는 서구 복지국가에 대한 비판은 국가 중심주의적 복지국가에 대한 비판에 근거하고 있다. 중앙정부의 계획과 관리에 의해 사회문제를 해결할 수 있다는 사이버네틱스 모형 대신, 정부 대신 다양한 시민사회 집단들이 복지에 개입하는 긍정적 복지(positive welfare)를 모색해야 할 필요가 있다는 것이다. 복지혜택은 경제적 차원뿐만 아니라 심리적 차원에서도 고려되어야 한다. 이러한 지적은 유럽 복지국가 개편과정에서 드러난 탈중앙정부화로 나타났다.

본 연구에서 살펴본 서구 복지사상의 흐름은 다음 네 가지 측면에서 한국의 복지국가 형성에 시사점을 제공하고 있다. 첫째, 한국의 복지제도는 초보적 수준의 잔여적 복지국가 형태를 벗어나지 못하고 있다. 이것은 복지제도의 발달 정도가 미미해 특정집단(영세민, 장애자, 독거노인 등)만이 정부에 의해 제공되는 복지서비스를 받을 자격을 갖추었다는 점에서 잘 드러난다. 국민연금이나 의료보험 통합 등으로 점차 잔여적 복지국가 형태에서 벗어날 수 있는 제도가 도입되고 있으나, 아직은 초보단계에 불과해 복지 후진국을 면하지 못하고 있는 것이 사실이다.

둘째는 한국의 복지제도를 구상할 때, 서구의 과정을 그대로 답습할 수도 없고 또한 답습할 필요도 없다는 점이다. 유럽의 복지이념과 제도가 매우 상이한 모습을 보여주는 이유는 다른 나라에서 실시되고 있는 정책을 모방하기도 하지만, 결국 개별사회의 문화적 전통과 정치적 과정을 통해 그 내용이 확정되기 때문에, 일방적인 모방이나 제도이식이 불가능하고 또한 불필요하다. 유럽에서 일반화된 사회과학적 현실분석과 이에 대한 정책적 대응이 유사함에도 불구하고, 복지제도의 내용은 차이를 보이는 이유는 현실적으로 서구 사회복지제도의 모방이 어렵기 때문이다.

셋째, 두번째 문제와 관련해서 복지국가 유형론에서 제시된 다양한 복지국가는 경제적 속성보다는 정치적·문화적·종교적 전통에 영향을 큰 받았다는 점이다. 티트머스나 에스핑-앤더슨의 세 가지 복지국가 유형에서 제도적 혹은 사회민주주의적 복지국가는 주로 북구에서 나타난 것이며, 잔여적 혹은 자유주의적 복지국가는 주로 영미권에서 나타났다. 일본의 경우도 잔여적 혹은 자유주의적 복지국가로 분류되었다. 산업성취·업적 혹은 보수주의 복지국가는 주로 유럽대륙에서 나타났다. 이러한 편차는 좌파정당의 지지기반, 노동계급의 조직력, 가톨릭적 종교전통 등에 영향을 받았기 때문이다. 이 점에서 한국의 사회복지 이념과 제도도 어느 정도 이러한 요소에 영향을 받을 수밖에 없을 것이다.

넷째, 한국형 복지이념이나 복지제도의 모색과 관련해서 서구의 복지제도가 문제가 있기 때문에 서구식 복지제도를 도입해서는 안 된다는 서구식 복지제도 부정론이 등장하기도 하지만, 이는 실제로 복지제도 자체를 부정하는 '반복지' 담론으로 귀결되는 경우가 많다는 점에 유의할 필요가 있다. 복지국가 위기를 제기하면서 서구형 복지국가의 문제점을 지적하는 경우, 서구형 복지국가에 대한 부정적 평가를 넘어 복지국가 자체에 대한 부정적 평가를 내리는 경우가 많다. 국내의 신자유주의 담론에서 나타나는 이데올로기적 속성은 반복지이며, 서구 복지국가의 위기를 논의의 바탕으로 삼고 있다.

현재 한국에서 전개되고 있는 복지국가에 관한 주요 이론적 논의와 모델의 제시는 서구 선진국가에서 실시되어 온 복지의 양상과 경험에 초점을 맞추어 전개되어 왔다. 이러한 학계의 논의를 통해 볼 때, 본 연구에서 살펴본 전통 유교정치 이념하에서의 불완전하며 제한된 구휼정책은 본격적인 비교의 대상이 되기에는 많은 제약점을 지니고 있다. 그렇지만 21세기 한국현실에 적합한 복지국가를 지향해야 하는 현시점에서 비교의 내용을 다음과 같은 몇 가지 측면, 즉 국가의 역할, 근로의욕의 고취, 복지제공 자체의 유무, 빈곤문제(극빈층)의 해결 및 국가개입(정부개입)의 정도 등에 중점을 두어 살펴볼 때, 전통시대 한국의 구휼정책과 서구 근대국가 형성과정의 복지정책은 상당한 유사성을 지니고 있었으며 나름대로 그 융합의 가능성을 보여주었다.

특히 서구 복지국가의 유형을 크게 다음 세 가지 형태, 즉 독일형 복지국가, 북구형 복지국가, 영국형 복지국가로 구분한다면, 제2장에서 살펴본 조선의 구휼정책과 다음과 같은 측면에서 나름대로 유사점과 차이점을 보인다.

먼저 독일형 복지국가의 경우, 조선시대의 구휼정책과 비슷하게 온정주의적·가부장제적 측면을 띠고 있다. 이러한 형태에서는 전통사회에서 군주의 정치적 리더십을 안정적으로 확보하기 위해서는 민의 기본생활을 보장해야 한다는 정치적 고려가 크게 작용했다. 독일의 경우에는 조선의 경우보다 훨씬 제도화되고 전국적인 체제로 되었으나, 조선과 같은 전통사회에는 홍수 등 천재지변의 비상시에만 실시되는 등 제한적 측면을 보여주었다.

북구형 복지국가의 경우와 비교해 보면, 초기 "구빈법"이 시행되던 시기에는 조선시대의 구휼제도와 유사한 측면을 보여주었으며, 일종의 절대주의적 국가형태를 취했다. 이후 자유주의 단계에 들어서면, 民의 기본적인 권리, 특히 생존조건을 강조하면서 점차 근대적인 복지제도의 맹아가 형성되어 갔다. 이러한 측면은 조선의 경우를 볼 때, 개화기에 개화파가 民의 차별을 철폐하고 기본적 권리를 주장한 것과 상통한다. 그리고 사회민주주의적 복지국가 체제에 들어서면, 모든 民(인민)이 혜택받은 일종의 보편주의적 복지가 중요시되면서 '가정'의 역할이 강조되고 있다. 이는 전통사회에서 '가족'의 역할, 특히 구성원에 대한 복지기능을 강조하는 것과 일맥 상통한다.

그리고 영국형 복지국가의 경우를 보면, 영국의 기존 복지제도의 특징은 일정한 재산을 갖춘 특정층을 대상으로 하는 자산중심의 구빈제도로서, 전통시대의 사회복지와 유사하다. 개념적으로는 티트머스의 분류모델에 의하면 '잔여적 복지국가'에 해당된다. 이러한 서구의 복지국가의 경험에 비추어 볼 때, 조선시대 등 전통사회에서 실시되었던 일련의 복지제도는 '잔여적 복지제도'라고 하겠다.

조선시대 등에서 실시되었던 사회복지의 양상은 사상적 측면에서는 온 백성을 향한 것이라는 보편적 측면을 지향했지만, 현실적으로는 특정시기의 특정대상에 국한되어 실행되었다. 현재의 관점에서 볼 때, 조선시대 등에서 민본주의 등의 '爲民'적 요소를 강조할 경우 이는 사상적으로는 보편적 복지국가로 연결될 가능성을 보이고 있다.

한편 서구의 복지이념과 조선의 복지이념 형성과정을 보면, 다음과 같이 근본적인 사상의 차이를 보이고 있다. 예를 들면 영국형 복지국가의 경우, 국민통합의 측면과 전쟁동원의 측면에서 모든 사람이 지킬 만한 사회를 만들고 위한다는 점이 강조되고 있다. 그리고 독일형 복지국가의 경우, 기존 지배권력의 온존을 위해 특히 격화되고 있는 사회주의 노동혁명을 예방하기 위한 지배정책의 일환으로 노동자 등 民에 대한 사회복지가 강조되었다. 또한 스웨덴 등 북구형 복지국가의 경우 계급갈등을 통해 구체적인 사회복지의 내용과 성격이 변화되어 왔다.

한국(조선)의 경우에는 위에서 언급한 서구에서처럼 전쟁동원의 측면도, 가부장적 제도의 지향도, 그리고 노사갈등 등 다양한 집단간의 타협의 결과로서 사회복지의 실시라는 측면도 찾아보기가 쉽지 않다. 그럼에도 전통사회에서의 사회복지 이념과 제도는 비록 온정주의적이고 선별적이며 충분히 제도화되지 못했지만, 사회복지제도의 맹아적 요소는 충분히 있었으며, 현실정치와 국가의 역할에서 상당히 중요한 의미를 지니고 있었다.

결국 전통시대의 사회복지정책의 주요 이념적 요소 중 하나였던 민본주의가 현실의 복지제도로 구체화되어 계속 발전하지 못했던 측면에는 무엇보다도 전통시대 국가재정의 부족과 관료제의 미비에서 엿보이는 운영체계의 한계 등 전통시대 국가능력상의 제약을 지적할 수 있다. 이러한 현실상의 한계와 제약에도 불구하고 조선시대를 통해 구휼은 주요한 정치적 과제였으며, 공동체 구성원들의 삶의 질을 향상시키고자 하는 노력이 계속 시도되었다는 측면은 21세기 한국의 복지국가이념에 나름대로 기여하는 바가 있으리라고 본다.

제4장에서 자세히 살펴보았듯이 본 연구에서는 21세기 한국의 주요 국가이념으로서 복지국가를 지향해 나갈 때, 이념적 구성요소로서 서구의 복지국가이념과 전통 유교정치사상에 입각한 복지이념간의 상호 비교 및 융합 가능성을 시도했다.

서구의 사회복지는 종교적으로 기독교사상의 영향을 받았으며, 인권관념과 민주주의, 시민사회의 발달과정과 관련성을 가지면서 전개되어 왔다. 그리하여 사회복지 관념은 다음과 같이 구체화되어 갔다. 첫째, 잔여적 개념으로부터 제도적 개념으로, 둘째, 자선의 사상으로부터 시민의 권리라는 사상으로, 셋째, 빈민에 대한 특별한 대책에서 전체 구성원의 보편적 욕구에 대한 관심으로, 넷째, 가능한 최저한의 급부와 서비스로부터 최대한의 급부와 서비스로, 다섯째, 개인의 치료로부터 사회의 개혁으로, 여섯째, 민간의 후원으로부터 정부의 후원으로, 일곱째, 빈민을 위한 복지라는 개념으로부터 복지사회라는 개념으로 점진적으로 발전해 왔다.

반면, 전통 유교사상에 근거를 둔 복지관념은 비록 서구의 경우처럼 복지가 하나의 권리요 국가의 책임이라는 구체적 발상으로까지 발전하지 못했지만, 국가가 民의 의식주 등 기본적 생활을 보장하는 것을 중요시했다. 그리고 유교정치이념이 지배적이었던 조선의 경우를 보면, 복지가 요구되는 주요 위험은 농경사회를 크게 위협하는 '천재지변'으로, 이는 간헐적으로 발생하는 예측하기 어려운 위험이었다. 그리하여 전통사회에서는 재해구호사업이 가장 중요한 복지제도였으며 간헐적·부분적·일시적 형태를 띠었다.

민본주의이념에는 '爲民', 즉 '백성을 위해'(for the people)의 측면이 매우 강조되며, 민본주의 등 전통유교 정치상은 현대의 복지국가가 추구해야 할 이념적 요소에 다음과 같은 점을 시사해 준다.

첫째, 민본주의이념의 바탕에 깔린 폭넓은 인간애의 정신인 仁의 이념에 주목할 필요가 있다. 그리고 현대 시민사회를 구성하는 개개인이 더욱 높은 인간적 내지 도덕적 가치를 지향함으로써 사회정의가 실현되며 복지사회의 발전도 촉진된다고 볼 때, 유교적 도덕정치 이념도 이 과정에 나름대로 기여할 수 있다.

둘째, 민본주의에서는 민생이 안정되지 않으면 사람들이 변함없이 올바른 마음(恒心)을 지니고 사람된 도의심을 가질 수 없다고 보았기 때문에, 지배계층이 일반평민의 생활을 보장하고 이들의 교육을 책임져야 한다고 강조했다. 특히 유교정치이념에 공감하는 지식인들은 군주를 비롯한 지배계층이 정치의 정당성을 확보하고 국민의 지지와 복종을 얻기 위해서는 무엇보다도 민생안정을 추구하는 민본사상에 입각해 정치를 펼칠 것을 주장했으며, 지배층 역시 이러한 점을 염두에 두지 않을 수 없었다. 여기서 현재의 사회복지 측면과 일맥 상통하는 민생안정이 국가의 주요 목표가 되었다는 점은 현재에도 시사하는 바가 크다.

그리고 유교 복지이념이 현실적으로 가능하게 하는 배경적 요소로 家族主義적 측면의 작용에 주목할 필요가 있다. 전통적 유교정치이념하에서 국가는 가장 넓은 의미의 가족이며, 개인과 가족의 안녕을 보장해 주는 가장 궁극적이며 확실한 대상으로 간주되었다. 이러한 가족주의적 윤리공동체의 시각에서 국가는 공공의 선을 위해 존재하는 것으로 여겨졌으며, 실질적으로 사회복지정책을 주로 담당해 왔다. 서구 복지국가에서 찾아보기 힘든 공동체적 유대와 신뢰감을 조성하기 위해서는 전통 유교사상의 가족공동체적 시각과 국가운영의 전통을 현대적 시점에서 새롭게 부각시켜 활성화시킬 필요가 있다.

　따라서 복지국가이념이 현실적으로 제대로 구현되지 못하고 있는 현재 한국정치가 21세기에 들어서 정부 내지 국가중심의 복지정책 실행의 한계를 극복하며, 더구나 최근 많은 어려움에 처한 국민들의 복지를 향상시키기 위해서는 전통적 유교정치이념하에서 강조되어 온 民에 대한 정치지도층과 국가의 배려를 계속 유지시키도록 하며, 지방자치체 및 민간차원에서 시행되어 온 복지제도의 전통을 21세기 한국현실에 적합하게 변용해 활용해야 할 것이다.

참 고 문 헌

1. 1차 자료

『論語』,『孟子』,『大學』,『周禮』.
『書經』, 권덕주 譯解,『書經』, 서울: 혜원출판사, 1995
『詩經』, 조두현 譯解,『詩經』, 서울: 혜원출판사, 1995.
『禮記』, 이민수 譯解,『禮記』, 上·中·下, 서울: 한림출판사, 1982.
『朝鮮王朝實錄』,『經國大典』.
鄭道傳, 1985,『朝鮮經國典』, 한영우 역,『朝鮮經國典』, '세계의 대사상 11: 정도전·이이·이황 외', 서울: 휘문출판사.
鄭道傳,『經濟文鑑』.
李珥, 1997, "栗谷全書," 민족문화추진회 편,『국역 율곡집, 1』, 서울: 솔.
丁若鏞,『牧民心書』.
日本 外務省 編,『日本外交文書』, 第21卷, pp.292-311. 문서번호 106, 1888년 양력 2월 24일자, "朝鮮國內政ニ關スル朴泳孝建白書."
金玉均, 1979, "治道略論," 한국학문헌연구소,『金玉均全集』.
"內務衙門 改革訓示,"『高宗實錄』卷33, 高宗 32年(1895년, 乙未 三月 初十日(양력 4월 4일), 국사편찬위원회 편. 1970,『高宗純宗實錄(高宗實錄)』中, 540-541, 서울: 탐구당.
福澤諭吉, 1867,『西洋事情』, 初編, 卷之一, "備考 政治," 慶應義塾 編, 1958,『福澤諭吉全集』, 第1卷, 東京: 岩波書店, 昭和 33年.

2. 단행본

구범모 외, 1998,『한국 정치·사회개혁의 이념적 기초』, 성남: 한국정신문화연구원.
권오구, 2000,『사회복지발달사』, 서울: 홍익재.

금장태, 1987, 성균관대학교 대동문화연구원 편,『유교사상과 한국사회』, 서울: 성균관대학교 출판부.
김도형, 1994,『대한제국기의 정치사상연구』, 서울: 지식산업사.
김종문 외, 1997,『한국 전통철학사상』, 부산: 소강.
김홍경, 1996,『조선초기 관학파의 유학사상』, 서울: 한길사.
남세진 외, 1998,『한국사회복지론』, 서울: 나남출판.
대한민국학술원 편, 1994,『21세기를 향한 국가발전의 기본방향』, 서울: 대한민국학술원.
문중섭, 1998,『한말의 서양정치사상수용』, 부산: 경성대학교 출판부.
박이문, 1996,『문명의 위기와 문명의 전환』, 서울: 민음사.
박차상, 1999,『한국 사회복지행정론: 수요자중심 접근방법』, 서울: 대학출판사.
배기효, 1999,『일제시대의 복지행정』, 대구: 홍익출판사.
서진영 외, 1998,『21세기 한국정치』, 서울: 도서출판 삶과 꿈.
서진영 외, 1998,『21세기 한국의 비전』, 서울: 도서출판 삶과 꿈.
성균관대학교 유학과 교재편찬위원회, 2000,『유학사상』, 서울: 성균관대학교 출판부.
세계평화교수협의회 편, 1980,『동양사상과 한국의 비전』, 서울: 도서출판 일념.
송복, 1999,『동양적 가치란 무엇인가』, 서울: 미래인력연구센터.
신광영, 1994,『계급과 노동문제의 사회학』, 서울: 나남.
_____, 1998,『동아시아의 산업화와 민주화』, 서울: 문학과지성사.
신복룡, 1997,『한국정치사상사』, 서울: 나남출판.
아산사회복지사업재단 편, 1998,『21세기의 도전: 동양윤리의 응답』, 창립20주년기념 제9회 사회윤리심포지엄.
안종운, 1996,『유학과 민주주의의 상승론』, 서울: 학문사.
앤소니 기든스, 1997,『좌파와 우파를 넘어서』, 서울: 한울.
오정혜, 1996,『실학파의 철학사상』, 서울: 도서출판 예문서원.
유교사전편찬위원회, 1990,『유교대사전』, 서울: 박영사.
유병용, 1999, 「민본주의 전통과 시민사회의 형성」, 교육부 정책연구과제, 서울: 교육부.
유병용 외, 1998,『한국근대사와 민족주의』, 서울: 집문당.
_____, 1997,『한국현대정치사의 재조명』, 서울: 집문당.
_____, 1997,『한국현대사와 민족주의』, 서울: 집문당.
윤사순, 1990,『조선시대 성리학의 연구』, 서울: 고려대학교 민족문화연
    구원.
윤천근, 1996,『유학의 철학적 문제들』, 서울: 법인문화사.
이광세, 1998,『동양과 서양 두 지평선의 융합』, 서울: 도서출판 길.
이병우, 2000,『한국 유학사상의 인간이해와 윤리』, 서울: 오늘의 문화사.
이송근·김성범, 1998,『전통문화와 미래사회』, 대구: 대구대학교 출판
    부.
이승환, 1998,『유가사상의 사회철학적 재조명』, 서울: 고려대 출판부.
21세기위원회, 1991,『민주공동체의 이념, 과제, 발전방향』, 서울: 21세기
    위원회.
이재룡, 1995,『조선, 예의 사상에서 법의 통치까지』, 서울: 예문서원.
인경석, 1999,『한국복지국가의 이상과 현실: 어떤 복지국가를 만들 것
    인가』, 서울: 나남출판.
장동일 외, 1996,『한국 공적부조론』, 서울: 대학출판사.
장인협 외, 1999,『사회복지학』, 서울: 서울대학교 출판부.
정구현 외, 1994,『21세기 한국의 사회발전전략: 성장, 복지, 환경의 조
    화』, 서울: 나남출판.
조남욱 외, 1999,『현대인의 유교읽기』, 서울: 아세아문화사.
최명순, 1999,『한국 사회복지이념』, 서울: 백산출판사.
한국재활재단 편, 1997,『한국장애인복지변천사』, 서울: 양서원.
한국정신문화연구원 정치·경제연구부 편, 1998,『조선시대 개혁사상 연
    구: 정치적 담론분석을 중심으로』, 성남: 한국정신문화연구원.
_____ 편, 1998,『한국 정치사회개혁의
    이념적 기초』, 성남: 한국정신문화연구원.
_____ 편, 1993,『21세기를 향한 한국의
    진로』, 성남: 한국정신문화연구원.

한국정신문화연구원 철학·종교연구실 편, 1990, 『전통사상의 현대적 의미』, 성남: 한국정신문화연구원.
_____ 편, 1994, 『한국문화의 진단과 21세기』, 성남: 한국정신문화연구원.
한국정신문화연구원 편, 1998, 『21세기의 문명사적 도전과 한국의 선택: 국가경영의 비전과 과제를 중심으로』, 성남: 한국정신문화연구원.
한영우, 2000, 『왕조의 설계자 정도전』, 서울: 지식산업사.
한태선, 1998, 『21세기 한국시민사회론』, 서울: 경문사.
홍경준, 1999, 『한국의 사회복지체제 연구: 국가·시장·공동체의 결합구조』, 서울: 나남출판.
황경식, 1997, 『시민공동체를 향하여: 근대성, 그 한국사회적 함축』, 서울: 민음사.
림링거, 구스타프, 1993, 『사회복지의 사상과 역사』, 서울: 한울.
_____, 1997, 『서구의 복지사상과 제도』, 서울: 한울.
메랭, 프랑스와·자비에르, 2000, 『복지국가』, 서울: 한길사.
테레사 쿨라빅 외, 2000, 한국여성정책연구회 역, 『복지국가와 여성정책』, 서울: 새물결.
蔡方鹿, 1995, 『華夏聖學: 儒學與中國文化』, 中國 成都: 四川人民出版社(김봉건 역, 1999, 『유학: 전통과 현대화』, 서광사).
후쿠야마, 1996, 『트러스트: 사회도덕과 번영의 창조』, 구승회 역, 한국경제신문사.
후쿠야마, 1992, 『역사의 종말: 역사의 종점에 선 최후의 인간』, 이상훈 역.
Hungtington, S. P., 1996, 『문명의 충돌』, 이희재 역, 서울: 감영사, 1997.

Alexander, Jeffrey C, ed., 1988, *Real Civil societies*, Sage.
Ashford, Douglas, 1986, *The Emergence of the Welfare States*, London: Blackwell.
Bacon, R. and W. Eltis, 1976, *Britain's Economic Problem: Too Few Producers*, London: Macmillan.

Bell, Daniel, 1976, *The Cultural Contradictions of Capitalism*, London: Heinemann.

Beveridge, W., 1992, *Social Insurance and the Allied Social Service*, London: HMSO.

Boldwin, Peter, 1990, *The Politics of social solidarity*, Cambridge: Cambridge University Press.

Briggs, Asa, 1959, *The Making Modern England, 1784-1867*, New York: Harper & Row.

Coughlin, Richard M., 1990, *Ideology, Public Opinion & Welfare Policy*, Institute of International Studies at University of California, Berkeley.

Dale, J. and P. Foster, 1986, *Feminists and State Welfare*, London: Routledge and Kegan Paul.

Davison, Alexander, 1989, *Two Models of Welfare: The Origins and Development of the Welfare State in Sweden and New Zealand, 1888-1988*, Stockholm: Gotab.

Einhorn, Eric S. and John Logue, 1989, *Modern Welfare States: Politics and Policies in Social Democratic Scandinavia*, New York: Praeger.

Ekelund, Bobert B., Jr., 1990, *A History of Economic Theory and Method*, London: Macgrowhil.

Eriksen, Erik Oddvar and Jorn Loftager ed, 1996, *The Rationality of the Welfare State*, Oslo: Scandinavian University Press.

Esping-Anderson, Gosta, 1985, *The Politics against Market*, Princeton: Princeton University Press.

Esping-Anderson, Gosta, 1991, *The Three Worlds of Welfare Capitalism*, Cambridge: Cambridge University Press.

Esping-Anderson, Gosta, 1997, *Welfare States in Transition*, Thousand Oaks: Sage.

Fiedmann, Robert R., Neil Gilbert and Moshe Sherer, 1987, *Modern Welfare States*, Brighton: Wheatsheaf.

Fine, Robert & Shirin Rai, ed., *Civil society*, Frank Cass, 1997.
Friedman, Milton, 1962, *Capitalism and Freedom*, Chicago: University of Chicago Press.
Galbraith, John, 1964, *Affluent Society*, New York: Anchor Books.
Gamble, William, 1988, *The Free Economy and the Strong State: The Politics of Thatcherism*, London: Macmillan.
George, Vic and Paul Wilding, 1994, *Welfare and Ideology*, London: Harvester.
Giddens, Anthony, 1994, *Beyond Left and Right* (김현욱 역, 『좌파와 우파를 넘어서』, 한울, 1997).
Giddens, Anthony, 1998, *The Third Way* (Cambridge: The Polity Press (한상진·박찬욱 역, 1999, 『제3의 길』, 생각의 나무).
Gilbert, Neil & Harry Specht, 1974, *Dimensions of Social Welfare Policy*, New Jersey: Prentice-Hall, Inc.
Gilder, George, 1981, *Wealth and Poverty*, New York: Basic Books.
Ginsburg, Norman, 1994, *Divisions of Welfare: An Critical Introduction to Comparative Social Policy*, London: Sage.
Glazer, Nathan, 1988, *The Limits of Social Policy*, Cambridge, Mass.: Harvard University Press.
Gough, Ian, 1979, *The Political Economy of the Welfare State*, London: Macmillan.
Gourevitch, Peter, 1986, *Politics in Hard Times: Comparative Responses to International Economic Crisis*, Ithaca; Cornell University Press.
Hadenius, Axel, 1986, *The Crisis of the Welfare State? Opinions About Taxes and Public Expenditure in Sweden*, Stockholm: Almqvist & Wiksell.
Hayek, F. A., 1982, *Law, Legislation and Liberty*, Vol. 2, London: Routledge and Kegan Paul.
Haynes, Jeff,, ed., 1998, *Democracy and Civil society in the Third World*, Polity Press.
Heclo, Hugh, 1974, *Modern Social Politics in Britain and Sweden*, New Heaven: Yale University Press.

Hirschman, Albert O., 1986, *Rival Views of Market Society*, Cambridge, Mass.: Harvard University Press.

ILO, 1989, *From Pyramid to Pillar: Population Change and Social Security in Europe*, Geneva: ILO.

Irving, Kristol, 1979, *Two Cheers for Capitalism*, New York: Mentor Books.

Katz, Michael, 1997, *A Shadow of the Poorhouse: The Social History of Welfare in America*, New York: Basic Books.

King, D. S., 1987, *The New Right: Politics, Markets and Citizenship*, London: Macmillan.

Lash, Scott & John Urry, 1987, *The End of Organized Capitalism*, Madison: The University of Wisconsin Press.

Lash, Scott, 1990, *The Sociology of Postmodernism*, London: Routledge.

Lassman, Peter, 1987, *Politics and Social Theory*, London: Routledge.

Luebbert, Gregory, 1991, *Liberalism, Fascism, or Social Democracy: Social Classes and the Political Origins of Regimes in Interwar Europe*, Oxford: Oxford University Press.

Marklund, Staffan, 1988, *Paradise Lost? The Nordic Welfare States and the Recession 1975-1985*, Lund: Arkiv.

Marshall, T. H., 1965, *Social Policy*, London: Hutchison University Press.

Marshall, T. H., 1967, *Class, Citizenship and Social Development*, New York: Anchor Book.

Mathews, D., 1994, *Politics for People*, Urbana: Univ. of Illinois Press.

Maurice, Bruce, 1961, *The Coming of the Welfare State*, London: Routledge.

Mishra, Ramesh, 1984, *The Welfare State in Crisis*, Brighton: Wheatsheaf.

Neenaghan, Thomas M. & R. O. Washington, 1980, *Social Policy and Social Welfare*, New York: Free Press.

O'Connor, James, 1973, *The Fiscal Crisis of the State*, New York: St. Martin Press.

Offe, Claus, 1985, *Disorganized Capitalism*, Cambridge, Mass.: The MIT Press.

Offe, Claus, 1984, *The Contradictions of the Welfare States*, Cambridge, Mass.:

The MIT Press.
Olssen, Sven, 1990, *Social and Welfare State in Sweden*, Lund: Arkiv Forlag.
Pascall, G., 1986, *Social Policy-Feminist Analysis*, London: Tavistock.
Pedersen, Susan, 1993, *Family, Dependence, and the Origins of the Welfare State: Britain and France 1914-1945*, Cambridge: Cambridge University Press.
Pierson, Christopher, 1991, *Beyond The Welfare State?*, University Park, Penn: The Penn State University Press.
Pierson, Paul, 1994, *Dismantling the Welfare State? Reagan, Thachter and the Politics of Retrenchment*, Cambridge: Cambridge University Press.
Pinker, Robert, 1971, *Social Theory & Social Policy* (김형식 · 박순우 역, 『사회이론과 사회정책』, 인간과 복지).
Piore, Michael and Charles Sabel, 1984, *The Second Industrial Divide*, New York: Basic Books.
Pivena, Francis F. and Richard Cloward, 1971, *Regulating the Poor: The Functions of Public Welfare*, New York: Pantheon Books.
Polanyi, Karl, 1957, *The Great Transformation*, Boston: Beacon Press.
Poulantzas, Nicos, 1974, *Political Power and Social Classes*, London: New Left Books.
Rein, Martin, 1970, *Social Policy*, New York: Random House.
Rescher, N., 1970, *Welfare*, Pittsburgh: University of Pittsburgh.
Romanyshyn, John M., 1971, *Social Welfare*, Kingsport: Random House.
Rowley, Charles K., ed., *Classical liberalism and civil society*, Edward Elgar Pub., 1998.
Ruggie, 1984, Mary, *The State and Working Women*, Princeton, NJ: Princeton University Press.
Sainsbury, Diane, 1992, *Gender, Equality and Welfare States*, Cambridge: Cambridge University Press.
Seligman. Adam B, 1992, *The Idea of Civil society*, The Free Press.
Skcopol, Theda, 1995, *Protecting Soldiers and Mothers: The Political Origin*

of Social Policy in the United States, Cambridge, Mass.: Harvard University Press.

Stephens, John, 1979, *Transition from Capitalism to Socialism*, London: Macmillan.

Tilton, Tim, 1990, *The Political Theory of Swedish Democracy*, Oxford: Oxford University Press.

Titmuss, Richard M. 1974, *Problems of Social Policy*, Allen & Unwin.

Trattner, Walter, I., 1983, *From Poor Law to Social Welfare: A History of Social Welfare in America*, New York: Free Press.

Turner, Jonathan et al., 1995, *The Emergence of Sociological Theory*, Wadsworth Publishing Company (김문조 외 역, 1997, 『사회학이론의 형성』, 신아사).

Walliams, S., 1981, *Politics for People*, Harmondworth: Penguin Books.

Willensky, Harold L. & Charles N. Lebeaux, 1967, *Industrial Society and Social Welfare*, New York: Free Press.

Willetts, D., 1992, *Modern Conservatism*, London: Penguin.

Williams, 1989, F., *Social Policy: A Critical Introduction: Issues of Race, Gender and Class*, Cambridge; The Polity Press.

3. 논문(학위논문 포함)

감정기, 1992, "한국 사회복지사 시대구분 시론; 공적 노동복지제도 분석을 중심으로," 경남대 『사회과학연구』, 4.

孔繁, 1996, "유교윤리와 현대경제윤리," 동아일보사, 『동양사상과 사회발전』, 동아일보·인민일보 공동기획 국제학술회의 대논문집.

구범모, 1998, "한국에서의 정치·사회개혁과 그 이념적 지향," 구범모 외, 『한국 정치·사회개혁의 이념적 기초』, 성남: 한국정신문화연구원.

국민호, 1998, "한국의 가산제적 전통과 경제발전에 대한 국가의 역할," 동양사회사상학회, 『동양사회사상』, 창간호.
김낙필, 1990, "전통사상와 사회정의의 실현: 유교사상을 중심으로," 김종서 외, 『전통사상의 현대적 의미』, 성남: 한국정신문화연구원.
김영찬, 1999. 5, "우리나라 사회복지제도의 현황과 외국사례," 『도시문제』, 366.
김용재, 1992, "우리나라 사회보장의 사적 연구: 조선시대를 중심으로," 성균관대 석사학위논문.
김정부, 1992. 5, "한국 사회복지정책의 과제와 발전방향," 경남대학교 사회과학연구소, 『사회과학연구』, 제4집.
김종찬, 1992. 1, "한국 사회복지제도에 관한 역사적 고찰," 한국행정사학회, 『한국행정사학지』, 창간호.
김주언, 1993, "한국의 사회복지정책에 관한 이론적 연구: 가족복지정책을 중심으로," 연세대 석사학위논문.
김태성, 1997. 4, "오늘날의 서구복지국가 무엇이 문제인가?: 한국의 사회복지 발전방향에의 함의," 『한국사회복지학』, 31.
김한식, 1984년 가을, "민본주의의 현대적 이해: 율곡의 경우를 중심으로," 『정신문화연구』, 통권 22.
김현철, 1999, "박영효의 근대국가 구상에 관한 연구――개화기 문명개화론자에 나타난 전통과 근대를 중심으로――," 서울대 정치학과 박사학위논문.
＿＿＿, 1999, "개화기 조선의 근대국가 형성의 모색: 박영효의 입헌군주제 구상과 민권신장론을 중심으로," 한국정치학회, 『한국정치학회 1999년도 춘계학술회의 논문집』.
＿＿＿, 1999, "朴泳孝의 保民과 民權伸張構想," 한국정치사상학회, 『한국정치사상학회 1999년 12월 월례학술회의 발표논문집』.
＿＿＿, 1999, "박영효의 '1888년 상소문'에 나타난 민권론의 연구," 한국정치학회, 『한국정치학회보』, 33집 4호.
김호기, 1992, "동아시아 자본주의발전과 유교의 역할," 유석춘 편, 『베버와 동양사회』, 서울: 나남출판.

노동규, 1998, "조선왕조실록에 나타난 장애인관," 공주대학교 교육대학원 석사학위논문.
박병련, 1986, "조선조 민본주의 행정관에 관한 연구: 정도전과 조광조를 중심으로," 관악행정학회 편, 『행정과 가치』, 법문사.
박병련, 1991, "조선조 유교관료제의 성격에 관한 연구," 서울대 행정학 박사학위논문.
박병현, 1993, "社會福祉制度發達 比較의 理論에 관한 硏究," 부산대, 『사회복지연구』, 3.
배충진, 1999, "유교사상과 사회복지 이념에 관한 연구," 한신대 석사학위논문.
상원양자, 1991, "近世日本의 社會福祉制度," 부산대, 『일본연구』, 9.
손문호, 1998, "전통사상의 재조명: 유교적 전통을 중심으로," 한국정신문화연구원 정치·경제연구부 편, 『한국정치, 사회개혁의 이념적 기초』, 성남: 한국정신문화연구원.
송석준, 1999, "유교의 사회관," 조남욱 외, 『현대인의 유교읽기』, 서울: 아세아문화사.
송인석, 1990, "韓國의 社會福祉理念에 관한 연구," 단국대 행정대 석사학위논문.
신관용, 1998, "고려시대 불교의 사회복지활동 연구," 한국교원대 석사학위논문.
신광영, 1991, "스웨덴 사회복지제도의 형성과 특징,"『비교사회복지』, 제1집.
＿＿＿, 1994, "시민사회 개념과 시민사회 형성,"『한림대 아시아문화』, 10.
＿＿＿, 1998, "시민사회 개념과 시민사회 형성," 유팔무·김호기 편, 『시민사회와 시민운동』, 서울: 도서출판 한울.
＿＿＿, 1992, "한국의 계급구조,"『한국사회학』, 25.
안병주, 1986, "유교의 민본사상에 관한 연구: 군주·민본으로부터 민주에로의 전환가능성의 모색," 성균관대 철학 박사학위논문.
안병철, 1998, "先秦儒敎政治思想의 民本主義的 고찰," 성균관대 유학

대 석사학위논문.
유병용, 1986, "안재홍의 정치사상에 관한 재검토,"『한국민족운동사연구』, 1, 한국민족운동사학회.
_____, 1996, "한국의 중도파 정치사상에 관한 연구: 안창호의 대공주의 정치사상을 중심으로,"『한국정치학회보』, 29-4, 한국정치학회.
_____, 2001, "한국의 중도파 정치활동에 대한 재인식: 김규식의 독립운동을 중심으로,"『국민윤리연구』, 47, 한국국민윤리학회.
유석춘, 1997년 여름, "유교자본주의의 가능성과 한계,"『전통과 현대』, 창간호.
이병우, 1987. 12, "한국 전통사회 民本主義 정치사상과 현대민주주의,"『대전간호전문대 논문집』, 13.
이상익, 1999. 12, "민권향상과 민의 정치참여," 한국정신문화연구원 주최, 교육부 정책연구과제 세미나 발표논문.
이석규, 1996, "조선초기 관인층의 민에 대한 인식: 민본사상과 관련하여,"『역사학보』, Vol. 151.
_____, 1994, "조선초기 민본사상 연구," 한양대 문학 박사학위논문.
이승환, 1998. 7, "아시아적 가치의 담론학적 분석," 사회와 철학연구회 발표논문.
이영찬, 1998, "유가의 불평등이론," 동양사회사상학회,『동양사회사상』, 창간호.
_____, 1999, "유교의 국가관," 동양사회사상학회,『동양사회사상』, 2집.
이재룡, 2000, "조선시대 법제도에 나타난 민본주의사상," 한국사회학회,『2000년도 한국사회학회 전기사회학대회 발표문 요약집』.
_____, 2000, "조선시대의 법제도와 유교적 민본주의"『동양사회사상』, 제3집.
이재열, 1998년 여름, "민주주의, 사회적 신뢰, 사회적 자본,"『계간 사상』.
이태일, 2000, "통일한국의 사회복지제도에 관한 연구," 경기대 통일안

보전문대학원 석사학위논문.

장학근, 1991, "成宗의 救荒政策과 民意收斂: 求言進書制를 중심으로," 송병기 외,『한국사의 이해: 조선시대 1』, 서울: 도서출판 신서원.

정용화, 1999. 10, "민본주의 재조명의 전제조건," 한국정신문화원구원 주최 교육부 연구과제세미나 발표논문.

_____, 1999, "유교와 자유주의: 유길준의 자유주의개념 수용,"『자유주의의 탄생과 동양의 수용』, 한국정치사상학회 제3차 연차 학술대회 논문집.

_____, 1998, "유길준의 정치사상연구: 전통에서 근대로의 복합적 이행," 서울대 정치학 박사학위논문.

_____, 1998, "조선에서의 입헌민주주의 관념의 수용: 1880년대를 중심으로,"『한국정치학회보』, 32-2.

정인재·황경식, 1995. 11, "군자와 시민," 철학연구회,『철학연구』37.

조안 애커, 2000, "스웨덴의 여성, 가족, 공공정책," 한국여성정책연구회 편,『복지국가와 여성정책』, 새물결.

조희환, 1983. 4, "中國民本主義의 理想과 現實,"『中國研究』, 7.

秦熙權, 1998, "朝鮮朝 初期의 儒敎的 國家理念과 國家秩序," 고려대 박사학위논문.

최기복, 1999, "유학과 서학의 사상적 갈등과 상화적 이해에 관한 연구," 성균관대 박사학위논문.

최병식, 1994, "민주주의와 민본주의의 논리: 밀과 조광조를 중심으로," 성균관대 정치학 박사학위논문.

최석만, 1999, "유교사상과 민주주의의 접합을 위한 이론구성 및 방법론," 동양사회사상학회,『동양사회사상』, 2집.

테레사 쿨라빅, 2000, "근대화론에서 모권주의에 이르는 복지국가의 이론들," 한국여성정책연구회 편역,『복지국가와 여성정책』, 새물결.

한도현, 1999, "돌진형 근대화와 불신구조,"『신뢰사회와 21세기 한국』, 한국정신문화연구원 개원21주년기념 학술대회논문집.
한준상, 1993. 10, "시민사회와 시민 교육의 과제," 『도산학술논총』, 3.
한형조, 1999, "인의의 문화전통과 신뢰," 『신뢰사회와 21세기 한국』, 한국정신문화연구원 개원21주년기념 학술대회논문집.
함재봉, 1998년 가을, "아시아적 가치논쟁의 정치학과 인식론," 『전통과 현대』.
_____, 1997년 가을, "유교와 세계화: 특수성과 보편성의 문제," 『전통과 현대』.
홍승표, 1998, "동아시아 사회사상과 새로운 사회관의 모색," 동양사회사상학회, 『동양사회사상』, 창간호.
황경식, 1999. 10, "아시아적 가치의 止揚(Aufheben of Asian Values)," 한국정신문화연구원 주최 교육부정책연구과제 세미나발표 논문.
황경식, 1995, "자유주의와 공동체주의," 『개방사회의 사회윤리』, 철학과 현실사.

Abel-Smith, Brian, 1992, "The Beveridge Report: Its Origins and Outcomes," *International Social Security Review*, 1-2.

Acker, Joan, 1988, "Class, Gender and the Relations of Distribution," *Signs*, 13(3).

Alber, Jens, 1988, "Is There a Crisis of the Welfare State? Cross-national Evidence from Europe, North America, and Japan," *European Sociological Review*, vol.4, no.3.

Arato, Adrew & Jean Cohen, 1992, "Civil Society and Social Theory," Peter Beiharz, Gilliam Robinson, and John Rundel, eds., *Between Totalitarianism and Postmodernity* (Cambridge, Mass: The MIT Press.

Boldwin, Peter, 1992, "Beveridge in the long duree," *International Social Security Review*, 1-2.

Briggs, Asa, 1961, "The Welfare State in Historical Perspective," *Europaisches*

Archiv für Soziologie, 2.

Davidson, Alexander, 1989, *Two Models of Welfare: The Origins and Development of the Welfare States in Sweden and New Zealand, 1888-1988*, Stockholm: Almqvist & Wiksell International.

Elliott, B. and D. McCrone, 1987, "Class, Culture and Morality: A Sociological Analysis of the New Conservatism," *The Sociological Review*, vol. 35.

Esping-Anderson, Gosta and Walter Korpi, 1984, "Social Policy and Class Politics in Post-War Capitalism: Scandinavia, Austria, and Germany," in John Goldthorpe ed., *Order and Conflicts in Contemporary Capitalism*, Oxford; Oxford University Press.

Frazer, Nancy, 1989, "Women, Welfare and the Politics of Need Interpretation," in *Politics and Social Theory*, ed. by Peter Lassman, London: Routledge.

Gil, David A., 1970, "A Systemic Approach to Social Policy Analysis,"' *Social Service Review*, vol. 44, no. 4, December.

Heclo, Hugh, 1982, "Toward a New Welfare State?," in Peter Flora and Arnold J. Heidenheimer, ed., *The Development of Welfare States in Europe and America*, New Brunswick: Transaction Books.

King, Anthony, 1976, "The Problem of Overload," in *Why Is Britain Becoming Harder to Govern?*, London: BBC.

Leaper, Roberts, 1992, "The Beveridge Report in Its Contemporary Setting," *International Social Security Review*.

Lewis, Jane, 1992, "Gender and Development of Welfare Regimes," *Journal of European Social Policy*, 3.

Marsland, D., 1982, "The Roots and Consequences of Paternalist Collectivism," *Social Policy and Administration*, vol. 26, no. 2.

Offe, Claus, 1982, "Some Contradictions of the Modern Welfare State," *Critical Social Policy*, vol. 2, no. 4.

Orloff, Ann, 1993, "Gender and the Social Rights of Citizenship: the

Comparative Analysis of Gender Relations and Welfare States," *American Sociological Review*, vol. 58.

Pateman, C., 1989, "The Patriarchal Welfare State," in A. Gutmann, ed., *Democracy and the Welfare State*, Princeton, NJ: Princeton University Press.

Perrin, Guy, 1992, "The Beveridge Plan: The Main Principles," *International Social Security Review*, 1-2.

Saville, John, 1957-58, "The Welfare State: An historical approach," *New Reasoner*, vol. 3.

Shaver, S., 1989, "Gender, Class and the Welfare States: The Case of Income Security in Australia," *Feminist Review*, 32.

Stephens, John, 1996, "Decline or Renewal in the Advanced Welfare States?" in *Welfare States in Transition: National Adaptations in Global Economies*, ed. by Gosta Esping- Anderson, London: Sage.

Wickenden, Elizabeth, 1965, "Social Welfare in a Changing World," *U.S. Department of Health Education and Welfare*, Washington, D.C.: Government Printing Office.

유교와 복지

초판 제1쇄 찍은날 : 2002. 4. 5
초판 제1쇄 펴낸날 : 2002. 4. 10

엮은이 : 한국정신문화연구원
펴낸이 : 김 철 미
펴낸곳 : 백 산 서 당

등록 : 제10-42(1979.12.29)
주소 : 서울 서대문구 홍제동 330-288
전화 : 02)2268-0012(代)
팩스 : 02)2268-0048
이메일 : bshj@chollian.net

ⓒ한국정신문화연구원
※ 저작권자와의 협의 아래 인지는 생략합니다.

값 11,000원

ISBN 89-7327-286-1 03300